Management as Enterprise Design

管理即企业设计

王明春 著

关于企业管理的相对完整的设计者知识体系，也是企业家以及作为企业设计者的管理者们的高级教材

迄今为止第一部系统性的关于企业管理的基础研究和科学研究的著作

经济管理出版社
ECONOMY & MANAGEMENT PUBLISHING HOUSE

图书在版编目（CIP）数据

管理即企业设计/王明春著．—北京：经济管理出版社，2021.2
ISBN 978－7－5096－7800－8

Ⅰ．①管…　Ⅱ．①王…　Ⅲ．①企业管理　Ⅳ．①F272

中国版本图书馆CIP数据核字（2021）第038484号

组稿编辑：杨国强
责任编辑：赵天宇
责任印制：黄章平
责任校对：张晓燕

出版发行：经济管理出版社
（北京市海淀区北蜂窝8号中雅大厦A座11层　100038）
网　　址：www. E－mp. com. cn
电　　话：（010）51915602
印　　刷：北京晨旭印刷厂
经　　销：新华书店
开　　本：720mm×1000mm/16
印　　张：17
字　　数：287千字
版　　次：2021年3月第1版　　2021年3月第1次印刷
书　　号：ISBN 978－7－5096－7800－8
定　　价：68.00元

前 言

就企业而论，管理即企业设计。当我们把管理理解为企业设计的时候，则其范畴、观念、评判标准和理路等就与之前大不一样了；则其作用、价值、设计的需要，及其创新的可能性和空间等也就变得可感了；则管理知识与管理实践的关系也就理顺了；则管理学作为一个科学和技术领域的属性也就不言而喻了。这是一个里程碑性质的认知。

在十几年管理咨询顾问生涯的基础上，我从 2014 年开始就全身心地投入到对企业管理的基础研究之中，以“实践解释”为基本研究方法，走到实践的背后，以厘清关于企业管理及其实践的诸多基本问题，获得关于它的真知灼见。历时六年，幸有所得，现在把它呈现出来，以一系列议题的形式，并试图建立一个关于企业设计的相对完整的知识体系。

它不是管理经验总结和管理故事类的浅表型作品，而是关于企业管理的理论研究，以及以企业管理实践为对象的科学研究；它不是花里胡哨的表面功夫和具体知识，而是关于企业管理的认知，关于企业的设计原理、原型、原则和方法，以及企业进化与管理发展的基本方向，是关于企业管理的高级知识和底层知识；其目的主要还不是提出一两个管理方案的新观点，而是从多个维度把企业管理解构给大家看。这些也是企业家们，以及作为企业设计者的管理者们，需要弄清楚的东西。

从经验层次上升到科学层次是人类实践发展的一般路径，企业管理也不例外。这本书亦将有助于管理者们打破长期以来的经验主义，打开管理的意识空间和发展通道，提高企业管理的理论与设计水平，进而提高管理对企业的价值贡献。我还希望能借此为企业管理开辟一条新的发展道路，即科学主义道路。科学模式，从对真相的领悟切入，可跳出经验模式的局促和局限；同时，也唯有科学才足以保证人类的进步。

当然，这也是一项未完成的研究。有些地方，只是一笔带过；有些地方，还很肤浅和粗糙；尤其是，还有很多真正有价值的东西尚未被研究，甚至尚未被意识到。面对事物的无限性，我真切地感受到个人生命和能力的有限，好在我相信人们对企业管理的这种研究会铺展开来，持续下去——无他，唯需要尔。

感谢我的妻子张静娟，在我投入到研究之中的这几年，她独自承担家庭生活的重负，也使得我可以奢侈地以一种自由的心态走完整个研究过程，这种自由的心态对这类研究工作而言是必需的。最后，我要把这本书献给我的父母，没能在他们的有生之年尽尽人子之责，我对他们深怀愧疚！

王明春

2020 年 8 月 26 日于上海

目　录

第一部分

基础认知

管理即企业设计

困惑我们的始终是那些基本问题，局限我们的也始终是那些基本问题。基本问题上的突破是对真相的接近，也是对我们的主观世界的有意义的拓展，它让我们可以登高俯瞰并能游刃有余，以及不断地提高实践的深刻性和清晰度。基本问题可能平淡无奇，但却至关重要。我们从未，也永远不可能从基本问题上走开。

本文探讨的即是关于企业管理的最最基本的问题——管理到底是什么。

管理是什么？在管理学 100 多年的发展历史中，对管理的定义无数，但都属盲人摸象。关于管理，认识上的混乱和观点上的冲突无处不在，谬误比比皆是，有必要厘清对“管理”的认知了。

1. 管理，即企业设计

管理，即对企业这部“商业机器”的设计（我称之为“企业设计”），包括整体设计、系统设计、功能设计等多层次和多维度的设计，如技术领域和方向选择、产业领域和方向选择、企业定位、产品设计、产品组合设计、生产工艺设计、业务与业务模式设计、服务设计、运营模式与运营体系设计、组织设计、机制设计、品牌设计、架构与规则设计、经营模式设计、专业设置、创新模式与创新体系设计、生产体系设计、营销体系设计、渠道设计、人力资源管理模式与体系设计、设备管理设计、技术管理体系设计、市场定位、市场划分、商业生态系统圈设、对外合作内容与方式设计、发展阶段与路径设计、商业策略设计、客户管理系统设计、薪资福利设计、质量管理方法与体系设计、进度控制方法设计、经济核算方法设计、业务和管理流程设计、制度设计、数字化方案设计、信息管理系统设计、管理软件设计、工厂设计、全球布局设计、功能体系设计、研发体系设计、雇佣方式设计、平台设计、行政管理体系设计、执行管理体系设计、财务管理体系设计、操作规范设计、作业流程设计、物流与供应链设计、工作模式设计、企业文化设计、主体设计、战略、岗位或职位设计、用工模式设计、内控体系设计、品控体系设计、治理与领导力体系设计、股权设计、企业边界设计、项目管理模式设计、协调方式设计、协同设计、集成设计、管理者与管理权设计、企业家功能的配置、企业进化功能设计，等等。

其中，如技术领域和方向选择、产业领域和方向选择、产品设计、生产工艺设计、工厂设计、质量管理制度设计、技术管理体系设计、数字化方案设计、信息管理系统设计、管理软件设计以及专业设置、设备管理设计、物流规划和业务流程的设计等，需要以自然科学和专业技术知识为背景的部分，我又称之为“硬管理”。

而最具个性、难度和价值贡献的是与经营有关的设计。相同起点的企业，若干年后却天差地别，无不与它们各自在企业经营上的认知、抉择和设计强相关。建构企业的价值循环和价值空间的行为，即经营。经营问题，始终是企业最大的问题——战略、产品、业务、经营模式和商业模式等，都属于这个范畴。企业所能取得的成就，至少有 80% 是与其在经营上的设计有关。经营问题，更接近于是一种“发散性问题”和“开放性问题”。卓越的企业和企业家①，需要有相应的视野和底层认知，需要有相应的专业知识积淀和准备，需要有对商业世界与价值过程的深度解构和重构的能力，需要有洞见力、进取心、较高的追求和创造性设计能力。

管理，是对企业的设计，直至细节。企业是由设计所呈现出来的一个结果，并经由这种设计完成经济活动主体的从自然人向企业的转换，以及使企业达到超越自然人能量之和的能量状态——否则，则说明这种设计的价值是负的②。企业转型与变革，涉及的是对企业的再设计。我们关于企业管理的所有的智慧，都最终体现在对它的设计上。同时，我们对所有内容至少要有进行有效和良好设计的

① 和经营有关的关键决策与基本设计，是企业家本人和企业中相关人员的本职和天职，因为它是视野、领域知识、洞见和自我意识的产物，是一个独特的感知和专业理性的产物。其中，“企业中的相关人员”，主要是指如3M公司的工程师们、Google公司的创意精英们、苹果公司的A级参与者们等企业的科研和业务人员，他们同时又是管理者，是具有基础性价值和作用的管理者；企业的战略发展，尤其离不开这类管理者的创设和管理者作用的发挥。

② 这种情况下，去除这种管理的管理“退步”（如放权以及公司解散和破产等）反而是正确的。企业，是对自然人方式的增强型替代。对管理的最起码的要求应该是“为而不害”。

明确的意识，不断地提高企业的设计含量，以及设计的知识含量与价值含量。

至于运行过程中的管理行为，包括计划（动词）、组织（动词）、指挥、沟通、协调、监管和奖励等，则是对设计的遵循（并非操作者可以随心所欲）、操作、执行以及补充；设计的背后是认知，包括某种认知下形成的关于管理的意识和设计者思维，没有纯粹的设计。因此，企业管理的内涵可以进一步展开为：认知、设计和管理行为。

对特定企业而言，管理应该是边设计、边沉淀。从创设、改进到沉淀的速度，就是企业管理进步的速度。沉淀，即形成“企业设计”的结果。没有设计沉淀的企业的管理，单纯地依靠“能人”的企业的管理，将永远处在一种粗糙的“作坊式”状态。同时，管理是人设计的，不可能只具有科学理性，而是夹杂着个人的因素，尤其是企业家这位处在顶层的设计者的个人因素。

2. 管理，是对管理对象的管理

管理，是对管理对象的管理。对企业这个管理对象的管理可再进一步细化为：对产品、任务和人这三个基本管理对象的管理；对创新的管理、对生产的管理、对市场的管理、对销售的管理、对价格的管理、对订单与交付的管理；对技术的管理、对业务模式的管理；对供应链的管理、对物流的管理、对进出口的管理、对采购的管理；对事的管理、对资产的管理、对设备的管理、对资金的管理、对资源的管理；对平台的管理、对运行的管理；对客户的管理、对合作伙伴的管理、对公共关系的管理；对品牌的管理、对知识产权的管理、对信息的管理、对数据的管理；对进度的管理、对质量的管理、对安全的管理、对成本的管理、对税负的管理；对投融资的管理、对并购的管理；对项目的管理、对活动的管理、对事故的管理；对与市场的关系的管理、对发展过程的管理、对未来的管理、对企业边界的管理、对产业生态的管理、对竞争的管理、对企业文化的管理；对战略的管理、对目标的管理；对转型的管理、对变革的管理；对系统的管理、对功能的管理；对人力资源的管理、对人际关系和利益关系的管理；对企业家的管理以及对管理的管理，等等。企业是一个无限维的存在，可以从多个维度和层次区分特定企业的管理内容。不同（类型）企业的管理内容在具体层次上有所不同。

企业是一个复杂性系统，甚至是一个根本复杂性系统；企业管理，就是对这个复杂对象的管理。任何关于管理外延的简单化理解和以偏概全的抽取（如广为流行的“管理就是管人”等），都可能造成对管理认知的局限与误导①。没有任何一个主体能够具备完成企业设计所需的全部知识背景和设计能力。企业设计，是一个需要多主体和多专业共同参与的系统工程；企业需要能调动起和有效集成各种力量，需要建立起关于企业设计的集成工作体系；任何的对多主体与多专业力量的忽视和对其中的部分的排除，都是自误。管理能力是每一个主体所必需的，区别仅在于它的管理对象是自我、单任务组还是一个更大更复杂的系统。

管理对象不同，管理自然不同。管理，应该是基于真相和原理，而不是定式的，那些追求和传播定式的意识与行为都是错误的。对具体企业而言，管理，应是一种自我设计，即基于自我的设计——企业需要有对管理知识的学习和对外部经验的借鉴，需要集成外部智慧和借助外部主体的帮助，但都不应造成对这种实践方式本身的改变。管理，是与管理对象的叠加，具有与管理对象不可分离的关系属性。脱离管理对象的设计，没有对象意识和问题指向的设计，纯属自谋自划，无论它看上去多么“专业”。对企业而言，良好的设计是一种力量，我称之为“管理的力量”。

企业是企业家的“产品”，但不是标准化的，世界上没有（也绝不可能有）两家完全相同的企业。相对于企业管理的一般②而言，每家企业的管理都有或多或少的特殊性和个性的成分。照抄别的企业的管理是错误的，因为你不是别人。管理创设，是每一家企业的实际需要。我们所知的所有的企业管理实践的东西，也都是出自于曾经的创造。

3. 管理，是对有效性和效率问题的解决

管理的功用，在于提高企业实践的有效性和效率，包括当期的和长期的。其

① 这也是本书谈及的关于企业管理的十二个常见的误区和盲区之一：对管理的理解过于狭隘。这种狭隘导致我们在管理上的关注对象的偏差，以及在某种程度上影响了企业管理在框架上和知识体系上的完整性与统一性；导致我们习惯性地把最不应该排除管理者之列的主体，如企业内从事科研和各类专业技术性工作的人员，不视为是管理者。

② 一般，是经实践演化而形成的普适性的东西，是人类文明发展的阶段性成就。对一般的突破，属管理上的重大创新。“一般”的发展，不断抬高管理认知与实践的起点水平和平均水平。

中，有效性是最大的效率；在有效性和效率冲突时，有效性优先。任何不能产生有效性和效率的管理都是没有意义的，甚至是错误的。有效性和效率是对管理的评价标准，其他都不是。管理，是人类创造的一类活动，人类同时需要为这种自创的活动建立评价标准，功用是显然的不二选项。不否认管理在现实中的具体功用的多样性，但管理的价值总是可以分解为对其目的实现而言的有效性和效率两个方面。管理，可被定义为“对有效性和效率问题的解决”。

目的的实现（程度）是通过结果体现的。目的评价即结果评价。实践结果是对企业设计的好坏的看得见的验证，也是对知识的真理性的反馈①。没有结果做参照，就不能说一种设计是对还是错，是好还是不好。对事物的认知离不开主观的参与，也因此难以避免存在主观性偏差。事实，是最高维度的存在；结果（及其变化），是对真理和完整因果关系的呈现，也是我们对知识进行修正的“锚”。况且，企业又不是知识的殉道者，它是以事实上的成功为追求的一类主体。毫无疑问，应该是用事实匡正知识，而不是用知识匡正事实。

绝对地尊重事实在与知识的关系中的地位是一个真正的管理者的基本素质。与实践互动演进，既是管理知识创造的基本方法，也是其意义所在。管理的对象不是一种观念上的存在，而是实践中的真实性存在；不是一个“抽象物”，而是一个“实践物”。管理也不只是要在理论上解决问题，而是要在实践上解决问题。不应试图将实践装进知识建构的观念世界，我们可以做的是提高实践的理性和知识化程度，以及走向主观与真实世界的统一。把自己观念的东西当作标准，就难免陷入一种与实践真实的冲突和故步自封。任何从观念出发的对管理的评判本身都是有问题的，观念世界与真实世界总是有偏差的。企业管理需要实事求是，再宏大的建构也要建立在这种基础之上，否则，它就是个妄念。管理是对实践的管理，实践主义是企业管理的科学主义的应有之义。

任何一种管理思想和观念、任何一种管理思维和模式、任何一个设计框架和模型、任何一种管理工具和方法、任何一个企业的管理实然都是“管理”的具体化，都是“管理”的一种（实践还可能继续创造出无限种），但都不是“管

① 我们需要为管理知识建立一个可靠的评价标准，否则，就会是伪知识泛滥。同时，为管理知识建立检验标准，也有利于确保知识的创造不失方向。管理知识的创造不能脱离实践真实的提示和检验，管理知识的验证也是。书斋里走不出管理大师。任何知识都是出自于知识创造者的主观，都不可避免地带有它的创造者的偏见和局限。知识也从来都不能自证其知识性。我们只能让知识接受实践真实的检验和修正，而不能是将对实践真实的评价完全地置于人类自创的某种知识的框架之下。

理”本身——正如中国古代道家的认识一样：万象都是“道”的具体化，但都并非“道”本身；换一个角度说就是，管理的本质在“意”而不在“形”，意不变而形万变，对管理的理解和认知不能只是与具体的“形”联系在一起，更不能受“形”的局限。企业的管理，应该摆脱任何形式上的束缚，直指目的和问题的核心。而作为企业管理的研究者，更是不能被管理的具体样式所障目。

将人们基于管理的目的而创造的管理知识当成管理本身，是一个误区①。这不单单是容易造成关于什么是管理的混淆，更具危害性的是容易误导管理者经常自觉或不自觉地去以这些东西为原则和标准行事，好像管理非得是某些内容和某种样式，导致企业的管理经常性地严重地偏离管理的本质，以及主观对自我和实践真实的无视②。知识拜物教，有点像“郑人买履”。另外，知识化的学习还会阻碍认知的发展，对知识的（没有自我思考地）接受是一种自我的主观的狭窄化和格式化，对伪知识的接受更是一种自我误导，这些都是人们的主观的“自残”和“自愚”的行为，都将在无形中让我们付出巨大的代价。

而且，在管理上，我们遭遇的问题也往往与我们拥有的知识有关：我们拥有的知识，不仅造就了这些问题，还造就了我们的管理思维；以这种知识和思维面对这种知识和思维造就的问题，要么解决不了这个问题，要么根本看不到问题所在。“无知”让我们为其付出代价，而“有知”弄不好也会让我们付出代价，甚至更大的代价。

把管理知识当成管理本身，还会导致管理发展的停滞，即当管理需要改变时，管理者的主观却改变不过来，比如目前就有很多管理者是在用传统工业时代企业管理者的头脑面对知识型企业和创新经营型企业的管理，殊不知那些知识已不适用于这类新的管理对象和目标了。把经验性知识当作管理本身，还使得人们不会、甚至不会意识到需要去发展关于管理的认知，使得企业管理难以进入（事实上至今也尚未进入）科学发展通道。

很多人都以为自己懂管理，实则不然，他们只不过是把通过学习和经验获得的知识当成了管理本身，即将特殊等同于一般。他们认为管理就是他们见过的或经历过的那个样子。他们也很容易因知识和经验失效而变得茫然不知所措。解除这种观念上的禁锢，解除这种“被格式化状态”，管理创新就会自然而然产生，

① 这也是本书中谈及的关于企业管理的十二个常见的误区和盲区之二：把管理知识当成管理。

② 在20年的管理咨询顾问生涯中，在与企业的高管交流时，经常会听他们说这样一句话：您谈的这些我们在实践中都遇到过，有时候实际上也是这样做的，可就是从来没有这样想过！

企业设计就会回归到“因为……所以……”的实事求是的自然逻辑之上，以及在此基础上人为的创造性设计——对自然秩序的遵循是基础，人为设计是升华①。我们需要经常性地回到管理的本义上，摆脱既有知识和经验的局限，对企业设计进行零基性思考和根本性思考。

4. 管理，是企业的存在形式

企业，是由人（包括企业家）、资产、技术、商业知识和管理构成的价值系统、功能系统，或者说，是“生产力”系统。管理，是生产力要素，是企业竞争力的构成。生产力不单单是物理性的和生物性的能力。企业，是关于生产力系统的一种组织形式；管理，即是它的“形式”性成分。

对自然状态的有目的的人为干预即为管理；管理是对自然秩序的介入，是对自然方式的替代。自然加人为是企业管理的真实状态②。正是因为这种介入和替代，人类社会在经济领域，从自然经济时代走向了工业经济时代，进而知识经济时代；而企业这类主体和实践形式，也从作坊模式发展到工厂模式，以及现代企业模式。企业，作为一种纯粹人为的东西，与管理密不可分。管理，是企业与生俱来的构成和需要。

企业的管理，是企业家创造出的一种秩序——价值秩序、商业秩序和社会秩序。企业，是叠加了这种秩序并由这种秩序架构而成的系统。管理，是对企业的塑造；没有管理，其他要素只能处于一盘散沙的状态，形不成某种有商业意义的能量态。管理，是企业的存在形式和存在维度。企业，是包含了商业属性和管理手法的一类组织。企业的每个细胞中都包含着管理，每个有意识的行为中也都内含着管理——无论这种成分是来自有意还是无意，是来自对常规的遵循还是管理者的个性与创造。

而且，管理还是那种使企业成型的成分，使企业具有功能性、生命、个性和主体特征的成分；是使企业成为系统，成为有机的和有能量的系统，以及成为有

---

① 符合自然法，才能获得设计的合理性。违背自然之道，我们只能得到一个蹩脚的世界；任何的一厢情愿和主观强制，都改变不了事物的本然。作为设计者，要去明了这些自然法则。

② 企业正确的管理实践方式应该是：对于已经确信的东西，应加以明确地设计和呈现；对于尚不能确信的东西，应持一种积极的（即有主观介入的）自然主义态度。

商业价值和意义的系统的成分。自然人、资源、资产和领域知识[①]这些因素本身并不构成企业，没有管理，它们甚至不知道自己该何去何从。企业的实际状态是什么样，显然与对它的设计有直接的关系。管理对企业的重要性和塑造力是显而易见的——静态地看如此，动态地看也是如此。管理形塑了企业和这个商业世界，并将继续形塑下去。管理的演进，推动着企业的演进和商业世界的发展。

机器设计需要研发，企业设计也需要研发。我们需要拓展对企业的认知和设计维度，解决企业设计的各类现实和具体问题，以不断提高管理的功用性和对企业的价值贡献。相对于实践的无限性，再多的知识和经验准备都是不完备的，企业管理离不开创设——尤其是那些面临新问题的企业和进行创新实践的企业。管理，是一个专项价值领域；研发，是对该专项价值的发掘与实现。作为一个兼具个性和复杂性的系统，企业需要有对企业这部“商业机器”的自我设计能力，需要是一个管理上的自我研发和自我设计主体，是一个自我管理单元。管理自为能力，是企业作为企业而存在和发展的基础。在企业管理上，不仅要有一种设计意识，还要有一种自我设计的意识，以及自我的创造性设计的意识。企业不仅需要 A 级技术团队，更需要 A 级管理团队——即作为企业设计者的管理者团队。

① 领域知识，即属于某个领域的专有知识。专业技术和行业知识，是两类典型的领域知识。

管理的价值及其来源

管理，是企业系统中的“暗物质”①。正是管理在架构和塑造着企业系统，使其归于某种必然的和可能的结果。若是与宇宙系统相类同，则企业系统的可感知部分中有近 85% 的成分是管理（宇宙中看得见的部分占 4%，暗物质占 22%），研究这种“暗物质”的意义是不言而喻的。

管理，是企业价值的构成和形成因素之一。企业的重建，内含着管理的重建；企业的进化，内含着管理的进化。从来源的维度上看，可将企业价值表达为：f(x) =（人，资产，领域知识）× 管理。管理就是决定着企业价值的那个变动范围很大的“系数”。

同时，管理没有独立的价值，管理的价值必须经由管理对象才能产生——正如技术的价值必须经由产品才能最终实现一样。管理的价值，即其对对象的管理目的实现而言的有效性和效率，有效性决定“系数”的正负，效率决定“系数”的大小。

管理的价值，来自于认知的真理性和设计的技术性，来自于管理者的认知力和设计力。对企业而言，管理的价值贡献受三个因素的影响，或说，有三个具体的来源：设计、认知和工具（见图 1）。

1. 设计

企业管理，表现为某种“设计”。认知、目的②和企业本身，是设计的输入。

---

① 人类目前为止对宇宙的研究表明：暗物质就像胶水一样把所有物质连接在一起；暗物质在宇宙中的作用就相当于一个框架。

② 目的（或说，目标、意图和方向）也需要设置和设计，目的设计的正确性同样是来自于对事物的认知和洞见。

其中，目的转化为设计要求，所以企业设计包含着有（战略）意图的主动构造。企业本身，是设计的输入条件，也是约束条件，任何一家企业的设计都不可能是无限的、绝对自由的和任意的。管理就是要“顶天立地”——着眼于目标又立足于现实。设计者尤其要知道自己“要什么”和“有什么”。企业设计，在实践层面，应秉持的是“需要现实主义”，以及技术上的“原理现实主义”。其中，“需要现实主义”可能表现为“目标现实主义”“意图现实主义”和“问题现实主义”等——目标、意图和问题是“需要”的具体化。

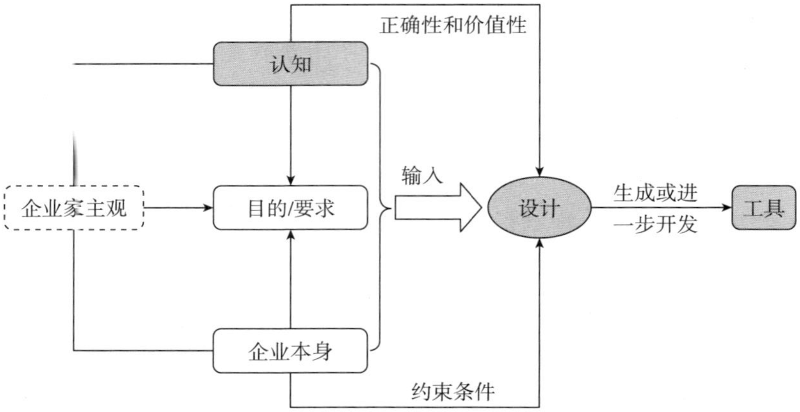

图1　管理价值的来源

对象与目的，是企业设计的两个关键要素，包括企业家主观——企业在根本上是企业家主观的结果：在起点上，认知、目的、企业本身与企业家是完全合而为一的，是企业家进行了自我的第一次设计；随着企业的扩大，企业家个人的成分会相对下降，企业作为主体会部分取代企业家的主体地位——但永远不能，也不可以完全替代，如果那样，意味着企业将走向死亡；绝对的客观主义是荒谬的，企业家主观是企业不能抛却的构成，企业不是一个纯粹的技术性（或者说，物性）系统。企业设计，是关于企业的自我设计，有明显的主观的成分，或者说，有其技术性的成分，也有其主观性的成分——尤其是在诸如战略、意图和企业目的等经营层面的内容的设计①。

企业设计是一个不断形成的过程，从粗略到精细，从稚嫩到成熟。企业的管理有三种境界（我称之为“三进阶模型”），即自发、系统化②和牵引。管理者行为，是对设计的实现，而且其本身也是被设计的，包括将有些管理片段设计给管理者“自决”。企业设计得越精细，管理者的自主性就越小；设计得越粗糙，管理者的自主性就越大，同时对管理者的要求也就越高。企业设计的产生和存在形式，不同（阶段）企业可能各不相同：有些是明确设计的，有些是要管理者在过程中自决的；但从最终的结果来看，无论是有意识的还是无意识的，无论是事前的还是事中的，无论是由企业的某个代表性主体设计的还是由一线管理者现场决策的，企业的各种情形终归都是“被”设计的。

设计是必需的，即便是对真理性管理知识和最佳模式的应用，也还存在着与企业自身的有机结合的问题，这种结合是通过设计实现的，是通过类似“设计工程师”的工作实现的。企业设计的好坏，直接就是管理价值贡献的正负和大小。设计决定企业的性能和效能。企业设计本身是一个技术性和工程性的工作，是一种管理工程师性质的工作，逻辑性、创造性是其价值含量。基于逻辑的创造性思维，是作为企业设计者的关键能力——通用汽车第八任总裁阿尔弗雷德·斯隆在领导通用汽车向事业部制转型时说过的一句话“没有经验，但我有逻辑”，经典地诠释了这一点。其中，对企业个性化部分的有效回应，是企业设计价值的一个重要构成。罔顾企业家主观和企业的个性化特点，照搬别人的设计，是企业设计实践中常见的致命错误。同时，也应该看到，在日渐统一的商业环境下，无论是企业整体还是局域，实践中会涌现出若干种有效设计，从而又会产生出若干时代性的、可资遵循的基本范式。因此，对具体企业而言，“范式＋定制”的设计方

---

① 企业的管理也是一种出自于观念的秩序。企业的管理，是一种人为创造的显性秩序。创造者的观念（即隐性秩序）是显性秩序植根于其中的东西，是显性秩序的地基。观念是经由经验、认知和教育等塑造而形成的。企业家的关于管理的观念的差异，是导致企业管理的个性化差异的原因之一。观念的重塑是管理模式转变的前提。观念亦是藩篱。当企业的管理模式需要转变，而管理者的观念又无法转变时，则更换管理者就是必须的了。创造者创造的显性秩序与其内心的隐性秩序是统一的。秩序的供给，如果不能解决与隐性秩序的统一问题，则这种供给将是无效的。企业应是企业的管理的主设计师；外部管理专家只应是一种认知发展、技术、工具和设计的辅助与专业支持者的角色。

② 即在自发和局部发育等的基础上，确立企业的战略、经营模式、商业模式、创新模式和组织模式等基本模式（或设计原则），进而将企业整合成一个更有效、更高效和更高级的整体和能量态，提高企业设计的模式化、系统性和集成度，使企业的管理上一个台阶，一个至关重要的台阶，使企业的管理发生性质上的改变，以及为进一步的深化与发展奠定基础。

法有助于创造出较高的设计价值——这里，基本范式也可以理解为是“原型”——因此，可将这种设计方法称为“基于原型的定制化设计”。

2. 认知

认知，是指对管理对象的认知，包括对具体对象的认知和对企业管理作为一般的理论性认知①。对企业而言，管理对象是一个无限维的、广泛的、多层次的和开放的东西；是一个抽象的与真实的叠加的东西，包括企业与管理，创新与创新体系，企业家（精神）与人，意识与能量，管理者与管理模式，技术、产品、业务、服务与商业模式，组织与集成，自由与权力，功能与结构，战略与经营模式，品牌与无形资产，企业价值的构成，变革与转型，公司治理与领导力，进化与过程，静态与动态，股权与激励，制度与文化，职能与整体，方法与机制，业务流程与管理流程，部门与岗位，经验与真理，自然过程与实践逻辑，信息化与数字化，需求与市场，资产与行业，生产与运营，商业环境与生态，系统与个体，跨界与整合，竞争与合作，情境与策略，企业环境与平台，任务与运行，客户与合作伙伴，需要与问题，目标与企业自身，等等。

观点不是认知，观点是对某个东西的自我认同，观点中包含有认知，但不纯粹，带有很大的主观的成分，当然，观点也可能是谬误②；知道和熟悉都不是认知，而且熟悉往往容易造成认知的屏障并成为认知的盲区。与企业设计相比，认知是一种更高层次的活动，是科学性质的活动。管理学家的责任，正如自然科学家的责任一样——认知上的突破。

认知，是有效设计的前提和支撑。认知决定企业设计的正确性。追究真相之所以重要，是因为真相能让我们找到行为的正确方向和有效路径。认知，是设计背后的知识。没有对管理对象的认知能力，就不可能有对它的设计能力。认知是设计的根据，认知不足即设计的准备不足，我们无法对自己不懂的对象实施有效的管理。

---

① 对具体对象的认知是获得企业管理作为一般的理论性认知的途径；企业管理作为一般的理论性认知是提高对具体对象的认知能力的准备。实践中，大量地存在着忽略对具体对象的认知的现象，而事实上，它是对具体对象的管理进行设计的工作起点和第一步。

② 真理自有其标准，它不依赖于任何人为的判断；观点则相反，它的通行是以别人的接受为前提。

由于管理对象的原因（涉及人类实践的所有领域），对卓越管理者和管理顾问的知识结构上的要求可能是这个世界上最高的，企业通常需要构建一种复合型的管理团队。与糟糕的设计相比，认知错误的危害更大。而且，从认知到设计是一个逻辑过程，逻辑过程要相对容易一些。缺乏认知其实就是“不懂”，缺乏必需的认知的设计顶多可以算是一种试错。对于复杂性系统而言，认知更为重要，否则将无从设计，或者只能把复杂系统简单化——这会导致系统的能量损失与降格。

认知上的突破，是对企业设计空间，进而发展空间和价值空间的掘进——正如对物理世界的认知从三维增加到四维、五维等；从物质层次深入到元素、分子和原子层次；从毫米级进入到纳米级的发展，为我们开掘出一个更丰富的多维的、庞大的产业世界。认知对象具体是什么，又与我们对对象的认知有关；认知对象本身又是我们认知的结果——你看到的是一个简单的系统，它就是一个简单的系统，你看到的是一个复杂性系统，它就是一个复杂性系统。认知上每转换一个维度，便打开了一个新的设计空间；认知上每突破一个层次，便打开了一个指数倍的设计空间。认知，决定企业的层次和理论边界。人们不可能设计出、更不可能得到一个自己主观上没有的东西①。复杂系统是系统的高级形态，系统的复杂性是由人类创造出来的。企业是一个无限维的系统，没有认知上的突破，有些问题无论如何都解决不了（甚至弄不明白），有些设计高度永远都达不到。将企业的潜能发挥到极致，也许可以作为企业设计的最高评价标准，但是，首要任务是能知道潜能在哪儿。

企业设计如果不是基于认知，就是基于经验。但经验的价值是有限的，经验会让人的思路变得局限，而认知则让人看到所有的可能性，可以帮人把思路打开。认知问题解决了，管理创新只不过是选择了另一种设计而已，换句话说就是，如果你洞悉了事物背后的结构与机理，你就获得了设计上的自由度。实践者，多数情况下其实是受限于认知，困惑和错误也多半是认知上的原因，遭遇的困境主要是认知困境。所有的困惑，其实都是认知的缺位。认知层次不到，我们只会陷入迷茫和冒险。认知到哪个层次，才能设计到哪个层次，进而实现到哪个层次，才能解决哪个层次的问题，或者可以站在更高层次上解决问题；认知到哪个维度，才能真正解决哪个维度上的问题。认知问题不解决，就还是被原来的认

---

① 因此，作为企业设计者的管理者的关于企业管理的主观上的拓展是非常重要的。

知和思维主导，所谓的创新其实都只是在原地打转。

认知上的突破和认知问题的解决是最大的价值来源。认知，决定着人类实践理性的有效边界。要使我们对企业的设计是正确的，就必须将其建立在对真相的考察和深究的基础之上。在企业管理领域，尤其是对于像战略这种完全靠人的理性支撑的设计而言，缺乏认知和洞见，几乎是不可想象的——认知到哪儿，战略设计的有效性就只能到哪儿。

对企业价值形成过程与原理的认知，是这种基于商业目的的认知的关键。我们可以沿着微观和系统两个方向去寻求突破：微观结构与力学原理，这是一种自然力；宏观系统结构与力学原理，也是一种自然力。越过边界，规则便不再适用，因此两个方向的认知发展都需要，但对微观结构与机理的认知更为关键，对微观的考察应先于和重于宏观——事物的终极决定性力量来自于微观。还有，就是沿着问题维度的认知，找到根本问题和问题的关键，尤其要避免把问题的表象当作问题本身①。同时，在对事物的认知中，要听从于事物的意义而避免受制于概念的误导（概念同时又是一个语设和一个观念）。要知道，没有一种事物可以和它的概念完全匹配。商业和企业的本质是引导认知的路标，向企业和商业的本质回归，就如水总是要往低处流一样，是趋势，是进化的方向；不断追问商业和企业的本质，零基思考，更有可能获得有效的认知上的突破。所有的革命性创新，都分布在更接近于本质的路上。

认知需要沿着事物的无限性继续发展②，因此，我们对企业设计的改进可以永无止境，永远不要认为已经做得差不多了。换句话说，认知不可能到达到绝对真理，因此，管理总是以有限理性的面目呈现。我们从未手握真理，我们只是在走向真理的路上。所有人为的东西，都存在着真理性上的缺陷，若过于执着于它，终将演变成灾难。我们关于世界的观念，主要是由已然塑造的；而世界的未来，蕴含在它的未然之中。我们必须承认人类的理性的有限性，并始终保留一分自然主义的和开放的心态，以及让企业始终处于一种认知与设计的未完成态和再改进的可能态。

---

① 要区分问题的表象和问题的原因，因为，问题的原因才是问题本身。正如一个人发烧了，发烧只是疾病的症状，假设发烧是肺炎导致的，或者是感冒导致的，则肺炎或感冒才是疾病本身。因此，对问题的发现，往往是一个深刻的诊断和认知过程。问题的表象并不能给问题的解决提供多少有意义的指引。如果把表象当成问题，很容易导致“开错方”和“吃错药”。

② 但是，我们不能等到认知结束后才开始实践，我们只能将实践建立在对认知进程的一段段截取之上，同时，对未知和未然保持开放性。

“做了”不是对任务的完成，“做对了”才构成对任务的完成。可是，做“对”谈何容易，它是对管理者的最大的挑战。人类几千年来的智慧，差不多都消耗在这个字上。提出要求，并不意味着我们已经将其实现或能将其实现。它首先需要我们能穿透事物的表象，把一些底层的东西弄清楚。走不到底层，我们就不能看到事物的真相和全貌，就难免被其表面的纷繁所困扰；就容易盲从和偏听偏信；就难免误入歧途；就难免局限在浅层空间等。正确性只来自于深刻性。没有对事物的底层结构的考察和背后秩序的认知，连谈论对错的资格都没有。实践中，人们往往更容易关注那些花里胡哨的表面功夫和具体知识，而不是认知问题，这是一个误区①，这是舍本逐末。没有底层能力，就不可能成为卓越的设计者；缺乏底层知识准备，所有的人为都具有自以为是的成分和盲目性。尤其是企业家和高级管理者，在管理上，不能不深刻。

3. 工具

管理工具，指可重复使用的管理的功用性模块，如制度、手册、流程包、财务管理方法、软件、信息平台等。工具，是管理设计的方法化、模块化、定型和沉淀。工具是设计的结果，或在设计基础上的进一步开发（如管理软件）。

管理工具，也是管理服务业可以有所作为的领域。同一种功能，可有多款工具，满足不同情境和场景的需要，这是一个多层次、多维度的工具世界。但前提是要有认知能力和企业设计能力。管理服务商开发的管理工具是它们的“产品”，认知和设计是其产品中的“技术”含量。

工具的价值在于提高管理的质量和效率。工具，还代表着企业管理的成熟度；工具化有利于企业管理的迭代升级。企业的每一个层次和维度的功能单元的设计，都可以工具化，只要它已经是确定的。信息技术的应用，进一步打开了企业管理的工具化发展的新天地。

面向企业（2B）的信息化、数字化服务和管理软件产品的开发同样如此，前提是要懂企业和懂管理，要有企业设计能力，仅把企业的现实做法转化成代码

---

① 这是本书中谈及的关于企业管理的十二个常见的误区和盲区之三：对认知问题的关注不够。所有问题的背后都是认知问题；认知问题是问题的本体。最大的问题是，真正的问题远在我们的意识之外。

是形不成产品的。产品是需求的技术解决方案。对管理软件产品而言，其技术包括管理技术和 IT 技术，如果开发者只有代码能力而没有管理技术，产品必将失败。同时，企业的个性化，也限制了普适性工具产品的出现，或者说，2B 的产品的开发还必须要能有效回应企业的个性化这一基本特点。

管理的价值来源于认知、设计和工具，其实，可以归并起来说，来源于管理知识。其中，认知是企业管理知识体系的底层部分和最具价值的部分，是管理知识化发展的基础。认知解决的是管理的科学性问题，设计解决的是管理的技术性问题。直接从设计入手，等于是只要技术性而不要科学性。管理，是一种实践理性，设计与工具是这种理性的内容和呈现，认知能力是这种理性力量的唯一的源泉。认知能力，也是人类的知识之源。

两层次管理理论

1. 企业管理的两个层次

企业管理有两个层次的内容构成：运行管理和企业设计，就如一座冰山的水上部分和水下部分（见图2）。成熟企业，水下部分较大；初创企业，水上部分较大。其中，企业设计包括对运行管理体系的设计。在现实中，很多人意识中的管理，其实就只是指运行管理，不包括企业设计，这是对管理认知上的残缺。

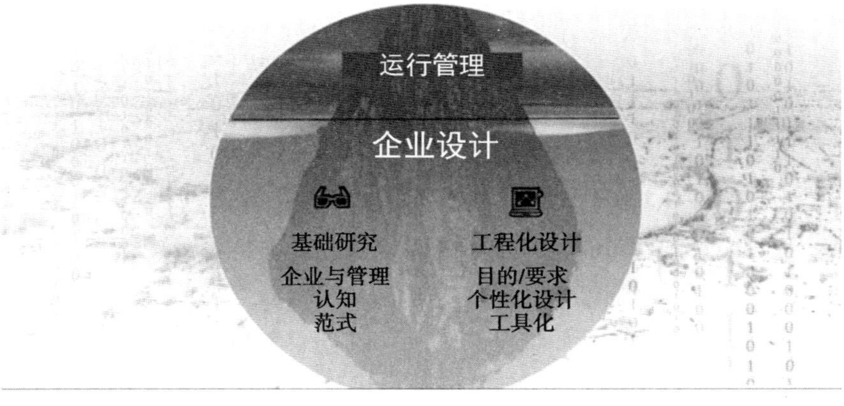

图2 企业管理的两个层次

运行管理，指任务运行管理，包括任务的策划、计划、组织、指挥、协调、激励和控制等，是对企业实际运行过程和行动过程的管理，是企业的微观管理和操作管理。运行管理，是企业管理体系中“看得见”的部分，貌似企业管理的全部，其实不是，它只是企业管理这座冰山的水上部分。运行管理体系的设计，是一种设计准备，提供实施运行管理的基本遵循（基础、框架、原则或细则）。运行管理行为是对企业设计的执行和实现。

“机器”设计得越好，越能减轻对运行管理者的要求并确保高质量标准，或者，可以使其将精力释放到真正的需要创造的工作上。过度地依赖于运行管理者，是企业设计不足的结果和表现，并可能导致管理者的不堪重负；相对的，管理者个人能力强，则对设计准备的要求就可以不需要太高。同时，企业设计永远不可能详尽，因为企业实践的复杂性、开放性、不确定性和微观管理的事无巨细，需要通过运行管理发挥管理者的个人能力，并通过对管理者个人能力的有效利用补充企业设计的不能详尽和实现之处。设计和人，是企业解决管理问题的两种基本方式；提高个人的管理能力，也是企业提高管理能力的一个重要途径；企业还要在两种方式的运用上取得平衡，也即在成熟与灵活性、守成与创造性、制度化与人为上取得（动态上的）平衡；一般的，应是将确定性的东西交与设计，不确定性的东西交与人为（进而，如果不确定性增加，也即意味着人为的作用的地位和成分应该相应地增加）。企业管理能力有四项构成，分别是认知、设计、工具和管理者。

企业的设计，是运行管理的基础和平台。越是确定性部分（如标准化产品生产），设计就可以越详细，运行管理者可以仅是照章执行；相反，越是不确定性部分，如创新和市场性工作，设计只能是框架性的，需要更多地发挥运行管理者的作用，以及依赖于运行管理者的能力（所以，诸如研发类项目，需要它的项目经理兼具技术和管理两种能力）。

企业设计应达到其应有的深度，否则就是设计不足。在设计不足的情况下，虽说可以通过运行管理加以弥补，但问题多多，如：对管理者要求过高，以至于很少有人能胜任；低效；品质难以保证和不确定性增加；问题频发；管理对企业的价值贡献不大。对于完全依赖于运行管理的企业，就如没有水下部分的冰山，还很容易因管理者流失或转而与企业竞争等而发生倾覆。

相反，不能在运行过程中实际起作用和被执行的内容（如制度），都是设计冗余，都属于过度设计。过度设计不仅会耗费企业的资源，而且会成为企业运行的累赘和羁绊，成为无谓的桎梏。企业设计并非越精细越好，设计的精细化增加了系统的复杂性。

2. 把企业看作机器

把企业看作机器可以更容易理解管理的含义（见图3）。就像赛车比赛中的一部车，有驾驶车的（赛车手），有设计车的（汽车工程师），二者共同决定最后的比赛成绩。企业管理的价值贡献主要来自机器的设计——有开着低级车跑出好成绩的赛车手，但如果给他一辆高级车，成绩会更好。把眼光仅盯在运行管理上（就如仅盯在赛车手身上），是实践中一个常见的误区。

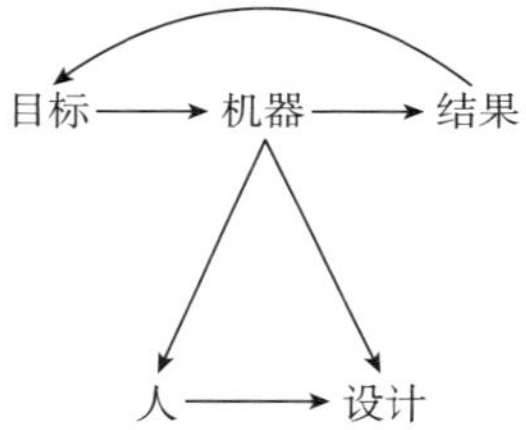

图3　企业是一部商业机器

人、设计、机器和目标，是作为企业的基本构成。其中，机器和目标是设计的结果；人和设计又是机器的构成；而设计又是由人进行的；人与机器的结合构成企业的能量态。出色的管理者首先是企业设计工程师，即作为设计者的管理者。高级管理能力，是作为企业设计者的管理者能力。他们把企业当作机器看待，有能力对企业进行研究和设计，并达到理论上的最佳。他们既是继承者，又是独立思考者；他们设计出结构和流程图，确立原则，展示机器如何运作及如何对设计进行评估；他们开发出量化工具来评价每个独立的机器部件（包括人）和整部机器的运转情况；他们不断地对设计和人员进行完善以便更好地发挥作用。而且，他们不是随意而为，而是心中装着机器运行的因果关系，系统地进行着思考和改进。

企业设计是一种科学和工程技术性质的工作，这与设计工业机器没有区别。随着企业向更高级的方向进化，这一点会表现得越来越明显。企业设计应归入自然科学和工程学范畴。企业需要经常性地对机器效能进行评价，以确保其有效性和效率，以及与企业目标的匹配性。

企业管理者角色有两种：设计者①和运行管理者。两种角色是叠加的，但并非完全重合，二者的能力要求有所不同。运行这部机器可以分工协作、各司其职，但设计机器必须有系统思考和整体思考。企业实践中的问题，可能是运行管理（者）的原因，也可能是企业设计的原因。在企业初创阶段、快速成长过程和变革转型过程中，管理者的设计者角色更重要，并需要身兼两种角色；在企业的成熟阶段和定型阶段，管理者则是以操作工的角色为主。

3. 两类管理的交织与企业进化

两类管理在实践过程中是交织的，企业发展是一个运行与设计（包括改进）交织的过程。设计为运行管理提供依据和基础；运行管理为设计提供检验和改进窗口——正如赛车手提供的问题信息，是对设计工程师最有效的引导，有利于其发现问题，改进和完善机器的设计。运行管理者，是对变化、例外和企业设计的不足与缺陷进行感知的神经末梢与终端。我们无法在事前做到设计的完美和择优，反馈机制是一种必不可少的管理进化方式。同时，运行管理中产生的规律性的、普适性的管理做法，应该及时地沉淀到企业设计体系中——如果不能沉淀，这些经验和做法就会流失；而且这种损失是无法弥补的，因为过程不可能重来。不再改进的企业将停滞在低级层次和低水平运行状态。

再周密的设计，再挖空心思的设计，比起无限维的系统和变幻莫测的世界来说，都不过是挂一漏万。机器改进是一个永无止境的、永远不会完成的课题。企业设计、管理者和企业设计（包括改进）功能，是企业管理体系的三大构成项。

企业一般是从最初的个人全能的单一细胞公司发展成多层次和多维度架构的系统。企业在初始阶段，主要是运行管理，即便有企业设计，也多是停留在创始人的思维构造中；过程中企业这部机器被逐步设计和建造出来，机器建造成型是企业成熟的标志。

不管设计得有多好，机器总会出问题。要学会利用两种管理的交织与互助关

① 企业在管理上的任务有两项：A. 获得优秀的管理者；B. 设计出好的方案。先有 A 才/再有 B。长期以来，我们对 A 任务的明确性和关注度不够。随着商业世界复杂性、不确定性和知识含量的增长，以及竞争的加剧和个体的个性化发展，A 任务的重要性将更加凸显。

系，推动企业这部商业机器沿着螺旋式上升的轨道持续进化（见图4），包括在环境和目标发生重大变化时，通过企业设计的骤变实现机器效能的跃迁。过程的力量永远大于一次性努力，迭代发展才是企业发展的真相。企业家要注意避免把精力过多用于应付各种事务，从而忽视对机器的建造。与完成手头的任务相比，建造机器要花费大约两倍的时间，但这种花费是值得的，可以使未来的工作更加高效。企业家是企业的创造者，企业家应以缔造者的眼光看待自己与企业的关系。

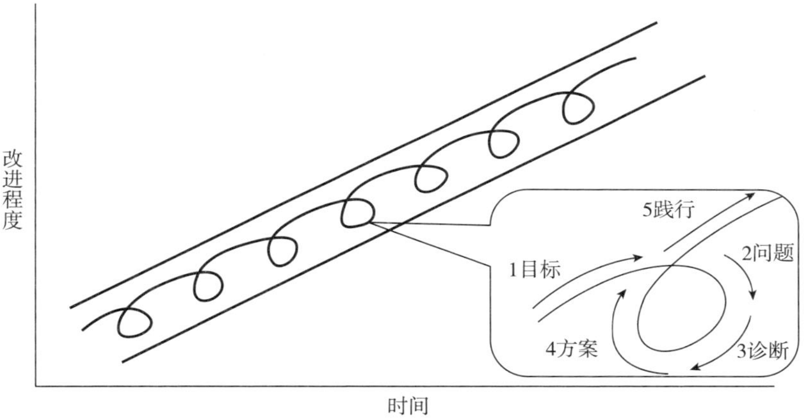

图4　两类管理的交织与企业进化

企业设计，是企业经营管理的后台工程、隐形工程。企业要有意识地促进这个过程的发生与持续，建立企业设计的工作系统，把企业改进作为一种常规的工作，尤其是，要构建和强化管理进化的微观基础和微观管理体系（进化，都起始于微末），如成立管理委员会，以及明确每位管理者（其实，每一位员工都是管理者）在机器改进上的职责，包括指定员工负责发现问题，给他们时间进行审查，确保他们有独立的报告路线能够反映问题，而不必担心揭丑的后果等。

管理者必须经常在努力达成目标的同时，对机器（包括人和设计）进行评估，因为所有的产出都能反映出机器的运转情况。只要发现机器的问题，就要进行诊断，了解是设计不对，还是员工未能恪尽职守。对于问题，要在两个层面进行讨论：①机器层面（该结果怎样产生）；②案例层面（如何应对）。要进行机器层面的讨论，弄清楚事情应该怎么样发展才是正确的，并探究为什么没有朝着正确方向发展。其中，样本量很重要，任何问题既可能是某种一次性缺陷，也可能体现了反复出现的问题的根源。要把经历的每件事都作为一个案例资源，把发现的每个问题都看作一次改进机器的机会。企业设计的形成过程，也即企业管理的知识化和企业管理知识的显性化过程。

企业设计者必须了解机器的每组部件，也必须清楚它们是如何协同运作的；同时，要能从更高的视角看待机器。不能站在更高层次，便不能完成对系统的审视，便不能看清真正的问题所在。站在整部机器背后的是企业家，企业家亦是企业的首席设计官（CDO），企业家本人要像一个设计工程师那样俯视企业机器，要像造物主那样站在更高层次设计和改进企业机器，把产生的结果与目标进行比较，持续完善员工队伍和机器设计，使产出越来越理想；要确保能发现哪些事情做得好、哪些做得不够好，否则就自己动手做——真正的企业家都具有亲身实践的特质①，他们是真正的塑造者。企业，也是企业家能力和价值的增强装置，企业家必须亲自打造它；没有给自己打造出这样一个装置的能人，只是一个能人，而不是企业家。（文中借用了《原则》一书中的两个图，在此向 Ray Dalio 先生致敬！）

① 事非亲历，不知真。任何的描述都是经由人的主观过滤的结果，都带有人的视角导致的偏差。事实上，人无法真正理解和准确把握自己没有经历过的东西。

企业管理也需要迭代

管理，是企业这部机器的形制（形状、构造和款式）。不管设计得有多好，机器总会有不足或不够完善的地方，因此总是需要对机器设计进行改进与完善，借用当下流行的词来说，就是“迭代”，就是进化，包括在目标、阶段、价值基础和商业环境演进的同时，对机器设计进行相应的修改。企业是被创造出来的——无论其内容，还是规则和形制，而且这种创造不是（也不可能是）一次性完成的。企业设计，没有一蹴而就，也没有一劳永逸。企业的发展、变革与转型，都需要以过程的眼光来看待，都需要以过程的方式加以处置。在对企业的设计上，应有一种过程意识。企业的管理需要迭代，这是显而易见的。

设计不变，形制不变，企业就等于没变，等于没有发展。企业管理，既要像蛇蜕皮一样去容盛更大的身体，创造更大的成长空间；又要像芯片设计和工艺技术一样，不断精细化、精益化和精准化，使功能更加可靠和强大。管理迭代是企业发展的过程性使然，以及设计者的理性的有限性使然，也是对设计者的认知和设计能力总是相对不足的一种解决方法，是我们驾驭复杂性和不断企及的一种方式。企业的管理作为一种秩序，以及企业作为一个系统，需要一直处在形成中，管理迭代是形成中的一个个有成果标志的行动和节点。企业需要通过迭代不断地对自身进行适时“刷新”。

管理迭代，是对企业发展和进化的真实自然过程的遵循，是对企业的基于过程的建造。其一，它可能是局域或单项功能的设计迭代，也可能是企业系统的整体设计的迭代。企业是一个动态过程，并因此才得以延续下去。其二，它包含着永续改进和对现有管理基础的有效利用，不同于激烈的管理变革与企业转型。其三，它包括对之前设计和决策结果的检视，对其背后的设计与决策的框架、思维和过程的审视与改进，以及使企业保有这种反思与改进的进化机制。变革与转型包含着对企业设计的骤变或重构，可以理解为是企业设计的“换代”。持续的有效迭代，可避免问题的积累，避免使企业陷入不必要的、激烈的变革与转型处境。当然，管理迭代并非可以完全使企业不需要进行变革与转型——导致企业进入变革和转型通道的原因有很多，如技术革命和政治因素等。同时，由于变革与转型往往难以一步到位，需要对实施难度进行分解和对条件性问题进行解决——变革和转型本身也可以与需要以迭代的方式去推进和实现。

管理进化的机会在过程中产生，也会随着过程而去，如果不加以利用就会白白流失。过程的价值如果仅是业务性质的，那就太可惜了，因为过程不能重来。问题是一种资源，过程更是千金难买的资源。一家不具备建设和进化功能的企业，就是在浪费这种资源。过程本就是塑造企业的主要因素之一，过程的力量是无穷的，正如滴水穿石一般。管理迭代，也是企业管理智识和创新的沉淀。如果同样的问题不会再次成为问题，同样的错误不会第二次犯，能将所有的经验都转化为对企业设计有用的改进，这家企业终将卓越。经历过的对未来都是有价值的，要善于充分利用问题窗口。这样，也可以避免在对企业系统进行改进时，经常面临的一个困境——缺乏设计素材，以至于最后落得一个流于形式逻辑式的结果，空洞、空泛而没有多少实际价值。

对错误的辩解和遮掩，以及对问题的漠视和习以为常，最大的代价还不是承受直接的损失本身，而是失去一次改进的机会。对问题的不断追问就是一场深刻的诊断，也是企业管理体系的知识化和个性化的实践路径与方法。企业应将每个实践问题视为改进机器设计的一次机会。问题是难免的，因为没有人能有先见之明，没有人能预先设计好一切——文明是演化的结果。发现问题、分析问题、解决问题，以及将解决方案转化为对管理体系的改进的能力，是企业管理能力的基本构成。没有问题才是最大的问题，这说明企业已经彻底地失去了感知和自我进化能力。

企业先天有管理进化功能，就如生物先天有进化功能一样，人天然的有对问题做出反应的本能。但是在实践中，许多企业并没有清醒的过程意识和管理“迭代”意识。一直以来，进化都被企业视为例外①，这是一个显而易见的误区，这也是与企业是一个过程的基本事实相违背的。另外，通过例外管理的方式解决，解决就解决了，没有留下成果化的东西，下次还会出现类似的问题，犯类似的错误——这也可能就是许多企业的领导人总是很忙，同时问题又总是层出不穷，甚

① 这也是本书中谈及的关于企业管理的十二个常见的误区和盲区之四：将进化视为例外。

至陷入这种恶性循环的一个原因。

随着商业世界本身“迭代”的加速，企业必须让这一例外管理回归常规管理，并建立起管理迭代的工作体系、方法与机制（可称之为“管理进化系统”，见图5），对管理进化本身进行有效的管理。管理进化系统，是企业对问题的有规则的反应系统，是管理背后的管理，功能背后的功能。没有系统和机制的存在，局部的小改就很难发生（顶多是零散的），没有小改就积累不成大改。

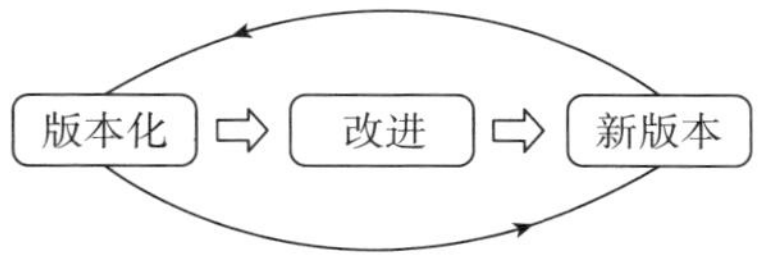

图5 智栈的企业管理进化系统示意（EMES）

企业，是一个业务经营过程，是一个关于自我的创造过程，是两种过程的叠加。企业发展停滞和衰落的一个重要原因，是在自我创造上的无功和无能。创造自我，是比业务经营更重要和更基础的功能。由于总是存在着重业务的倾向，很多企业都有自我创造和建设不足的问题。管理迭代功能，是企业发展的“自举”功能和程序，应作为企业的基本功能加以建设。在解决管理问题的三种方式——制度、人（管理者）和文化中，制度是最一般的方式，企业应不时地将新问题的解决方案转化为制度，转化为对企业整体或局部的一种正式的设计，同时，也建立起进一步改进的基础。

桥水公司创始人瑞·达利欧先生在《原则》一书中的一句话“站在更高的层次，建造并进化你的机器”，其实是管理者的一项重要职能，也是最能体现管理者角色的职能。作为企业设计者的管理者，只有站在更高层次，才能有效履行用管理塑造企业的使命。更高的层次，包括理论层次。企业的领导者，应抓住目标不放松，不断推动管理进步，而不是反过来被现有管理水平所束缚。

绝对的目标是终点，我们都只存在于过程之中。企业经营，是一场包含了有限游戏的无限游戏，既要追求战役性胜利和阶段性经营结果，更要追求使游戏可以延续的系统结构和规则的进化；管理迭代，是一种包含了有限游戏的无限游戏思维。

企业管理，是“做作业”而不是“抄作业”

企业设计是管理者的“作业”，该如何去完成，是关于企业管理的设计方法问题和实践模式问题，其背后是关于企业和管理的认知和观念问题。一直以来，我们只关注企业管理的方案性问题，而鲜有关注企业管理的实践方式的问题，我们甚至都没有（或没有明确地）意识到这是个问题①。而事实上，它恰恰是一个问题，而且可能是目前为止企业管理领域的最大的一个问题。

作为方案的企业的管理是一种结果，实践方式是生成这种结果的“工艺”（而且，由于这种工艺具有基础性意义，我称之为企业管理的“母工艺”）。实践方式的正确性要高于方案的正确性——方法的正确性的意义要远大于一时一事上的精明的意义，这都是不言自明的。正如“点石成金”所寓意的，与作为结果的东西相比，生成结果的东西才更有价值。没有答案并不是什么大不了的问题，不知道应该怎样去找到答案才真是个大问题。正确地做事，才能把事情做正确。

实践中，管理者完成这项作业的基本方式可简单地归为两种：一种是“做作业”，另一种是“抄作业”。其中，“抄作业”的方式是根本错误的，许多的管理设计与实践真实的冲突，许多的管理上的问题与困境、管理和变革上的失败等，都与这种错误的实践方式有关。

对具体企业而言，管理就是自我塑造。企业家精神、管理和技术是企业自我塑造的三种基本力量；企业家精神是原生性力量，也是最根本的力量和最底层的力量，是企业的“干细胞”；但是，真正使企业呈现出某种价值、某种功能和形态的，是管理。管理有其工具性的一面，但绝不仅是工具层面的东西。对管理知

---

① 这也是本书中谈及的关于企业管理的十二个常见的误区和盲区之五：对实践方式问题的无意识。实践方式，包括企业管理的设计方法和管理生成的行动模式。我认为这也是目前关于企业管理的第一盲区。100 多年来的企业管理的知识体系中也是完整地缺了这一块。

识和管理经验的学习等都只是手段，都只是为了提高企业的自我塑造和自我实现的能力。

每家企业的管理“作业”都是不同的——题目不同或给定的条件不同。在实际设计时，企业的管理（无论是整体还是细节），应该是针对自我的需要与现实的求解，或者说，是基于自我的求解，是“做作业”。用一个公式表示就是：f（管理）=需要×现实。目标和问题等是需要的具体化；现实，包括自我的具体和现实环境。企业的管理，是类似于建筑设计师根据要求和现实条件的针对性设计。不同企业的需要和现实的不同是显而易见的，也是必然的。对管理完整的评价标准应该是有效而切实的（我们尤其在“切实”上的关注不够）。特定企业的管理，至少在各维度和层级的总体上，以及基本模式上是一种基于自我的设计。设计者的任何的知识准备都只是他设计的能力准备。

知识准备并不是这种求解的唯一影响因素——“考生”的智力、意识、思维模式、认知能力、直觉、研究能力和创造力等基本素质和个人理性，可能是更为重要的影响因素，尤其当我们面对的是新问题，当我们面对的是更加复杂、深刻和不确定性的世界，以及当我们面对的是自我的独特性和特殊情境的时候。有企业管理的知识和有企业管理的真本事，是两回事；以知识的名义把路带偏的，也大有人在。

不过，现实中，属于“抄作业”思维的主体却不在少数。首先，企业管理领域一直以来的研究者、商学院和管理咨询公司在传播那些所谓的成功经验、“全球最佳实践”“行业标杆”“放之四海而皆准的真理”和管理思想、模型、方法、工具等管理知识，推销自己的观点和所谓的研究成果，争论对错，以及我们在接受教条和遵奉“大师”的时候，其隐含的管理实践模式和思维就是学习和抄作业。其次，中国多数企业长期以来是以“抄作业”为主，这是一种典型的“学习者思维”和“学习者模式”。从 20 世纪 90 年代开始，在从计划经济下的功能单元（工厂或流通渠道①）向市场中的企业主体的转型过程中，中国大部分企业普遍地向西方学习企业管理的一般方法——尤其是以典型的工业企业为对象的一般管理方法，或者说以“大工厂”经营模式为典范的一般管理方法，学习它们的市场管理、组织管理、生产管理、治理管理、薪资管理、业绩管理、人力

① 也因此，工厂和商业企业思维，扎根在中国人关于企业的意识的深处。这也使得中国人对企业的理解离企业的本质有相当长的距离。这种在中国人当年关于企业的意识产生之初看到的东西，成为了其关于企业的意识基因和意识发展的障碍。

资源管理和战略管理等。

此后，“作业”抄得越来越广泛和具体化，从产品概念、业务模式、运营管理、公司治理、商业模式、供应链管理、外包、流程管理、管控模式，到 MBO（Management by Objective）、KPI、事业部制、中台模式、阿米巴、合弄制、OKR、6σ、TQM、质量小组模式、IPD、JIT、精益管理、科层制、事业部制、矩阵制、SBU、ISC（Integrated Supply Chain）、宽带薪酬、职级管理、胜任力管理、团队管理、岗位评估、BSC、项目管理、产品生命周期管理，以及领导力、COO、ERP、CRM、MES、战略地图和独立董事制度等不一而足；从观念到思维、观点、框架、模型、概念、语言、方法和工具等一项不落。

可能是因为有得“抄”、有得学，就没有了自己“做”的必要。“抄作业”是目前为止中国大多数企业管理实践的基本方式，包括向西方发达国家的企业抄、从书本上抄，以及通过中介机构（如管理咨询顾问）抄、通过“对标”的方式抄和通过挖别的企业的管理人员的方式抄等。来自于西方的企业管理类书籍占据中国企业管理知识的主流市场；来自于西方的管理思想、经验、模式、方法和工具在中国广为流传甚至被奉为真经；商学院开设大量的课程向学习者传授这些思想，并在潜台词中告诉学习者应该遵照这些思想。源于西方的企业管理思维和意识形态塑造了中国企业关于管理的基本心智。中国企业管理的发展过程，差不多就是一个向西方亦步亦趋的过程，即便有一些自我设计的成分，但也没有逃脱那些外来的范式和范畴。

在“抄作业”的模式下，会有很多的问题，如“东抄一块，西抄一块”，看似博采众长，实则是个大杂烩，缺乏内在的一致性，缺少管理体系的协同性，整体性上总是出问题。不仅问题不断，而且永远理不清、理不顺，管理粗浅等。其中，最主要的问题有四个：

（1）适合性问题。抄来的东西，即便适合，那也是近似的适合；与自我的真实偏离得越远，适合性就越差。而基于自我的，自然就是适合的①。并不否定可以有通用知识模块，但是需要经企业的自我设计而被“集成”使用，换句话说，这些知识模块需要由集成设计赋予其意义——正如瓦片和砖石，同样的材料，在不同的建筑师手里却又完全不同。

① 业界流行的所谓的“适合的就是最好的”说法，是在“抄作业”模式下才会有的问题；在“做作业”模式下，原本就不会有这种问题。

为了引入那些外来的管理，有些“抄作业”者甚至发明了一类工作，叫“落地”。其实，“落地”不过是试图用一个错误去救济另一个错误。自我的真实就杵在那，无法被忽视也绕不开；对症的方子就起作用，不对症的方子就不会起作用，这是谁也更改不了的；药不到，病不除；问题只有被真正地解决了，它才不再是一个问题。

问题总是自我的问题，终究还是要回到基于自我的解决上来。适合性差则功用性差，“抄作业”的企业的管理的功用性必然是不强，管理对企业的价值贡献必然是不大。对于管理上“抄作业”的企业而言，它们其实本该有更大的能量。

（2）自我独特性的失去。企业的价值，更多地来自于其独特性，而不是一般性。从自我出发更有可能建立起相对优势。走自己的路，才能走出属于自己的路。每家企业都最应该成为它自己应该成为的样子，而不是别的什么样子。

“抄作业”内含着追求一般性和否定独特性。基于管理对企业具有的塑造力的原因，“抄作业”是在塑造一个个同质化的企业，一个个没有自我和灵魂的企业，以及消弭一个个作为特殊性的存在。独特性，是生态的丰富性的基础性来源，是对生态的拓展性力量。当企业失去了自我的独特性，也就失去了其对于生态的这种意义和价值。

（3）影响“做作业”的能力的形成。总是“抄作业”的人，必不能“做作业”。长此以往，还会形成管理上的心理依赖症，总是要不由自主地去对照一下别人是怎么做的，听一下“专家”是怎么说的，否则，心里就感觉不确信、不踏实。

习惯于“抄作业”的企业，管理的“自为”能力一般是比较差的。由于不知道背后的东西及其意义，它们往往没有能力对抄来的作业进行优化、改进、升级和自适用性再设计；只会照葫芦画瓢；由于没有自我进化能力，企业管理的发展总是处在一种特有的阶段性的停滞状态等。尤其是，当面对新异问题的时候，以及需要它们在管理上独立行走的时候，那种根本性的无能就会暴露出来。

“抄作业”得到的是一种结果，而不是生成结果的能力和基本功；得到的是一些具体的知识和方法，而不是可以创造这些知识和方法的禀赋；得到的是实用技艺，而对其背后的理论和原理不甚了了，知其然却不知其所以然。“抄作业”，看似是捷径，实则付出了企业的一生在管理上的自为能力的缺陷的代价。

（4）被局限。包括被别人的经验局限，和被别人创造的所谓的知识局限；被局限在实践的表象层次，和被局限在别人的视角和设计思维之中。已知和已然，常常也是未知和未然的屏障。“抄作业”是一种局限的、拘泥的实践模式，而实践本是一个开放的过程。

其中，因对知识的信奉导致的自我局限一般不易觉察。知识的前置，也是一种意识上的先入为主，这无疑会造成对自我的障目和走入知识导向的误区。况且，相对于真实的世界来说，知识永远是不够的、有局限的和有偏差的。实践的复杂性总是要大于知识的复杂性；我们创造的知识，可能远不及与实践对等的知识的万分之一。知识导向者，把自己局限在条条框框中，并在实践面前表现出一种根本性偏执和无能，殊不知，实践本身才是人类社会实践的“一级提纲”。知识导向和教条化，是在将实践局限在知识的范畴和语设之下，颠倒了实践与知识的关系。

在企业设计上，自我求解应是主路径，知识作用是辅路径①；自我设计是主线，知识应用是辅线。面向实践的真实，才能打开务实创新和创造的空间（这种空间本来就是存在的和无限的），以及走上开放的企业管理的发展路径。凭空的创新是不可能产生的，除非可以像天才科学家尼古拉·特斯拉那样接收来自宇宙的信息。实践视角的缺失，比知识准备的缺失更为致命。实践，是知识产生的起点，也是知识创造的指向。没有纯粹的管理知识。割断知识与实践的关联，则所谓的知识就变成了一类伪教条。

企业，是人类的一种社会实践模式，关于它的正确问题是，它应该是什么样式，以及可以是什么样式。任何企业都是具有一般性的特殊性存在。作为企业家，在管理上，应该是朴素的自我设计者或理性的自我设计者；走出学习者思维②，走出虚妄和概念化，成为一个自我的创造者，一个务实的创造者；不局限

---

① 在观念上，目前为止的所有的管理知识的意义和价值都应被降格和大打折扣。知识和实践的关系是复杂的、交织的；如果非要对二者的关系加以明确，则知识对实践而言，是伴生从属。实践者应该是做管理知识的主人而不是倒过来。很少有人能正确地对待知识，能处理好与知识的关系。绝大多数时候，我们都是颠倒了知识与实践的关系；知识如果不能被置于正确的位置，则它就是一个谬误，就是一道屏障。当然，并非是说知识准备就是次要的。知识准备能提高我们的感知能力和预测的效力，以及决定我们的设计所能达到的高度和深度，尤其是理论和原理等高级知识，正如一位医生的医学知识和医术水平决定着患者的治疗效果，甚至生死一样；而且，更为关键的是，这种知识准备还在前提上影响了我们面向对象的感知能力和认知能力。

② 纯粹的学习者模式，在使我们快速地获得一些知识的同时，也落入了它的构设和局限。学习者模式，也是一个陷阱。

于任何思维，不落入任何的语境和语设，始终面向那些根本性问题和基本问题①。企业的管理，应该来自于一种务实②或深刻的自我设计。其中，理性的、深刻的和创造性的自我设计与对理论和原理等高级知识的掌握有关，与认知的问题的解决有关。学习模式也总是需要的，但真正有效的学习，应该是学习原理而不是事实，学习实质而不是表象。学习模式，弄不好，也是陷阱，我称之为“学习者模式陷阱”。在管理上，日本企业的“埋头做事”和美国企业的“自然演进”，实则都是“做作业”模式。而在中国企业的观念里，管理就是对管理知识的应用，就是对管理工具、方法等的“装备”，这是一个很大的差别。“抄作业”也是一种管理上的偷懒行为和心理，企业在无形中为其付出了巨大的代价。中国企业的转型，离不开管理实践方式的转型。在管理实践方式上，中国企业应该是向日本企业学习。同样是后发者，日本企业并未一味地向外学习，而是基于自我，创造了质量管理、精益管理、终身雇佣制和综合商社模式等，走出了日本特色，也成就了自己。“做作业”做出来的结果跟“抄作业”抄出来的结果也可能是一样的，但其对企业而言的含义和意义却有天壤之别。

其实，企业即便是在“抄作业”的时候，心中也隐含有自我的因素，它们需要做出改变的是：将这种暗线变成明线，副线变成主线，把自我设计、自我选型作为整个设计的首要环节和核心部分；倒转思维，回归管理的本义——塑造自我，而不仅是使企业成为可以按某种范式、范例或标准进行架构和运行起来的一般性机器。

---

① 虽然人们往往都更容易去关注那些花里胡哨的表面功夫和具体知识，但对企业管理而言（其实，对任何事情都是如此），基本问题才是最重要的问题。企业的管理，在基本问题上如果都做对了，必然日渐强盛和基业长青，即便还有些错误和不足，也都是小错和自然现象，无关紧要且可以改进。

② 管理，是对实践真实的管理。务实本身就是管理的一类价值。企业设计，应该是一种务实的创造性设计（我称之为“务实性创设”）。

PPTS 范式与职能化范式

企业经营，是一个自我创造与自我实现的过程。这个过程有它的基本着力点及其发展的基本脉络。沿着这个维度，可以实现企业经营管理的简练并切实有效，以及避免落入一种无绪、盲从和不必要的复杂性之中。“删繁就简三秋树，领异标新二月花”是一种境界，也是一种卓越的实践方法。企业经营有四个基本着力点，即产品、人、任务和系统。

（1）产品（Product）。如果说有一个东西可以代表企业的本质，那就是产品。产品，是企业提供给市场的价值的核心，是企业的商业化经营的基础，是企业参与市场的凭借，是企业在市场上的价值标识，是企业创造出来的商业势能，也是企业战略和经营模式的承载，更是企业的事业的承载。产品的品质，可以说就是企业的品质。企业经由产品将潜在需求开发出来。产品竞争力，是企业竞争力的基础。产品是商业世界的基本构成，也是一个经济体的发达程度的标志性的东西。很多时候，市场不好，并非需求有问题，而是产品有问题。市场，是由供需两方面的力量共同塑造的。企业经营是围绕着产品展开的，是围绕着企业从早期的单一产品小规模经营到多产品大规模经营的过程展开的。

（2）人（People）。任何企业都由两部分构成：机器化的部分和人为的部分。机器化的部分是人为的结果，也是人为设计与建造的结果；企业的发展和进步则完全由人为决定。商业世界发展的一般趋势是：企业系统中，人为的部分越来越关键。人，是企业系统中最关键，同时又是最具复杂性和不确定性的因素。个人的能量和效率，是企业能量和效率的基础性构成。企业，是由个人能量态转化而来。对人（包括从普通员工到企业家）的问题的解决的意义是不言而喻的。而且，对企业的长期经营和创新发展而言，人才问题的解决本身就可以直接作为目的。

（3）任务（Task）。如果每一项任务都高效地完成了，那么企业也就实现了它的目标。企业的经营，是经由任务这一过程实现的，是经由一系列的活动呈现的。任务（项目是任务的一种）是企业经营管理切实的抓手，企业需要在任务管理上不断精进。除了把既定的任务本身完成好之外，还包括基于任务的进一步的创造——企业的很多有价值的创新和创造都是在任务过程中生发的。

（4）系统（System）。企业的规模超过 1 个人时，关于系统的问题就产生了。小企业是一个小系统，大企业是一个大系统；从小企业发展到大企业的过程，即小系统演进为大系统的过程。系统，是企业效率的一个重要来源，搞不好，则是企业效率的一个巨大的黑洞；系统态，即企业的整体能量态。企业需要对系统的结构和规则做出设计，并随着系统的规模、复杂性的增大，不断地进行重构；需要对系统的形态（包括内部之间的关联性）进行管理；需要不断地提高系统的集成度，以及优化系统运行方式等。企业的能量和效率有三个层次的来源与构成：个人层次、任务层次和系统层次。随着企业的系统的增大和复杂性的增加，它越来越超出个人的力量所能驾驭的范围，也越来越需要构建和发挥一种“系统的力量”。企业越大、越复杂，系统设计的需要、价值和价值空间也越大。从系统的维度进行系统的设计，也可最大程度地避免不系统性问题的产生。

企业经营的基本着力点也是基本管理对象，我统称之为基本抓手。这种模式的经营与管理的共进，我称之为“PPTS 范式”。在对“PPTS”这四个点和维度的管理上着力，每一分努力都是有效的，都是有现实的和直接的效果的；而且，在每一个点和维度的管理上都可以无限深入地设计下去。这四个维度的发展，就是企业发展的自然过程。在这四个基本抓手上着力，不会造成人为与实践真实之间的冲突，因为方案与现实和行动是一体的；而且，企业的各个部分能往前走可以尽量往前走，能走多远可以就走多远，这是一种符合自然进化的过程，是一种接近实践真实的过程。

与“PPTS 范式”相对的是一直以来的职能化范式，即从职能的维度将企业系统划分为若干“模块”，分别加以“专业化的”管理，如战略、组织、运营、人力资源、研发、市场营销、生产、销售、财务、质量、品牌、文化、计划、供应链和信息化等。但是，这种职能化范式有两个致命的缺陷：

其一，它是一种“变体管理”。“PPTS”是本然管理对象，以其为管理对象的管理，是一种“本体管理”和直接管理。而职能是经对本体进行解构和重构而转换生成的“变体”。职能化管理是一种“变体管理”。变体管理，也是一种间接管理，管理的直接性必然下降。同时，在变体管理模式下，由于缺乏真实管理对象基础，管理也很难深入下去；企业也容易被误导落入“就战略而战略”“就组织设计而组织设计”“就人力资源管理而人力资源管理”“就财务管理而财务管理”（包括那些甚至把财务目标凌驾于业务目标之上的情况）、“就信息化而信息化”和工具主义盛行①等职能化思维（或说，一般管理思维）的陷阱而不自知——自从传统的一般管理思想和文化形成以来，许多企业就生活在这种逻辑之下，而且，在自成体系之后，很难再走出它的窠臼。②

其二，整体性的丧失。本体即本体的整体，“PPTS 范式”是最接近于整体管理的管理模式。职能化则存在着对本体的肢解。在生物的世界，当我们把一个生命系统剖分成多个部分时……生命，作为系统整体的性质，已随着剖分的进行而消失殆尽。企业也是如此，对企业系统的模块化肢解本身就已经是在犯一个致命的错误。企业从来都是一个有机整体和实践综合，这种类型的“专业化”，实则是一种破坏性割裂和对问题的矮化，随之而来就是企业管理上的各种“技术性问题”和很多原本不该成为问题的问题，包括都把追求自己部门目标的实现放在首位而导致企业整体的失败等。

职能化的企业管理框架，只是企业管理的一种框架。这是其价值，也是其局限性所在。而企业实践的真实情况是，总是以整体的和本然的方式发生和运行的。单一种类的框架，无论如何也涵盖不了企业（作为整体）的本然和管理的诸多维关系；习以为常后，还会限制我们以另一种眼光和维度看待与研究企业管理，以及使我们看不到许多实践创新的价值和意义，换句话说，这种单一维度的框架一旦成为定式，会严重阻碍新的管理维度和框架的形成——时代发展和企业进化又总是需要这种新的管理维度和管理框架。

职能化思维使企业管理一上场就是割裂的，使整体性就像打碎的瓷器难以复原。事物都是一个整体，任何维度的观察都可以触及它的整体，不过这种触及并不构成对整体的有效替代。不可能寄希望于一个职能化组织系统不是职能化发展

① 目标管理、波士顿矩阵、SWOT 模型、平衡计分卡、KPI、价值链模型、五力模型、商业模式画布、战略地图、7S 模型、IPD、岗位、宽幅薪酬、岗位测评、薪点制、EVA、（被作为工具的）项目管理和 OKR、ERP、OA、EMS、CRM 等，被视作了企业管理的基础知识和基本内容。这一方面导致工具贩卖和概念炒作大行其道，另一方面引发许多企业到处追概念、学方法、引软件，以及以“上装备”的方式“上管理”，而到头来却反而是问题越来越多，病症越来越重，甚至半死不活。

② 这也是本书中谈及的关于企业管理的十二个常见的误区和盲区之六：职能化思维。职能化思维也是一个陷阱，而且是一个很容易掉进去却不容易走出来的陷阱——这大概是因为它更符合人们的专业习惯。当然，并非说不能有职能化思维，而是说在主路线上不能是职能化思维。

导向的。如果说，在以专业分工为主要特点的上一个商业时代，这种模式还尚有可取之处的话；在以塑造“独特的整体性”为主流的新商业时代，这种思维模式和管理范式将与企业现实完全的格格不入。职能维度的管理，只能是管理的辅助技术路线，而不应再被作为主技术路线。职能维度的管理，绝对不能高于，而只应是支持和服务于 PPTS 维度的管理。从职能范式向 PPTS 范式转换，也是在管理上向企业本真的一次回归。职能范式和权力中心化，是传统企业的管理的基本特征，也是其最大的问题和局限所在。我们在管理上遭遇的许多问题，其实也是我们在管理的制式上曾做出了某种选择的结果；有时，我们需要回过头来审查一下这种选择本身的正确性，而不是在选择不变的前提下去解决这种选择下的问题。

截至目前的企业管理的研究与实践，基本上都是在职能化思维下展开的，这是一个误区①。解构，是探寻事物真相和驾驭复杂系统的一种基本方法。但是，对一个事物和系统的解构可以有无限维，找到那个有效的维度并非易事。维度的有效性还会因实践环境和目的不同而不同；同时，每个维度的解构都有其自身的缺陷，单一维度的解构更是不够的，单一技术解决不了一个复杂的系统性问题。在实践中，两种范式应该结合，比如项目管理，是对任务的整体管理的需要与职能化和部门化的系统组织模式的结合，目的是在职能化的基本框架下对任务管理的整体性进行必要的还原（尽管有时并不能有效实现），并收获职能化管理的专业性；当然，要想把项目管理做好，必须把项目管理权还原为一级管理权；所谓的矩阵制是一个扭曲的东西，是试图在职能制模式下实现 PPTS 范式的管理效果。

① 这也是本书中谈及的关于企业管理的十二个常见的误区和盲区之六：职能化思维。诸如所谓的方案落不了地等情况，也只有在这种实践模式下才会发生。当然，并非说不能有职能化思维，而是说在主路线上不能是职能化思维。

从范式思维回归目的性思维

我们越来越陷入范式思维，在企业管理上也是如此。一提到企业管理，就想到这个模式、那个模式，就想到这个工具、那个工具，就想到这个职能模块、那个职能模块，就想到这个是这样做的、那个是那样做的，就是范式思维；一提到战略，就想到迈克尔·波特的成本领先、差异化和聚焦战略，就是范式思维；一提到绩效管理，就想到 KPI 和 BSC，就想到岗位工资或岗位绩效工资等，就是范式思维；一提到组织设计，就想到科层制、直线职能制、矩阵制和事业部制等，就是范式思维；认为设置了多少个管理部门，制定了多少项管理制度，完善了什么管理体系，聘请了什么大牌的管理顾问公司，上了 ERP 或什么信息系统，以及引进了日本模式或德国模式等的企业，在管理上就是好的，也是范式思维。

最典型的范式思维者，是商学院。商学院开设了各类管理课程，如战略管理、组织管理、人力资源管理、市场营销、生产管理、质量管理、运营管理、供应链管理、财务管理、成本管理、品牌管理、项目管理等，提供各类概念、框架、模型、策略、原则、信条、范例、方法和工具等，并将其作为一种共同的语言和标准。同时，按教科书培养管理“专业”人才①。经过这种培训的人，也都把自己当成了管理专家，去对实践者提供指导，告诉企业应该这样做、应该那样做，或者告诉企业这样做是不对的、那样做是不对的等——即便其中有些人从未接触过实践。还有就是各种跟风②，以及各路的管理“专家”提出各式的所谓的

---

① 对知识的表达本身只是信息（Information）；作为知识（Knowledge），至少还要包括对它所示的东西的理解（Understanding）。有太多的人，把知识性信息当成了知识本身，这是一个误解，也导致：读了几本书就自视为领域专家，以及伪专业人士满天飞的现象的产生。

② 如流程再造、学习型组织、KPI、BSC、阿米巴、IPD、ERP 和中台战略等，都曾一度被中国企业热捧和追逐。

理论和解决方案。在范式思维者的眼里，企业的管理有固定的模式或做法。他们的设计都是往某种模式或做法上套，甚至生搬硬套（见图6）；他们在进行变革和转型时，多半是从一种模式"跳"到另一种模式，从一种做法"跳"到另一种做法；同时，也是依据范式对企业的管理进行评价，符合的就是好，即便这个企业走向了衰落和破产，他们仍认为，他们的管理本身没有错或没有问题。而且，由于管理实践水平的原因，目前的范式思维者思维中的范式，还主要是经验性和学术性的管理范式，或者说，经验性一般和学术性一般的管理范式。范式思维者多表现为经验性思维或学术性思维——我们可以看到很多做管理的人，面对实践却不是实践性思维，这大概与其的管理思维已经范式化有关。

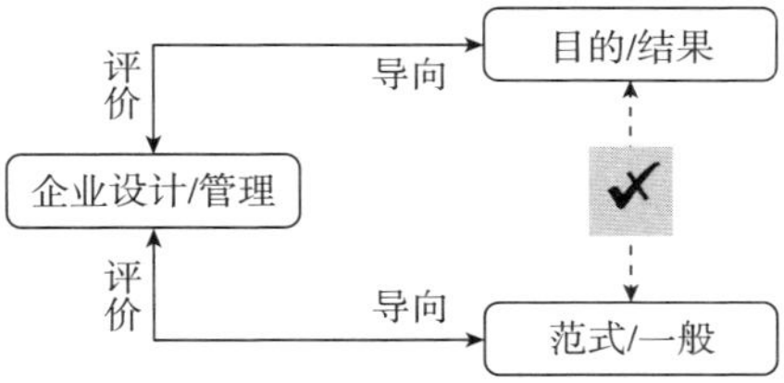

图6　企业设计的两种思维

范式思维不能因应实践的复杂性，也无意因应实践的复杂性，他们认为实践者应该先进行满足范式要求的自我改造。范式导向的企业设计，必然导致企业的管理与管理的目的之间的偏差，越是独特性、特殊性和个性成分多的企业，这种偏差越大。范式思维者其实是在把手段当成目的而不自知，他们在信奉范式时，总是忘了问一下为什么。

范式思维还阻隔了实践结果对管理知识的证伪，以及对知识的真理性的反馈，因为范式思维等于已经默认作为范式的知识是正确的。范式思维，有时也是范式陷阱。范式思维将我们禁锢在那些框架和教条之中，即便它们其实是错的。

范式思维不具有创造范式之外内容的能力，不具有突破自身的能力。范式思维者走不出范式。范式思维制造管理上的一般和管理创新的停滞。范式思维，也可以说是一种定式思维，是一种机械性思维。范式思维不是人类的基础性思维模式，它不具有开放性和创造新文明的能力。范式思维是人类智慧的结果，但不是人类的智慧本身。范式思维者类似于那些把更加循规蹈矩的孩子、更加符合他们的关于好孩子的定义的孩子视为好孩子的人。

范式思维产生于人类的经验和知识对人类的思维的塑造。人的思维总要有所凭借，范式思维具有很强的“病毒性”。范式思维现象具有普遍性。范式思维，给我们带来了一些思考上的便利，但也带来了意识上的封闭和钝化。

目的才是目的，企业管理当然应该是目的性思维。我们已经在范式思维上走得太远、太过，我们需要回归目的性思维。目的性思维，准确地说是目的性导向的思维，即根据目的实现需要进行设计和施加管理，在实践中，又具体表现为问题导向的思维、任务导向的思维和自我实现导向的思维等。目的导向的思维，也是一种零基思维。在目的性原则之下，创造性的做法就会涌现出来，会出现创造性和管理创新的爆发。

目的的实现（程度）是通过结果体现的。目的导向的设计可以很自然地通过结果得到反馈，可以以结果论对错，以成败论对错。同时，可以使目的和我们对问题的认知得到修正。由于人的认知的局限性，其主观生成的目的和问题认知本身也要接受结果的检验和发展。经由主观不可能建立起客观（即符合事物本然）的标准，我们只能不断地去追求客观性，以无限接近最高层次的应然。还有些目的，看似绝对正确，实则虚妄，因为它根本不可能被实现。因此，目的性思维者，总是可以求真务实并与时俱进。不过，目的性思维与范式思维并非对立。范式性的东西应该作为知识准备存在，可以在目的导向的总体设计之下被集成使用。

企业所有的问题，归根结底都是管理的问题

管理，并不是与企业的其他构成要素并列的一类要素。管理，是使其他要素具有商业属性和某种商业价值的东西。管理既包含在企业系统之中，又居于企业系统之上。企业管理包括两个维度：其一，作为企业系统的构成；其二，站在更高的维度，对企业作为一个主体的思考、设计与构造，这是一种类似于造物主的功能。对企业而言，管理不是万能的，但没有管理却是万万不能的。管理不是企业的全部，却融入企业系统及其每一个构成项之中。

企业除了在起始点上拥有的技术等要素之外，过程中积聚的其他类型要素都是管理的结果，与企业整个生命过程中积聚的相比，起始点上拥有的是有限的。企业的第一生产力要素不是技术，而是管理，因为管理是起因；同理，许多企业所欠缺的，根本上来说不是技术，而是管理。企业的问题，归根结底都是管理导致的。技术或许可以帮助企业取得立竿见影的效果，但唯有管理才是基础性和持续起作用的因素。企业最终所能达到的高度和规模，取决于企业家的认知和企业的容纳、集成与形成能力。

美国管理学家赫伯特·西蒙（Herbert A. Simon）认为管理就是决策，我将管理定义为企业设计，其实二者本质上是同一个意思。企业的问题，要么是现实决策和设计不当的结果；要么是过去决策和设计不当的结果；要么就是原本就没有进行任何管理，任事物自然发展的结果。

企业做什么、如何做，以及重点获取和聚集什么类型的资源的决策是管理；是否转型、向哪个方向转型的决策是管理；转型方案的设计是管理；是否变革的决策和方案设计是管理；把创新置于何种地位的决策是管理；创新领域的选择是管理；创新体系的设计是管理；对未来投入多少资源的决策是管理；技术选择是管理；产品决策与产品组合设计是管理；什么时候开发并向市场投放什么产品的

决策是管理；质量标准的设置是管理；业务与业务组合设计是管理；技术、产品和业务发展方向的选择是管理；自制还是外购的生产决策是管理；跟谁合作、如何合作的方案设计是管理；对合作方的选择和关系设计是管理；激进还是保守的经营决策是管理；进入哪个领域和市场、不进入哪个市场和领域、跟谁竞争，以及如何竞争的决策是管理；全球布局的设计是管理；并购重组的决策和方案设计是管理；把哪些内容纳入监管，又把哪些内容完全交由员工自决的设计是管理；企业与员工的关系模式设计，以及企业系统架构的设计是管理；把什么样的人招进来的选择是管理，让他干什么的组织设计是管理；对员工的培养方向和程度的设计是管理；用工模式的设计是管理；对个人价值和能力的调动方法与机制是管理；企业管理进化系统的设计是管理；集权设计是管理，分权设计也是管理；是直线制、直线职能制，还是事业部制、平台化组织模式的选择与设计是管理；让谁决策和不让谁决策的权力分配是管理，权力分配的比例设计也是管理；聘任谁做 CEO 是管理，任命谁做部门主管也是管理；对某人授予和不授予权力是管理，授予多与少也是管理；目标的制定是管理，目标的变更也是管理；让某人去 A 岗位还是 B 岗位是管理，将某人续聘或解雇也是管理；对营销渠道的选择是管理，对营销策划案的设计是管理，对经销商的选择和管理也是管理；组织开放的还是封闭的决策是管理，选择信息透明还是不透明的决策也是管理；项目选择是管理，项目适时终止也是管理；任务分解是管理，任务计划也是管理；管理流程的设计是管理，业务流程的设计也是管理；投融资决策是管理，负债率的管理也是管理；信息化的决策是管理，信息系统和软件的设计是管理，信息技术服务商的选择方式设计和决策也是管理；决定自己动手解决管理问题的决策是管理，聘请管理咨询公司的决策是管理，对管理咨询公司的选择方式设计和决策也是管理；等等。管理，决定企业变革和转型能否成功；管理，还决定企业将形成什么样的企业文化。管理能力不足，注定企业会有大片的管理空白。企业中每一个人都是管理者，只是各自的管理对象不同而已。

如果企业的“管理”总是正确的、适度的和高效的，并且管理者总是胜任的，那么企业终将走向成功，且处在其可能的最佳的状态；反之，则会走向失败，走向衰落，任何企业都逃不掉为自己的错误和不足埋单。现实，其实是必然的那个结果。管理与企业经营结果之间的关系是因果性的，与企业问题之间的关系也是因果性的——哪里管理决策错了、管理缺失或管理不到位，哪里就会出问题；哪里管理决策对了、到位了，哪里就会一切如愿。企业经营的成功与失败、好与坏、平庸与卓越，企业问题的多与少、大与小，都是对决策正确与错误的反馈，都是对企业设计好与不好的收获，都是对管理充分与缺失的映射，都是管理者管理认知深浅的对应。除了起始点资源和环境的差别外，企业与企业的差距和差异都是管理的结果。

因此，可以说，企业所有的问题，归根结底都是管理的问题，是管理者的问题，是企业设计的问题。这与社会制度和一个国家的盛衰的关系相类同。实践中，如果我们对经营困难的企业见得多了以后就会发现，原因大多是决策者在关键步骤的决策质量不高；而一个决策、一种制度安排葬送了一家企业，和一个决策、一种制度安排成就了一家企业的例子更是俯拾皆是。

需要补充说明的是，管理的外延要比人们通常以为的大得多。管理包含在企业系统及其所有构成之中。即便是产品，也不是一个纯技术性或资源性的东西，包含着对需求的理解，对需求满足方式的选择与设计，对竞争和商业模式的考量等，这些都属于管理范畴。换句话说，不仅战略是管理、治理是管理、商业模式是管理、运营是管理、组织是管理、流程是管理、制度是管理，而且技术、产品和业务本身也都内含着管理。如果把企业比喻为一个软件产品，管理是从功能设计、技术语言、系统架构到模块设计、程序和代码的所有东西。

没有管理，就不存在所谓的企业。企业发展来自于管理能力的剩余。那些对现实管理都略显不够和疲于应付的企业，那些管理水平平庸的企业，很难想象它们还会有进一步的发展。没有管理能力的企业是不可能（持续）成功的。经常犯错误，是管理能力低下的表现，犯战略性错误是战略管理能力低下的表现，犯人事任命上的错误是对人的管理能力低下的表现等。管理能力，是指取得正向效果的管理能力；做管理的方案和动作不叫有管理能力，取得效果才叫有管理能力。

管理（适度）超前，或者说，企业设计（适度）超前，应作为企业管理的一种理念，以有效发挥管理的牵引作用。管理能力不足或发育滞后的弊病是显而易见的。企业可以通过认知发展、管理层更新的方式提升管理能力，也可以通过将企业现有系统的管理版本化、优化、定型（如制度化）和自动化（如工具化与信息化）的方式，去释放出管理者能力。

曾经有管理能力，并不代表总是有管理能力。曾经取得过成功，并不意味着总是能取得成功。成功是之前管理的“遗产”，并非当下管理能力卓越的标签。管理能力如果不进化那么就会退化。实际管理能力衰退、钝化，甚至走向反面的案例每天、每时都在发生。商业世界发展了，企业系统发展了，管理对象不同了，而认知没有发展，新设计能力没有形成，新管理工具开发能力不具备，就是管理能力的相对退化。拥有彼时代的管理能力，并非等于拥有此时代的管理能力。战略迷茫、发展方向迷茫，是典型的缺乏或失去战略管理能力的表现。对技术、需求和商业世界的结构失去感知能力，对竞争对手失去解读能力，管理能力缺乏进化，是诸多曾经取得巨大成功的企业又走向失败的常见的原因。

麦肯锡们错在哪里？

以麦肯锡为代表的全球著名管理咨询公司，制造了无数个失败的咨询案例，是偶然，还是必然？是偶有失手，还是先天注定？同时，对麦肯锡们的质疑也从未间断，而且愈演愈烈，“做管理咨询找死，不做管理咨询等死”的说法在坊间广为流传。是“麦肯锡们”错了，还是质疑者们错了，又或者，管理咨询业的存在本身就是个错误？

对这个问题的回答是有巨大争议的。其实，稍微研究一下，就不难明白：质疑者们没错，只是缺乏更有说服力的质疑能力；管理咨询业的存在也没错，只是长期以来，市场把“麦肯锡们”与管理咨询业画上了等号，把“麦肯锡们”的做法当成了行业标准；是“麦肯锡们”错了。那么，它们错在哪儿呢？我认为，首先和关键是“麦肯锡们”的基本技术路线错了。

管理学知识可分为三种类型：科学性知识、经验性知识和学术性知识。科学性知识来源于对企业实践的解释，如同牛顿对苹果往地面上掉的解释，是“万有引力定律”类的知识，是 why 类型的知识，是认知性知识和原理性知识，是实践背后的结构与机理；经验性知识来自对企业实践现象的总结，是 what 类型的知识，包括总结而来的经验性原则和经验性认识（如麦肯锡的 7S 模型），是“其然”而不是“所以然”，是对事物表象的刻画；学术性知识来源于对前两项的整理和体系化，包括对经验性知识的进一步抽象和对管理的一般性的逻辑演绎和自我建构（如卡普兰的 BSC）。对应的，在管理咨询行业，实践中有三种技术路线：技术路线Ⅰ、技术路线Ⅱ和技术路线Ⅲ（见图 7）。

“麦肯锡们”是管理的经验主义者。“全球最佳实践经验”是它们的宣传口号，也是它们给自己贴的标签。而事实也是如此，进入麦肯锡公司网站，随便点开一篇文章，看到的都会是满篇的经验性案例、经验性总结、经验性告诫和经验性建议。2018 年 2 月 23 日，我登录麦肯锡公司网站，随手点开首页上麦肯锡

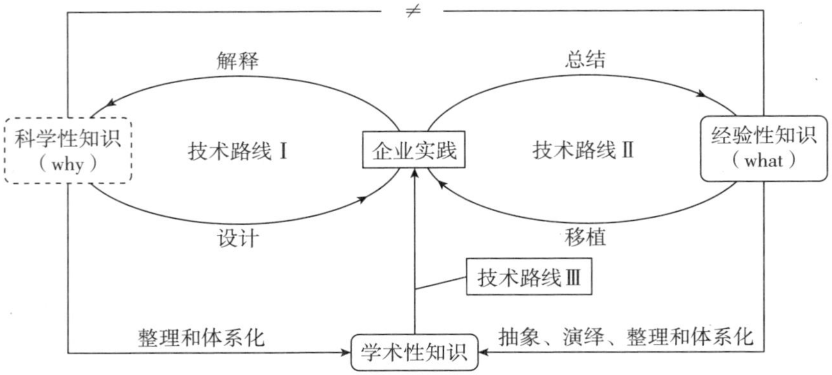

图 7　管理学知识的三种类型

2017 年季刊《极致客户体验——银行未来竞争的护城河》，在刊首语中看到的就是这样一段话（对重复的内容做了删减）：“根据我们的经验，最为成功的客户体验转型一定是由客户需求来驱动实现的，而非传统组织架构下某个部门来进行驱动，这意味着改善客户体验的努力前所未有地依赖于畅通的跨部门合作。我们精心策划了一系列文章……这些要素包括：客户旅程，而非单一触点在转型中的核心作用；共同愿景，用以弥合 CEO 与一线员工之间的差距；评估体系，保证公司听到真实的客户声音；客户体验和价值创造之间的紧密联系，确保转型努力卓有成效。此外，我们分享了澳大利亚联邦银行等多家国内外领先银行，以及亚马逊、优步等多家企业的优秀案例，您可以进一步了解这些一流企业在打造客户体验方面的种种创新尝试。”其他的，如 IBM 管理咨询，它的管理咨询业务的主要特点就是将自身的管理经验业务化，它的“向服务业务模式转型”和“IPD”等咨询产品本来就是对其自身管理经验的总结。

在业务操作上，麦肯锡们多半采用的是“管理移植”模式，即将 x 企业的管理经验移植到 y 企业的身上。麦肯锡们走的是上图中的技术路线Ⅱ。该技术路线，注定麦肯锡们的项目成功只是一个概率性事件、小概率事件，而失败和鸡肋是大概率事件，原因可以有无数个，其中最主要的有四个：

（1）经验本来就只具有限的适用性。尽管麦肯锡们总是将它们的东西冠以“全球最佳”“标杆”等头衔，使它们看上去像是“放之四海而皆准的真理”，但是经验就是经验，经验不是真理，不具普适性①——若是有人总将经验包装成真理，包装成具有普适性的东西，则它呈现出的结果实则是一种谬误。麦肯锡们也许会辩解说，这些经验有共性，很对，不过这恰恰说明具有普适性的是其中的“共性”而不是经验本身，因此，首先要能抽象出其中的“共性”。经验，如果得不到根本性解释，就不能被有效地学习。麦肯锡们的实际知识层次和知识类型，麦肯锡们把经验当真理售卖的做法，先天注定它们的项目成功只可能是一个概率性事件。

还有就是麦肯锡们卖弄逻辑，可能是想以此显示其管理思维的严密性和正确性。可是，且不说逻辑是每一位管理咨询顾问的基本素质，并非麦肯锡们专有和特有；问题的关键是，逻辑本身并不构成管理知识（领域知识和逻辑的叠加才构成专业知识的完整呈现），否则逻辑学家岂不都直接就是最优秀的管理咨询顾问了？逻辑性只是知识的必要条件和通用构成。没有领域知识作为内容，逻辑顶多只是一副真理的躯壳，这也是很多企业败于那些看似逻辑正确的规划和方案的一个原因——麦肯锡们好像并不懂得这一点，或者说本来就是在故弄玄虚、刻意混淆。进一步地说，事物都是符合逻辑的结果，遵循事物的内在本身，自然就是符合逻辑的，没有必要把逻辑单独拿出来刻意地加以强调，更不能把某一种逻辑抽取出来让万物去遵循、让各种情境去遵循。

（2）主体偏差。经麦肯锡们总结的经验，可能已不再是经验本身了。经验来源于实践，来源于事实，可面对同一个事实，100 个人可能得出 100 种经验。管理经验，是对企业管理系统的截取，截取的角度不同、范围不同，以及截取者的知识准备不同，得出的经验也会是不同的。经验是人总结的，所有经验都是个人式的。就如同无色的光线穿过蓝色物体后呈现出蓝色，穿过红色物体后呈现出红色。企业实践本身就是一束无色的光线，咨询顾问都是带颜色的个体。麦肯锡们的咨询顾问看到的和总结的经验，都不可避免地被着上麦肯锡们的底色（麦肯锡们也经常将其称之为“我们的经验”），变成一群商学院出身的根本不谙企业实践的 MBA 们的个人式经验，事实上，它们得到的经验也许在出炉的一刹那就已经严重偏离了真实本身，失去了经验的核心价值。

所以，麦肯锡们的咨询意见多半似是而非，经验本来就是一个似是而非的东

① 普适性与知识所达到的层次有关，越是底层的知识，越具有普适性；换句话说，理论性知识更具有普适性，而经验性知识更不具有普适性。

西。还有，麦肯锡们多采用“后台 + 销售”的业务运作模式。经验先由一群咨询顾问去整理，再由另一群顾问去销售实施，经过这样层层翻译和转换，偏差又会进一步扩大。也就是说，经验原值由于主体偏差的原因而被大打折扣。

（3）排异反应。企业系统也是系统，而且是有机系统。别人的经验，是从别人的企业系统中“生长”出来的，是与别人的企业系统相融的。将一个企业的做法以移植的方式应用到另一个系统中，必然产生排异反应；系统越复杂、越具有机性，差异就越大，排异反应则越强。事实上，我们找不到完全相同的两家企业。管理，只能是以企业为出发点和目的“设计”出来的，而不能是被“套”上去的，麦肯锡们显然是搞颠倒了对象和手段的关系。

有人说，麦肯锡们可以用几个月时间把一个普通人培训成管理专家。其实，这是不可能的，只不过是培训成经验移植机器。进而这些根本不懂企业实践和管理的咨询顾问，在项目实施时只能是生吞活剥、生搬硬套，管理咨询被他们弄成了对用 PPT 做成的管理模板的反复应用。麦肯锡们也许会说，他们按行业和职能进行了分类与配型，可以降低系统差异。但归根结底仍是经验层次上配型，而不是原理层次上配型，只是“形似”而不是“神似”，配型成功类似“撞大运”，只是一个小概率事件，排异反应甚至系统性灾难却是大概率事件。而且，他们的这种做法，恰恰说明他们其实真的是不懂管理：在科学层次，管理是统一的，原本就不存在所谓的行业和职能上的差异。所以，实践中我们会看到，他们越是雄心勃勃、高举高打的项目，越是宣称要帮助客户脱胎换骨的外科手术式的项目，失败得越是惨烈；更多的客户则是在“用又不能用，弃之又觉可惜”中反复纠结。

（4）反战略性。在商业世界，企业价值主要来自于其独特性而不是同质性，未来更是如此。管理移植的结果是造就一个同质化的企业，即便成功，也是战术上的成功和战略上的失败。声称做战略咨询的麦肯锡们，其技术路线却是反战略性的。麦肯锡们也许会说他们也会有创新、有突破，可是没有认知层次和原理上的突破，就不可能有设计层次的突破——任何领域都是如此——经验层次的麦肯锡们没有原理。

另外，经验是现象。如果盯在现象上，我们会发现世界每时每刻都在变，而事实上，成功的基本法则没有太多，底层结构和规则也很少会变。“乱花渐欲迷人眼”，经验主义的咨询公司，很容易将客户诱导进入一种碌碌无为的现象追逐游戏之中，总是去追逐那些流动性的东西，进而迷失在事物的表象之中。真正的问题，并不是我们正面对的问题现象，而是问题的根本和问题的关键，经验主义并不提供通向真正问题的路径。

麦肯锡们之所以将自己定义为一家战略咨询公司，还有一个原因，就是它们所谓的产业洞察和对产业趋势的把握，或者说，全球产业视野（通常以《××报告》的形式呈现）。但它们的这种视野，其实是一种类型的产业现象的选择性归纳与线性演绎，严格地讲属于产业资讯。这种局外人的对现象的观察，能不能直接用于预测，是有很大疑问的。事实上，麦肯锡们也从未把准过趋势，从未洞见过未来（因为洞见不是这样来的）。而且，这种流于一般的产业经验，对特定企业而言，有多大的信息意义甚至都是不得而知的。

总之，对管理咨询主体而言，选择技术路线Ⅱ是错误的。并不是说经验不能移植，只是应该“移植”的是经验背后的原理，而非经验本身。站在经验层次，并不能知晓经验的真义。经验层次的学习无甚意义，而且事实上有时是学不了，强行效仿，只会导致失败；理论层次的学习才是有意义的，可行的，也才能学得会、学得通并有所创新和发展。向“最佳实践经验”学习，不应是照葫芦画瓢，而应是做到异曲同工。

技术线路Ⅲ也不成立。技术线路Ⅲ，以学院式咨询为代表。由于以下的一些原因，技术路线Ⅲ在实践中的效果更为糟糕。这些原因包括：管理学100多年来积累的主要是经验性知识；学术性知识也主要来自于对经验性知识的一般性整理；象牙塔里的人不懂企业、不懂实践，更没有能力对知识进行实践还原；形而上学的思维模式，等等。

抽象掉实践真实和实践主体的“纯粹”的、学术式的一般研究是一个误区。这种脱离实践的自我建构，是一种想当然，是一种自以为是，甚至胡扯，最终会造成误导。我们最起码应当把“怎么办”建立在“实际上是怎么回事”的基础上，而不是将“实际上是怎么回事”置之脑后，按形而上式的“怎么办”去“怎么办”。商学院式的纯粹逻辑性的概括、归纳、演绎和闭门造车，经常严重地偏离和脱离对象和实践的真实，很多东西都是错的或没有意义的。面向实践真实，才能创造出真知识。商业世界是一个经验场，也是一个实验室，真正有研究能力的人，对着它就够了。企业管理研究，要以实践为第一研究对象。真正的管理研究，是基于真实对象的研究，而不是象牙塔式的研究。绝大多数商学院的教科书都是有“毒”的。他们只是经验性知识和一些观点的“二传手”，况且还传得不怎么样。在自我缺位的情况下，读商学院的书不一定是一件好事，那是在任由他们的杜撰对自己的管理思维和管理认知进行着危害性的格式化。而实践，从来都不是按书式的剧本出演。我们不能、也无法把实践硬塞进知识的语境和框架之下。商学院导致了许多管理观念的传播，也使很多人带着这些（错误的）观念进入到企业管理的实践领域。

所有的研究，都必须找到并建立一个局部知识体系的基石。经不起哲学式的追问与质疑，就不能赋予其价值和意义。管理咨询的唯一正确的技术路线，是技术路线Ⅰ。管理学是科学，是跟自然科学同样属性的科学——正如以色列的物理学家和企业管理大师高德拉特（Eliyahu M. Tolerate）在《目标》的序言中所提到的，我们研究物理、化学或生物时，我们就说这是科学。我们应该明白，还有许许多多的自然现象没有归属于这几种学问之中，例如我们在组织中所看到的各种现象就是。假如这些现象不是自然现象，那么又是什么呢？难道我们要把在组织中看到的种种现象当成虚幻的情节而不是我们所面对的现实吗①？

真理就存在于表象之下，现象和真理总是被一并呈现的。现象是通往真理的入口。就企业管理而言，真理与实践表象是孪生关系。每一个现象都有其生成的机理，现象只是机理之表；表象上的不同，并不意味着彼此真的不同；通过实践解释创造知识，是人类知识创造的基本方法。把认知事物的方式局限于经验是不够的，单纯的经验主义会造成认知的假象，从而偏离事物的根本。

有些经验看上去也像是真理，因为其中包含了对规律的直觉和对真相的直觉。但是，经验就是经验，如果不能被解释，就难以真正地被学习，就不能尽显其价值。唯有科学解释才能突破事实带给人们的认知的局限。任何实践经验都是有价值的，但得有能力抽取出其背后的结构与成因，那才是其真正的价值所在。现象看到的再多，如果不能知其所以然，终究还是会不知所从。

在整个管理咨询业中，走技术路线Ⅰ的管理咨询公司很少，原因是这条路线不容易走（科学研究型主体的缺失，也是管理学至今停留在经验层次的一个原

---

① 社会科学与自然科学后来的分野，也许是一个严重的错误。它造成社会科学的以社会科学的名义的科学主义实质的普遍丧失。研究者用自我的观点和建构替代了对事物的认知与科学创设。尽管也产生了许多的了不起的观点和思想，但都难免主观和自谋自划的成分；尽管有些观点和思想也与某些一时一地的现象相一致，但并不能因此说明它们到达了理论和真理层次，因为理论要求的是与所有的现象相一致。他们似乎更热衷于自我的表达而不是对事物的本然的接近。他们也提出了一些有价值的和有意义的原则，但无一例外地都停留在经验层次。科学性不够，始终是社会科学的重大缺陷。人类在社会学科领域所取得的成就的价值（无论是理论价值还是实践价值），也因此远不及在自然科学领域。我们需要找补回科学的社会科学。

因）。在企业管理上，从经验到真理虽然只差一个“解释”，可这个解释却不是任何人都能做到的，这是一种科学家性质的工作；换句话说，经验和真理只隔着一层“窗户纸”，而这层纸却不是随便什么人都能捅破的。经验（包括经验性知识）亦是一种认知的屏障，很多人穷其一生都走不出它所营造的“现象”世界，从现象的世界中挣脱出来，凿穿这道屏障，才能到达更本质的世界，才能到达柏拉图所说的“理念世界”。走哪一条技术路线不是一个选择问题，而是能力问题；能力不到，想选择也选择不了。

每一家企业的实践现象都是真相的呈现，都具有案例价值。实践已经把真理展露无遗，关键是我们有没有一双发现的眼睛。站在事物表面的无序的观察，并不能让我们真正理解一个系统，也无助于我们在观念的世界里对其进行有意义的重建。发现背后的结构和机理，才能获得对现象的解释，也才能将其抽象地映射到我们的思维系统之中，以及对其进行运算和推演。

本质上，麦肯锡们是真的不懂管理，只是在兜售经验和信息，只是在传播和贩卖一些企业经营管理的实践“样式”而已。站在海平面上和潜入海底看到的海洋世界是完全不同的。站在事物的表面上看，事情好像也只能如此了，只有如此了；站在事物的背后看，就大不一样了，也远非如此那么简单。实践的表象不能被用来作为实践的指引，一家企业的实践表象不能被用来作为另一家企业的实践指引。而在企业管理上，麦肯锡们的视野差不多局限在表象世界，他们是现象的“仆人”，他们对表象背后的存在和机理无知无感。他们，事实上，并没有看懂他们看到的事实。走不到表象背后，则表象对我们而言就如障眼法。许多时候，他们只是在无知中前行。说他们懂管理，显然不对；说他们不懂管理，他们又显然不服。

没有知识含量的东西，不过是信息，所以麦肯锡们，称之为“管理资讯公司”其实更为准确。麦肯锡们的成功不是技术上的成功，而是营销上的成功：把经验包装成真理，把信息包装成视野，再给自己戴上“顶级”“TOP”“国际型”“几大”等皇冠，制造企业对他们的迷信。麦肯锡们就像那些奢侈品，昂贵却没有任何实际价值，仅适合去满足有些企业要为自己贴上管理高大上的标签的需求。

人的思维和意识活动总是要有所凭借，对麦肯锡们的先入为主是一个巨大的灾难，管理咨询业就这样稀里糊涂地从一开始就被麦肯锡们引向了一个错误的方向。一种说法一旦被人接受，就很少再有人去质疑它，即便它原本就是错的。错误观念的危害是无形的和深远的。任何观念（知识也是一种观念）的东西都具有“病毒性”，只要接触到，就会或多或少地、或正或反地受到它的影响和塑造[①]；尤其是，在它的侵入对象还是一张“白纸”的状态下和处在单一的意识环境中时，它的这种对人的主观的影响力和塑造力更强、更深刻，也可能更具危害性。我们赞成的和反对的、崇信的和鄙视的，都在刻蚀着我们。创造（或说，自带）一个“观念空间”，接触到一种观念，就已经无形地进入到它的这种空间、范畴和范式。

长期以来的经验主义，还使人们不自觉地忽略了对真相的追问和对真理的思考。不是科学的领地，就是术士的江湖。麦肯锡们推波助澜了经验主义的盛行，塑造了人们对管理的认知方式，破坏了人们在管理上的心智结构，阻碍了管理的科学化发展进程。麦肯锡们创造了管理咨询业，也误导了管理咨询业，使管理咨询业以及整个管理学的发展落入它的“起点陷阱”。

---

① 这便是我的“观念塑造理论”和“观念空间理论”：人的观念是经被塑造而形成的，包括他塑和自塑；不能自塑的人，只有被他塑；因为主观惰性，人们容易滋生对他塑的依赖；观念一旦形成，人的主观便再难退回到它的原初状态，退回到那种没有任何观念存在和干扰的“基态”；经由观念空间的坍塌，才能实现对一种观念的重塑。知识的层次与其所创造的观念空间相对等；对别人创造的知识和观念的学习和接受的过程，是一个典型的他塑过程，也因此，学习者的批判性，或说，一般性研究思维是不可或缺的，否则，将有可能落入和被局限在他人的观念空间之中。一个人的主观里的所有的东西，如果都能在别人那里找到它的出处，则说明这个人作为自我是不存在的。观念经由主观形成，主观又存在于观念之中，主观（进而由主观创造的世界）又在被观念塑造，差不多所有的世事和存在，都是一种“结”状的结构，我称之为“K 结构”（K 取 Knot 的首字母）。观念是人类在主观世界的画地为牢；观念对人的禁锢是显著的，也是无形的。我们总是需要去除观念的影响。人们并非生活在真实世界，也远未及理念世界，而是生活在观念世界，都是“观念的囚徒”。观念空间的拓展，即是发展空间的拓展；观念空间的拓展和重塑来自于见识和认知的自我突破，同样也来自于他塑和自塑。

把企业看作量子

借用量子理论，可以对“企业”做出更完整的解释。企业也是量子（也可以说是量子场），是具有量子属性和基本特征的一类存在。把企业看作量子，将有助于我们看到“更真实的企业世界”，看到企业体系的相互作用状态，看到企业产生与变化的微观自然过程。这也将为企业有效应对以创新、创造与创业为主要成分和关键内容的新商业时代，找到管理上的基本遵循。

1. 企业是主观的产物

在量子力学中，体系的状态有两种变化：一种是体系的状态按运动方程演进，这是可逆的变化；另一种是测量改变体系状态的不可逆变化。企业类似于是“测量改变体系状态的不可逆变化”的结果，是人的主观（“测量”）对潜在的可能性（“体系状态”）作用（“改变”）的结果（“不可逆变化”），是对具有无限可能的未知态的人为的作用的结果。企业起始于“无”（相当于量子基态），起始于创始者产生创造它的念头的一刹那，并从该念头开始，一点点、一步步地被从未知、混沌和灰色中创造、再造并呈现出来，是主观与不确定性相互作用的结果——是主观创造了客观，主体创造了客体，过程中的物质的投入都是从属于这种主观过程的——企业又和生命一样，是一种“自组织现象”。

有什么样的主观就有什么样的结果——如果把这种主观作用的承载主体称为“企业家”，也可以说成是，有什么样的企业家就有什么样的企业。因为，创造总是与创造者相关，量子理论研究也表明，微观体系的性质总是在它们与其他体系，特别是观察仪器的相互作用中表现出来。人为能力，是企业的源生性能力；如果“人为”的空间和意愿没有了，一个系统也就将趋于僵死了。企业家精神是企业发展的两个前提之一（另一个前提是系统态，包括公共的社会系统态和专有的企业自身的系统态）。企业的发展，是企业家精神与系统态相互作用的结果。没有强大的主观能量的人，成为不了企业家，也不应该被作为企业家。企业所能达到的层次和规模，与企业家的能量态有关。每家企业，也都因企业家主观的原因而有它的宿命。企业家主观是企业的“上帝之手”，是企业的塑造力。企业家创造企业，是企业的生成与再造程序；任何企业都不能没有这种程序，都不能丢掉这种程序。

企业是在不确定中形成的，是一个几率性结果，是一个偶然，或一系列偶然（包括主观错误）导致的“物理实在的图像”和能量状态（或者说，量子态）。基业长青更是一系列偶然的叠加，所以概率极低。企业与企业之间的差异和差距，根源于企业家个人之间的主观上的差异和差距[①]；国与国之间的企业的差异和差距，根源于各自企业家群体及企业家精神的差异和差距，进而根源于各自社会制度、文化传统、教育和主流价值观等企业家环境的差异和差距。企业，说到底，是一种对人的创造力的经营方式与机制；企业家精神，是企业的最具价值性的资源；企业，应由具企业家精神的人来领导。

这种主观作用力的削弱、缺失和传承中断的结果必然是企业发展的停滞，进而落伍甚至消失。因为，总会有竞争者在向前探索，对未知领域和混沌状态进行着这种窥探与主观介入。借用“多世界诠释”的观点进行解释就是：我们介入了一个世界，便创造了一个世界，一个平行世界，因此，那些停止对未知领域进行这类主观投入的企业，那些停止了这类创造性活动的企业（无论其当时多么辉煌）迟早会被“翻篇”到历史的时空，变得老旧、过时，失去其在新的现实世界中的存在。显态的世界只是一个临时现象。企业随这种主观作用力的强弱变化而盛衰。社会，是人类自创的世界；企业，是企业家自创的世界；创造出新的平行的创造的情境和需求，创造永无止境。对创新而言，任何时候都是处在起点上。缺的永远都不是创造的可能，而是创造的能力与精神。当我们都停止了创造，世界也就停止了发展。在快速迭代和多维颠覆的新商业时代，主观作用力缺失的企业的衰落和死亡的速度会加快。企业家精神缺失的企业，钳制和无视人的主观的企业，是没有生机和生力的（因此，也需要将企业家和企业家精神纳入企

① 因此，企业之间的差异和差距的存在是必然的；与企业的局限和困境对应的，是企业家的主观上的局限与困境。

业设计的范畴[①]）。跟在别人的后面走是不会有出头之日的，是自误[②]。

对企业的这种主观作用力进行解构，大致可分解为三个要素：感知力（包括洞见力）；设计力；创造的意愿、偏好与执着。一切“唯心造”的这个“心造”的过程，也是知识产生的过程，以及将知识转化为“客体”的过程。主观作用力，是创造企业的钥匙，是对企业的产生、变化，以及时间维度上各个时点的截面状态起决定性作用的因素和力量，是创造世界的基本力量；相反，缺乏主观作用力和心智迷失的企业，一般也走不远、活不长。社会性系统，是一个典型的量子态，意识对它的作用决定了它将呈现的结果。主观作用力的强弱决定企业的兴衰，其与企业可以取得的成就之间是一对因果关系。以企业家为引擎，以及最大限度地扩大与增强这种主观作用力，才是真正符合逻辑的企业管理的做法：

（1）以企业家为引擎。即以企业家为主导，以企业家的“主观作用力”为引领，以企业家的感知和设计为基础、为导向，以企业家为核心进行企业的打造与运作。当然，这里的企业家不是特指某些位置上的人，而是指那些具有创新和创造的主观作用力的人。伪企业家和职业经理人主导，是最糟糕的事，是在看不见的错误轨道上前行，柯达公司在从企业家主导转为职业经理人主导后走向破产，惠普和索尼公司也一度因此而历经波折。由于创始人一代多半是最具这种主观作用力的人，因此，我们看到的实践现象是：企业的非凡时代，多是创始人时代。

（2）最大限度地扩大和增强这种主观作用力。如始终保持探索未知的主观倾向与自由度，对企业的未知态，对新技术、新需求、新应用、新市场、新伙伴、新模式、新机会、新维度和新角色，以及各种新的可能性保持敏感和投入关注；实施人才战略，包括开放的人才战略，集成使用全社会的人才资源——人才的这种主观作用力是最强的，天才更是，如史蒂夫·乔布斯所谓的“A 级参与者”和 Google 所谓的“创意精英”等。没有人能走出自己的主观意识，企业也是，企业需要有更多的人为它贡献自己的主观意识，而不是仅寄托在少数人身上和现有人的身上。企业需要不断地通过自然人的主观去形成和发展自己作为

① 这也是本书中谈及的关于企业管理的十二个常见的误区和盲区之七：未将企业家和企业家精神纳入企业设计范畴。实践中，倒是那些风险投资公司更注重这个因素。在从普通员工到企业家的序列中，越往上，人的问题的解决的价值越大，其中，最关键的，也是最难的，是对企业家问题的解决，因为，这往往意味着由企业家自己去解决关于自己的问题。

② 无论在哪个科研和产业领域，完全的跟随策略都是错误的，因为就算能做到极致（达到别人创造的世界的边界，这种可能性不到1%）也还是局限在别人创造的世界里。

一个组织的主观；激励和发挥每位员工的主观作用力和企业家精神，使员工的感知、想法都能作用于企业的创新与进步，使企业家精神成为企业精神；调动和利用外部的需求、关注、看法、评论、意见、建议与期望，将主观作用力的来源延伸到客户、商业合作伙伴、投资人等利益相关者，以及外部顾问，甚至公众等。

2. 企业除了显态，还有隐态

量子理论认为，“测量”造成量子的真实状态分解为隐态和显态。企业的真实状态也有显态和隐态之分。其中，显态就是企业体系中看得见的部分，如技术和专利、产品、用户、品牌、合作伙伴、渠道、公共关系、商业模式、业务、厂房、生产线、信用、数据、信息系统、软件、牌照和资质、员工、管理模式、文化与价值观、机构与制度，以及结构与形态，是已经人为而形成的企业的已知和已然部分；隐态就是企业体系中看不见的部分，就是企业的潜在能量状态，是企业暗含的能量状态，是企业的未知和未然态。隐态，是以混沌和“真空”的形式存在着，而且如果没有被关注和转化，就又好似不存在。

隐态，是企业体系中未被勘探的矿藏态。企业的成长与进步、创新与发展、变革与转型，均来自于主观对隐态的作用，来自于将未知变成已知，将未然变成已然，将可能变为现实。隐态的贫乏，意味着企业不具备发展潜力。任何企业都有隐态的一面，显态与隐态相伴相生，显态是隐态中的显态，隐态是显态架构出的隐态。隐态好比宇宙中的暗能量，人们很难意识到它的存在，但它又切实存在，而且无处不在、无时不在。企业突破性发展的可能性其实就在企业的另一面，就在企业的身边。企业的动态发展与变化过程，就是从隐态中生出显态的过程。任何事情都不是偶然的，都是背后的能量运动的结果。创新和创造其实都不是无中生有，而是有中生有——企业创新发展（包括转型）都不可能超出企业自身的潜能；创业，也是这个道理，如果创业者内在根本就没有要表达的价值和强烈意愿，创业就真成了无中生有，是不可能创出结果的，正如在沙漠中很难开垦出绿洲的道理一样。

隐态是一个量子场，是多层次、无穷维自由度的能量体系。对企业而言，隐态是有形资产、是无形资产、是人（主观与能力）和关系（包括与外部主体的关系）架构而成的潜在能量状态。要素及其组合构成次级和更微观层次的量子场。有形资产、无形资产都可以有新应用；人都有潜能；每一组关系（包括潜在的关系组合）领域都包含着未知的可能性，这就是隐态之所以存在的原因。规模、复杂性和知识含量决定企业潜能的大小和场的强弱。企业的“暗能量”超过某个临界点，企业就可以进入理论上的加速扩张阶段（在达到这个临界点之前，企业的维系和成长主要靠企业家个人能量的燃烧）。创造为进一步的创造打开空间；持续的创造，可产生无形资产创造（尤其是知识）的累积效应，更有可能到达这个临界点。

显态的强大只是一种表面的强大和暂时的强大。只注重显态而不注重隐态的企业，只有当下，没有未来。忽略潜能的存在，意味着企业发展的机会损失。而且，如果潜能得不到开发，那么它就会消退：显态不会再进一步成长或被重新架构，它将在自然竞争中逐渐没落；显态没落也意味着隐态没落，而且潜能本身还会流失（如人才流失），显态和隐态会进入同步萎缩通道，直至坍塌回无的状态，企业消亡——这也是那些产品和业务经年一成不变的企业的生命历程与写照，看似没变，实则一直在变——在坍塌、在衰变。

眼中只有显态部分的企业，其本身管理得再好，也只有现有产品与业务的价值空间和生命周期。显态的世界是暂时的，也是有限的。企业理应对潜能部分投入关注，甚至更多的关注——在竞争加剧和快速变化的新商业时代，这一点越来越重要，越来越不能再被无视。引进技术、设备和投资的方式对企业系统的改造，只是改变了企业的显态，而不是隐态，因此其本身并不具有多少转型和升级的意义。隐态的塑造也更为困难，我们需要知道该如何增大和聚集这种潜能：

（1）人才，还是人才。人才，既是主观作用力的载体，其本身又是一个量子场和企业能量体系的微观粒子。在企业初创时期，创始人（或团队）的能量体系就是企业的能量体系。企业每增加一位可用的人才，就增加一个量子场和量子场维度（即与其他要素，包括其他人组合成新的量子场的可能性）；解除对人才的组织禁锢，也有这种功效。人才流失，就是暗能量的流失。企业还应更新创造意愿和势能下降了的人员，促进人才的有效流动，对系统做熵减。企业的显态部分总是有限的、有边界的（无论它有多大），而企业的隐态部分可以是无限的、无边界的，主要是因为人的潜能的存在、可流动性与组合维度的无限性。企业唯有经由对个人能量的运用，才能获得它的发展及对自身边界的突破。

（2）增加无形资产含量。除人才密度因素以外，在企业体系中，无形资产和有形资产的价值潜力，包括与其他要素组合的自由度是不一样的：无形资产，尤其是底层技术的有效能量差更大，应用更广，更具潜能，而且更具确定性，属“高分值因子”。毫无疑问，无形资产和底层技术资源丰富的企业潜力更大。

（3）增强与外部主体的连接。关系是架构企业隐态的要素之一，也是企业这个量子场中重要的暗能量域（次级量子场）。拓展和增强与外部主体的关系，积累关系型资产，同样是在增大量子场和增加量子维度，是在构建更大的能量生态。拓展关系的做法包括将企业的资源与创新能力平台化和开放化，并积极与外部主体开展共创。当然，前提是企业需增大自身的价值引力，形成价值引力场，使自己可以吸附外部能量粒子，而不是被外部能量主体的引力撕碎。

（4）以核心能力为中心进行要素和能量的聚集。最新物理研究表明，宇宙的运动都是旋涡型的，暗能量也总是以一种旋涡运动的形式出现。企业也应是这种能量结构，最好是形成一个旋涡状的价值聚集态。显态如此，隐态亦是如此。实践中，企业应以自身的核心能力为中心，按旋涡状结构进行人才、价值要素的聚集和关系的构建。对此进行延伸，还可以得出其他一些有实践价值的结论，如：事实上，企业并不能无限自由地发展，而总是只能在特定领域激起某种能量运动；谋求迁移业务领域的企业，可以通过隐态迁移（能量中心及能量体系）去实现；企业应该为其内部新生价值的能量聚集助力和打开通道；不相关或专业跨度较大的业务发展和业务转型，由于缺少能量聚集的起点和核心，一般难以成功；进行战略转型的企业，可通过收购解决新能量中心和能量态的初始形成问题，避免陷入“盖亚”困境（需要一次性建成，但又不可能一次性建成一个系统）；初创企业要找到属于自己的切入点（如新产品或客户“痛点”），形成自己的高能中心，使之可以产生聚集效应，构建自己的能量体系；并列的多能力中心的企业，理论上，是一种不合理的存在；等等。

3. 企业管理是两种成分的叠加

企业是显态和隐态叠加的单一体系，是现实与可能性叠加的单一体系。将企业体系架构起来的是管理，企业管理也有两种成分，即对创造的“结果”的管理，和对“创造”本身的管理——这两种管理成分也是叠加的，叠加成一个整体管理体系。对创造的“结果”的管理与结果本身共同构成企业的显态。对创造本身的管理，要复杂许多，包括对隐态的管理、对主观作用力与资源的管理，以及对主观与隐态作用关系和过程的管理，它们共同构成企业的创造、成长和发展体系。

两种管理虽然是叠加在一个体系之中，但属性却根本不同。这里将对“创造本身的管理”和对“创造结果的管理”，分别称为“A 管理”和“B 管理”（先有 A，后有 B）。其中，“A 管理”适用量子力学思维；“B 管理”适用经典物理学思维——量子理论研究表明：只有显态才符合经典物理学实在的含义——对于企业显态部分的管理，基于经典物理理论的管理思维、设计框架和管理方法是适用的。“A 管理”是对“从 0 到 1”的过程的管理。“A 管理”包括对人的主观的管理；“A 管理学”的一个主要构成是“主观管理学”（日本企业在这方面的实践最为深入，这也塑造了日本企业管理的特别性）。

“A 管理”遵循的基本原则包括：主观性、不确定性、几率性、开放性、过程性、整体性、模糊性、自由度和个人化等；而“B 管理”遵循的基本原则则包括：客观性、确定性、结构化、清晰化、机械性、封闭性、可控性和精细化等。管理学领域的有些争议，是由于混淆了这两种管理导致的，如：边界清晰还是边界模糊；是应该采用经济人假设、社会人假设，还是自我实现的人假设；X 理论正确还是 Y 理论正确；是该认同战略的规划学派还是过程学派；计划模式还是市场模式；等等。如果能首先区分清楚是在说对“结果”的管理，还是对“创造”的管理，这种争议其实就不存在了。

目前为止，企业管理学，主要是“B 管理学”，主体内容和核心任务是对显态的管理。“A 管理学”的成分也有发展，但是其一，都停留在个体经验层次；其二，被作为企业管理的例外而不是主体部分；其三，仍是在经典物理思维和框架下的认知与设计；其四，更多的时候，是用企业家精神或创新精神一带而过，没有形成相应的知识体系。

一直以来，在我们的关于企业管理的知识体系中，“A 管理”部分严重缺失，这也导致至少有一半的“企业现象”得不到有效解释，自然也得不到有效管理。对员工的主观的管理，停留在企业文化层面；对企业的塑造、创造和再造的任务，主要是由企业家个人承担，这也使绝大多数企业都处在潜能及潜在价值自我开发不够的状态。

从单个价值过程来看：创始和成长阶段，以创造为主；成熟阶段，以对创造结果的商业化经营管理为主。实践中，一般而言，初创企业或新创企业、创业企业以“A 管理”成分为主；成熟企业以“B 管理”成分为主。在之前的商业时代，人为创造的结果的价值生命周期较长，因此，对创造的“结果”的管理，更重于对“创造”本身的管理。而在新商业时代，任何价值的生命周期都在变短，唯有不断创新和创造才能生存，至关重要的不再是对“显态”的管理，而是对“创造”的管理。对具体企业而言，需要用有效的管理激活企业的主观作用力和暗能量运动，企业管理需要从经典物理理论时代发展到量子理论时代。

“A 管理”与“B 管理”通过战略、文化、组织、机制和公司治理模式叠加成一个体系。当然，让一种系统容兼（包含和兼得）两种规则，这种叠加设计是有难度的。叠加后形成的管理体系，作用于企业的显态，也作用于企业的隐态。企业发端于个人，而强盛于这种叠加的管理体系。创始人创立企业的一刹那就像是大爆炸，成为宇宙的起点，但在爆炸创造宇宙的力量之后，宇宙的演变，则是由过程中形成管理体系支配，其中，“A 管理”的成分越多、越有效，企业创新发展得越快。

商业世界大致经历了三个时代：资源型时代、技术型时代和创新型时代。资源型企业和技术型企业是以“B 管理”成分为主；创新型企业是以“A 管理”成分为主。从资源型、技术型企业向创新型企业的进化，必然伴着“A 管理”成分的相对增加。

商业世界和企业系统的量子态特征将愈加显现。世界越来越取决于我们的创造与设计。下一个时代将是以“A 管理学”为主体和主流的管理时代。可目前，“A 管理学”整体尚处在混沌的形态。与量子力学理论的诞生（以 1900 年作为起始点）相比，基于量子思维的管理学已经滞后了 100 年。我们需要研究和建立起“A 管理”的知识体系，这不是对传统的基于经典物理思维的企业管理的颠覆，而是整个企业管理学的发展，将企业管理发展到量子理论时代，准确地说，以量子思维为主的时代，有效地解决了新商业时代的企业管理问题。传统管理知识仍有其适用的领域，只是将被统一在基于量子思维的企业管理知识体系之下。量子力学理论描述的世界，是比经典物理理论描述的世界更本质和更完整的世界。

中国企业在管理上正面临的两大挑战

1. 从模仿向自我创设的转换

企业需要具有对企业这部“商业机器”的自我设计能力和自我创造性的设计能力，这是企业生存和发展的基础。企业需要具备和不断提高这种能力，尤其是企业家。每家企业都有自我的情境、自我的机会、自我的意图、自我的现实、自我的过程和自我的问题等，一句话，都有自我的特殊性和个性。

自我设计有两个含义：其一，基于自我的设计，即基于自我的需要和现实的设计，基于自我的问题的针对性解决等；其二，自我作为设计者的设计。自我设计是企业与生俱来的构成和要素之一，没有这种能力（无论大小）的企业，压根儿就不会诞生，更不能妄想有什么发展。

一般性管理知识对满足具体企业的设计和需要而言是远远不够的。一般性知识即便是正确的，也只能解决一般性问题，只能帮助企业达到一般性设计的程度，而企业在具体上的差异性、多样性和特殊性无处不在。没有自我设计能力，则对自我的设计就一定深入不下去；对自我的再设计（如变革）就经常会走不下去；对别人的经验学习也只能是流于表面和形式，而且，当自我的情境与别人不同时，则没有对其进行创造性和针对性修改的能力。

同时，商业世界将创造出更多的新的价值维度和主体类型，这些都是既有的经验和知识不可能覆盖的。对于这些主体而言，要走没有人走过的路，唯有自我设计。

而在管理上，中国企业一直是模仿和抄袭模式，并差不多完全生活在外来的语境和语设之中，或者说，外来的观念、框架、概念和知识体系之中。中国企业需要从模仿和学习向以自我设计为基础的管理实践模式转换，并走向其作为企业的完成态。只有模仿的企业，只会流于平庸和一般。没有自我设计能力，就走不出属于自己的路，就解决不了自己的特有的问题。可是，临摹和创作完全是两回事。这种转换，对中国企业而言，是一项巨大的挑战。

2. 管理自己尚不具管理能力的管理对象

对中国企业而言，向更高级的主体类型转型，向更高级的经营模式转型是必需的。转型，就是转变成不是自己的自己，这需要有对不是自己的自己的管理能力。管理能力和管理方法都不是通用的，管理农民工的方法，肯定不适用于对科学家的管理；对科研的管理，肯定不同于对工厂的管理；对创新的管理，肯定不同于对生产的管理；对合作伙伴的管理，肯定不同于对内部主体的管理。

中国企业的主体类型是工厂、营销公司和工程技术公司；中国企业的整体管理体验和水平，基本上是处在工厂、营销公司和工程技术公司管理的层次。创新型企业、技术型企业和更高级经营层次企业等，是中国企业尚不具备管理能力的管理对象，但却是中国企业转型升级的基本方向。管理自己尚不具备管理能力的管理对象，是伴随中国企业转型升级需要而来的中国企业的另一个管理上的挑战。没有对新管理对象的设计能力，新管理对象自然不会产生；没有管理能力的转型升级，中国企业的转型升级自然是实现不了。

超越经验主义

为什么学了那么多，管理还是做不好？相信很多管理者都曾有过类似的困惑。原因其实很简单：现有的管理学知识，一半是经验，一半是似是而非的伪知识；真正的管理的科学性知识尚未诞生，因此，“知识”学习和把管理做好之间没有关联，并会经常面临所谓的“知识”与实践真实之间的冲突。

100 多年的管理学史，可以说是一部经验史①。一直以来，企业管理都是被经验（主要是工业时代的企业管理经验）所定义。在管理学领域，绝大多数的讨论都是经验性讨论，绝大部分管理类书籍都是在讲故事，绝大部分知识都是经验性总结和个人式观感，都是现象层次的归纳和演绎；研究者们在事实的基础上，发展出来的更多的是观点而不是认知——所谓的管理思想，本质上，也是一种观点；其间，虽有很多人试图对管理实践进行理论性质的解释，但比较零星，并未成为主体和主流。

经验主义者们看到了许多现象（如稻盛和夫观察到有一大批优秀企业的创业者原先都是各自领域的“外行”，或相当于“外行”的人），却都未能揭示其原因②；他们的研究再往前走一步或许都是真理，可他们终究还是没能走出那一步，其成果停留在经验层次。另外，企业管理的实践者是天然的经验主义者。经验性知识供给与经验主义的实践者，共同制造了经验主义的盛行。曾经的企业管理，也可以说是一种理性，主要是一种经验理性和初级理性。

企业管理知识体系大厦的底层基本上是空的。所谓的管理学不过是经验的一般性总结和观点的杂陈，充斥着一知半解、似是而非、莫衷一是、自谋自划、自

① 这也是本书中谈及的关于企业管理的十二个常见的误区和盲区之八：经验主义。

② 由于不能给自己深信不疑的、经验性的东西提供根本性解释，他只有将其上升到管理哲学和信仰的高度——这是我对稻盛和夫管理学的评价。

相矛盾、困惑和盲人摸象般的偏见与争执。管理“知识”很多，但理论性知识很少[①]。到处都有人在告诉你应该做什么和怎么去做，却又很少能说清楚为什么要这样做，以及为什么要做这个。许多问题看似都已经被回答了，其实从来都没有被真正地回答过——只要再追问一句“为什么”，就知道了。只有“what”没有“why”，只提供方案不提供认知，管理学还没能像物理学那样找到它的可以作为理论的基石，还没能将事物解析到最基本的实质。企业管理的知识体系貌似已经无所不包，其实关于管理的基本问题一个都还没有厘清。目前为止的管理学，事实上，还算不上是管理“学”。

企业管理实践整体上也是经验式的，比较肤浅。错误和盲区比比皆是。作为一个日益重要的实践领域，我们对管理及其实践的研究离必要的真理性还很遥远。管理学的发展，与实践对它的需求严重不相符合。经验主义使得绝大多数企业相继陷入平庸和局限，因为经验主义本身原本就不包含对经验的超越。经验主义还使得管理知识的进化始终是一种自然状态，进程缓慢。

再完美的经验，也只是经验。经验是有价值的，但不是普适性价值。经验不是真理。经验性知识，是一种偶得的和局部知识，具有严重的局限性和脆弱性。经验，是一种直观但非真理性存在，它以直观的方式获得认同，与理性无关。直观是我们获取认知的最经常性来源，但直观也最容易被表象所蒙蔽。直观的结果需经由理性的整理才能彰显其价值。经验的东西最容易流行，但它又真的没什么价值。

企业管理的研究和实践都需要进行美国科学哲学家托马斯·库恩所谓的“范式转换”。这一方面是因为竞争的日益加剧，另一方面是因为管理对象（包括商业世界）的高级化和复杂性的不断增长。我们必须追求企业设计的正确性、深刻性、精益性和技术性，以及设计与要达成的结果之间的关系的确定性；我们需要发现新的商业价值空间和企业设计维度——实现这一切的前提是认知上的突破，对管理对象和管理主体（管理者）的认知，更本质的认知，我们需要理论管理学和关于企业管理的科学研究。

---

① 如果继续找，我们会发现原因背后尚有原因，那才是真正的原因。情境截取式的研究和问题思考模式，不是理论研究，并很容易造成自我的误导。基础研究、应用基础研究和工程化研究，构成一个完整的产业化科研体系。而在管理学领域，几乎还没有基础研究，以及与企业的特殊性和个性化部分的管理相关的工程化研究，即差不多完整的缺失底层和专类知识两个部分，已有的知识都是上不着天、下不着地的中间段的知识——上不着天，所以无法知其对错；下不着地，则是说其与实践的具体之间还有很大的距离。

科学模式亦是人类的战略发展模式，而经验模式是一种自然发展模式。科学模式，从对真相的领悟切入，带有人的神性的力量。经验层次的学习和实践已经无法满足企业的现实需要。唯有理论研究才能帮我们把空间打开并清楚地呈现出来，才能为我们建立起对企业进行正确设计和创造性设计的指引。把管理科学化，把企业设计科学化和工程化，把实践过程和方式科学化，是现实需求，也是一般趋势。我们仍是生活在一个经验的世界里，但比任何时候都更需要科学；经验或许可以助企业前行，但唯有科学才能继续成就卓越。

管理，原本就是一个科学和技术领域，只是我们还远没有达到这种认知和实践层次。我们需要超越企业管理的经验主义，需要有关于企业管理的理论视野和科学视野，以及科学范式下的研究与发展。从经验到科学，是人类实践发展的一般过程。过去100多年，只是管理学发展的一个片段，只是管理学的滥觞。

科学是人类揭示事物真相的努力。科学并不是对经验的否定，而是始终以经验作为认知的起点，只是去除现象对其内在结构和秩序的一种格式化表达，还原事物的本质和某种因果关系本身，进而跳出经验模式的局促和局限，并因此为人为设计打开空间，获得设计的自由度①，以及设计与预期的结果之间的关系的确定性。唯有科学才能打开开发企业管理无限潜能的通道，提升管理对企业的价值贡献——正如自然科学之于产业发展的意义一样。而经验主义模式并不具有这种“掘进”能力。

任何事物都具有无限性和有限性两种存在状态。无限性是事物的真实存在状态；有限性是相对于人的认知能力而言的。在科学的世界里，企业系统的每一个点、每一个问题、每一个存在都有无限的研究和再认知的可能。企业这部机器的每一个系统和零部件的设计都将形成一个知识体系，而且，随着认知的发展和系统复杂性的增加，对应的知识体系还将同步扩大。

在企业管理领域，除了那些传承至今的老问题，更有不断产生的新问题，例如：对人的管理问题、创新问题、企业与个人的关系模式问题、复杂性组织问题、商业的生态模式问题、变革与转型问题、组织效能问题、信息技术的应用问题、与新商业环境的适应性问题、决策问题、企业道德系统的设计问题、企业与商业环境的关系问题、组织的开放性问题、价值创造的原理问题、治理模式问题、企业系统的力学问题、企业的自我进化问题、主观作用力问题、企业家精神

① 自由度，可以使我们因应实践的千差万别，可万变而又不离其宗。

问题、企业文化问题、竞争与合作问题、产品问题、业务问题、运营问题、市场问题、生产问题、交付问题、战略问题、结构问题和效率问题等。

或许在所有这些问题上，我们都已经有了具体方案，但是，毫无疑问，这些方案也都还有99%的再认知和再改进的可能与必要性。任何一种设计，无论多么完善，都有其局限性——认知发展以后，已有的设计本身的局限性就会表露出来。相对于未知和未然，我们已知和已然的永远只是其中很小的一部分。我们需要能不断扩展管理的意识的规模与范畴，我们也可以不断地推动管理的进步与发展。

管理学是一门科学，是一门技术，是一门工程学。我们需要关于企业管理的科学研究、技术研究和工程化研究，而不仅仅是经验总结。我们需要重建关于企业管理的知识体系，包括贯穿于其中的心智模式。其中，科学研究是基础。科学，是人类的一种实践方法和有效创新方式。也唯有科学才足以保证人类的进步，不停滞、不倒退和可累进的进步。作为企业这部商业机器的创造者和设计者的管理者，应该具有一种科学家和工程师的品质。

第二部分

经营与转型

关注企业的潜能区域

没有被关注，就不会被改变，就不会有新的东西的产生和成长。企业的发展，源自于对它的发展的“可能”的关注。企业是由显能态和潜能态构成的能量态，潜能是企业系统的固有成分。潜能态和显能态相互生成和转化，用中国古代的太极图或许可以准确地表达这层意思（见图8）。潜能态，是一个无形的存在，也是企业生发的基础。潜能开发不足，是企业的看不见的现实机会损失。对潜能区域的无视，则是主动罔顾企业的发展机会和价值增长机会。

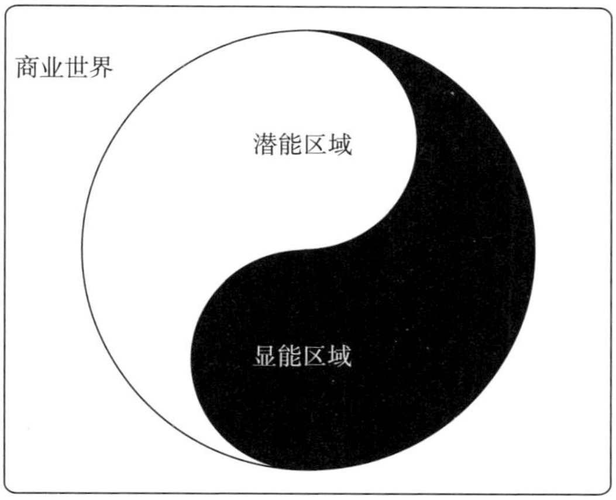

图8　企业能量的两个区域

潜能不会自动转化为显能。企业发展，是主观与潜能态相互作用的结果。关注企业的潜能区域，不错过自己的价值，是企业的平常经营之道和持续经营之道。应对企业的潜能的发掘投入足够的关注：除了关注潜能态本身的管理和建设之外，尤其应该在以下四个方面投入关注力资源：

（1）新应用。指企业价值的新应用，包括新应用领域（如行业）、新价值应用维度、新市场、新业务机会和新的价值增长点。企业在市场中的存在，是因为其有着某种价值，这种价值可抽象为“价值点”（要素性的或功能性的）；每个价值点都有其价值应用领域，我称之为价值应用圈或“价值域”；由于价值强弱和竞争、距离等原因，任何价值点的应用领域都不可能覆盖某个领域的全部，都有其应用半径（见图9）。一家企业可能有多个（关联性的）价值点，在理论上有多维的和多层次的商业机会。

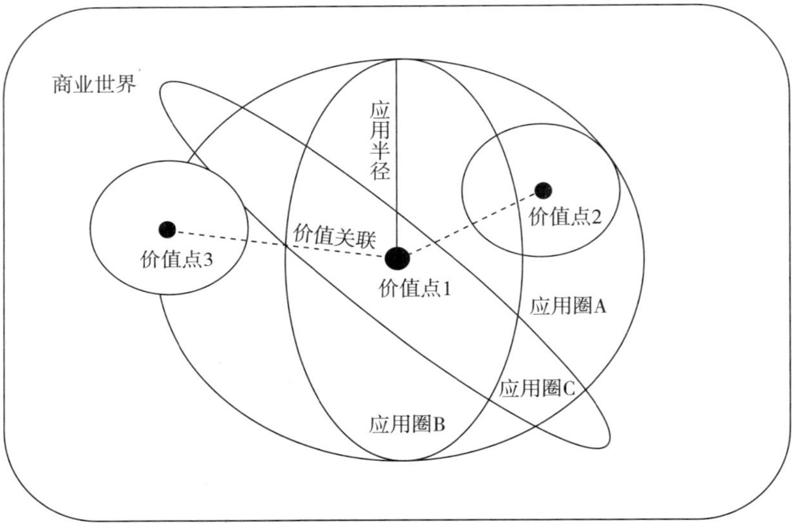

图9　企业价值及其应用空间

新应用给企业带来的是直接的增长。企业应投入精力于新的价值域的发现（新价值域的发现，属商业上的重大发现），以及价值域的范围和规模的扩展，并经由设计（包括产品设计和业务设计等）加以实现。在盛田昭夫时代，有关索尼管理层会议的消息显示，该公司的管理人员把85%的时间用于技术、产品和新应用/市场，把10%的时间用于人力资源问题，把5%的时间用于财务管理。在盛田昭夫看来，业绩只是做好新产品研发和新市场开拓的结果而已，如果索尼做好了这些，业绩自然就会好。

（2）新模式。包括整体模式和专项模式。比如，从封闭式创新模式走向开放式创新模式、从一体化经营模式走向基于生态的经营模式、从作坊模式走向工厂模式、从分散一体化模式走向集成运行模式、从设计业务模式走向总承包业务模式、从OEM商模式走向品牌商模式、从规模化经营模式走向定制化经营模式、从自制模式走向外包模式、从线下模式走向O2O模式，以及从传统模式走向平台化组织模式、数字化运营模式、电子银行模式、自管理模式等。

模式，可理解为企业这部商业机器的“制式”——整体的、分系统的或零部件的。企业的性能、适应性、价值创造能力和价值空间等与模式有关并受模式所限，而且总是存在着更好的另一种模式，企业可以通过模式转换不断地突破各自的上限（包括效率上限）。换一种模式可能就豁然开朗，企业应关注于新模式（包括关注于去找到新的、更好的设计维度），关注于模式创新并适时推动企业转型或管理变革。

（3）迭代。包括：①价值性内容的迭代，即技术和产品迭代；②管理迭代，可能是产品设计、业务设计、商业模式、运营系统、组织体系、治理体系、人力资源管理体系和方法、激励机制、营销体系、客户关系管理、商业合作体系管理、质量管理体系和方法、创新管理体系和信息系统的迭代，也可能是流程（片段）、制度（细节）、管理工具的迭代等。管理迭代，是在既定模式下企业设计（整体或局部）向深化、优化、完善、改进、知识化和精益化方向的发展。

迭代，源于事物发展的过程性，以及人的认知发展的渐进性，源于人的有限理性。迭代，是一种“微进化”。管理迭代与变革、转型，共同构成企业管理的演进。管理的演进又与新价值领域的开拓共同构成企业系统的演进。每天都在进化的企业终将走向卓越。

（4）人的潜能。人，是关于企业的一切的创造者。是人塑造了企业，并将继续地塑造下去。人的能量是企业之源。企业是人的创造的沉淀，是对人的潜能的开发和利用的结果。个人的能量态，是企业这种能量态的本体。商业世界之所以没有走向完全的熵增，反而是愈加的繁荣，正是因为人的存在，因为人的意识能量的存在，并经由意识能量不断创造新的商业势能和商业维度。现实中，那些新兴企业的崛起，也都无不与对人的能量和作用的充分发挥与利用有关。

人的能量及能量的发挥是有弹性的，也具有不确定性。企业需要将人的能量纳入管理范畴，需要有将人作为一个能量体的管理。企业设计，至少不能有损于这种能量。人的能量需要被蓄积、引导，以及充分地调动和发挥。每个天才的视角都是一个新维度的世界，每个天才都是一个“虫洞”，是一条通往未知世界的能量通道。人是永动机，而且人的作用是渗透在系统和过程中的，是其他的任何作用力都无法比拟的和匹敌的。

关注于人的潜能，是真正的在源头上解决问题。对人的潜能的开发的方式有很多，但都以我们关注于此为前提。对人的潜能的开发方式有：发掘和培养人才；对有能力的人给予升迁，并使之与任务匹配（企业什么样，从根本上讲，取决于我们拥有什么样的人，什么样的企业家、管理者和员工）；消除人的机会主义和道德风险（其对企业而言是一种负能量）；增长员工的见识，引导个人突破意识边界和限制，进入更高维度和更符合企业属性与目标的观念空间（人的潜能的激活，还和其与事物的连接和被启示有关）；开发团队潜能，创建人与人的连接，以及有利于合作的企业环境；面向人才的企业设计①；等等。

已然的，或者说作为结果的世界，是有限的；而未然的，或者说作为可能的世界，是无限的，因此，一种面向可能的开放性的企业意识和思维意义非凡。对已然部分的管理，或者说，对显能区域（即现有业务的常规经营）的管理，是企业的管理者功能；对可能部分的管理，或者说，对潜能区域的管理，是企业的企业家功能。作为一个企业家，如果把眼光仅盯在企业的显态上，那就太局限了。企业家的关注力资源是有限的，它应该被更多地配置在更有意义的事情上，配置在企业的企业家功能上（见图 10）。企业应该将管理者功能配置给一般管理者，并通过制度化、技术化等使显能部分的管理标准化、程序化和数字化；而企业家则专注于企业家功能。企业家应该是企业经营领域的科学家和领导者，不断拓展企业认知和经营的范畴与规模。企业通过企业家功能把已然和未然打通并关联起来。绝大多数的人都是显态世界的“囚徒”，但企业家不能是这样一类人。企业家不应该把自己降格为管理者，同时，还应着力于使更多的人成为“（内）企业家”（包含在上述第四点中），使企业成为一个全员企业家的企业，尽可能地增强企业的企业家功能。

---

① 这也是本书中谈及的关于企业管理的十二个常见的误区和盲区之九：排除了“面向人才的企业设计”。面向人才的企业设计，是原初意义上的企业设计，是企业的创造和产生方式。长期以来，我们都有意识或无意识地排除了“面向人才的企业设计”，而只强调（甚至默认）面向目标和任务的企业设计。很多企业只是在一些特殊情境下的做法（如鼓励内部创业），才暗合了这种设计。缺失“面向人才的企业设计”，相当于缺失了完整企业管理的二分之一。面向人才的企业设计，也是有目标的，但其目标应是一个框架性的、方向性的和模糊性的东西。反倒是风险投资公司“投人”的投资理念，契合了这种企业管理思维。

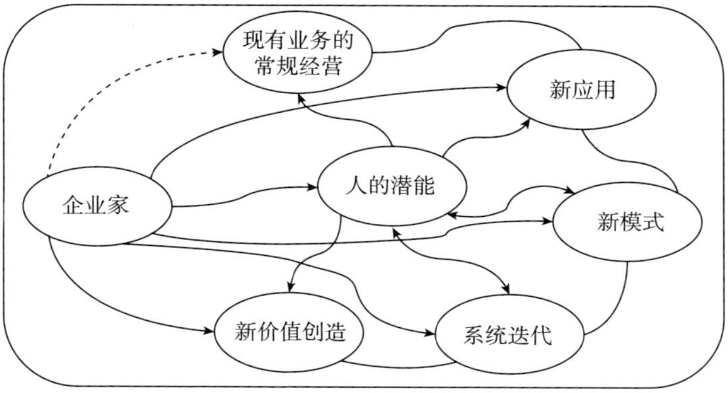

图 10　企业的企业家功能

战略，是基于洞见的企业设计

伟大的洞见才能孕育伟大的企业。洞见，是商业世界最稀缺和最有价值的资源。在商业领域，洞见有三种：①技术洞见，如摩尔定律、香农定理。②需求洞见，如迪士尼对“快乐”需求的洞见、Facebook 对“社交”需求的洞见、谷歌对“搜索”需求的洞见，每一家成功的企业背后都有其对所在领域需求的深刻见解。需求洞见，不是需求信息而是对需求的领悟，因此它不来自于对需求信息的归纳和演绎。③结构洞见，指对商业系统的结构性价值和机会的洞见，如生态结构，如微笑曲线等，这里也是新的可以产生更多具体洞见的领域，是所谓商业模式创新的沃土。结构洞见，包括对合理的企业与市场的边界的重新发现，苹果、Google、微软、亚马逊、高通、腾讯、阿里巴巴、小米、三星和台湾积电、富士康等绝大多数当今最成功的企业无不是这类结构性价值机会的有效利用者和重新定义者。

洞见，是穿透时空的真知灼见，是最耀眼的企业理性之光，是战略的构成要素，是企业战略发展的前提和基石——战略[①]，是基于洞见的企业设计。战略的价值在于，让企业走出自然、经验和混沌状态，从而可以获得更高的发展效率。战略要解决的是，企业是作为怎样的一个市场存在的问题，战略错误导致的是主体失败。而战略是从企业家的主观世界里生长出来的，是企业家的洞见与创造性设计的合体。真正的颠覆，不是来自于另类，而是来自于深刻。洞见，是对事物背后结构的知晓，是对一个新的价值领域或价值机会的重大发现。缺乏洞见的所谓的战略，要么走不通，要么走不远。战略是一种能力，而不是一门技艺。在某

① 也因此，我把企业战略分为三种类型：技术型、需求型和结构型。其中，结构战略不是一种可以自行存在的战略。

种意义上也可以说，企业战略就是对洞见的实现。战略也因此自带可实现性。

洞见产生于一个或有意或无意的过程，来自于个人对某些现象的敏感、领悟和直觉，是将本能地觉察添加进人的理性区域的结果。洞见不是每个人都可以有的。基于洞见的企业都个性鲜明、卓尔不凡。洞见是企业家区别于经理人的那个东西。

洞见，可以让企业一开始就清楚自己的目标，就能看见最后的结果，就明确自己的路径，而不再需要经过九死一生、成本不菲的试错过程。洞见，确保了方向上的正确性，可以让企业走得更明确、更坚决，自然也就更有效（率），换句话说，洞见可以让企业沿着一条直线到达自己的目的地，而不是在一条弯弯曲曲的曲线上忽左忽右、跌跌撞撞。

如果说战略是对企业这部“商业机器”的总体设计、构造和再造，那么洞见就是关于“设计”的根本依据。有了依据，设计和行动就自然不再会出现大的偏差。真正的战略发展，成功其实是必然的。在 *How Google Works* 一书中，作者强调最多的可能就是洞见（“洞见”一词在全书中出现了60次），作者认为，不仅是产品开发，包括业务设计和人力资源管理都应该建立在洞见的基础上。

在这个已置身其中的生态化的商业时代，企业不需要再为自己价值的实现做完整的功能准备，洞见的价值将更加凸显，有洞见的企业可以借助商业生态的力量迅速崛起；同时，竞争更加激烈，世界上任何一个角落的企业（甚至个人）都可能是你的竞争对手，而且一旦犯错可能就意味着再也没有机会重来——犯错即出局。正如尤瓦尔·赫拉利在《今日简史》序中所言“在一个信息爆炸却多半无用的世界，清晰的见解就成了一种力量”，洞见就属于这样一种见解。

技术洞见来自技术底蕴，需求洞见和结构洞见可统称为商业洞见。趋于知识化、复杂性和迭代加速的新商业时代，也将是一个比拼技术底蕴和商业洞见的时代，是一个真正的战略竞争时代。企业的优势，不是来自于结构，就是来自于知识；我们面临的全部问题，要么是结构性问题，要么是知识性问题；洞见，即对某种底层知识和结构的发现。换个角度说，战略的本质是洞见，没有洞见谈不上战略①。没有洞见很容易失去发展的方向感，难免会陷入迷茫和一种不确定状态，难免会犯战略性错误。洞见是企业家精神的内涵之一，没有洞见力的企业家

① 这也是本书中谈及的关于企业管理的十二个常见的误区和盲区之十：对战略的认知缺项，即缺少“洞见”这个战略的基本要素。这也使实践中的企业战略（Strategy）缺乏深刻性，并事实上异化和沦为了一种战术性或策略性的东西（Tactics）。

称不上企业家；洞见，也是领导力的核心构件——权力不是，基于权力的领导力体系，更容易制造人为的灾难。获得洞见是企业家最重要的职能，并且不能由别人替代，况且别人也替代不了。无洞见，不战略。缺失洞见的所谓的战略，更像是一种大号的目标管理。依赖外人智慧，或许可以建立起一个业务性系统，但绝不可能打造出一个有自我战略发展能力的企业主体。

进而，为企业提供所谓的战略咨询，在理论上是不成立的。麦肯锡们所谓的战略咨询公司是建立在错误认知的基础之上的，或者说是建立在无知和不自量力的基础之上的。在企业战略咨询领域，亨利·明茨伯格的认识是对的——咨询顾问的角色定位只能是企业家的助手，辅助企业家进行战略梳理（包括提供一些基本的逻辑和模型性引导，帮助企业家进行进一步的论证、优化、定型和完善等），帮助企业家进行战略实现。战略，是关于企业的自我定制。由外人为企业制定的战略，终究不能成为企业的战略。

洞见，是一种深刻的认知。洞见带来有效空间，空间是一种能量——正如宇宙中的暗能量。洞见是战略规划的基础；否则，只能走机会型和适应型①发展路线，即借助于过程不断地对自我设计进行检视和调整。认知的发展，可以提高我们的规划能力。同时，由于实践的复杂性，在规划模式下，并不排除在具体的战略设计上仍需借助于过程。另外，商业世界是人类创造的多重世界，没有任何一重世界是永恒的，战略都是有有效期的；以一个更长的周期来看，战略制定的过程模式更接近于正确；规划只能是一个短周期现象。

战略不是策略，而且一味地策略主义而不是在底层能力的发展上进行投入，则企业的战略能力会日益下降。策略是一种情境式应对。企业经营的真实形态应该是“战略＋策略”。战略，如果能有，当然最好，它具有对系统的能量态的组织和引导的作用。

---

① 适应，是一种自然设计和自然发展。

基于产品竞争的经营模式

经营模式即关于企业的经营模式，包括企业价值的创造和实现模式、企业的市场参与模式，以及与市场的关系模式等。在市场经济条件下，有效的经营模式包括三种：基于产品竞争的经营模式；基于资源优势的经营模式；基于市场机会的经营模式。

其中，基于产品竞争的经营模式是更高级和更接近于企业本质的经营模式，现今的苹果、三星电子、高通、谷歌、通用电气、3M、宝洁、波音、强生、辉瑞、英特尔、西门子、雀巢、巴斯夫、宝马和博世公司等，都是基于产品竞争的经营者，其中的苹果公司更是在 iPod、iPhone 和 iPad 等产品成功的基础上，实现复兴并成为全球典范。本文对该类型经营模式进行整体说明与描述。基于产品竞争的经营模式有四个基本要素，四位一体。

1. 赢得产品竞争

赢得产品竞争至关重要，它是企业整个经营大厦得以建立的基础，以及可以取得显著成功的根本原因。产品竞争力不强，则是许多企业在经营上的诸多痛苦的根源。20 世纪 80 年代，通用电气公司就是在 CEO 杰克·韦尔奇的产品“数一数二”定位原则及相关变革下，走向新的发展高度的，市值也从 1981 年的 120 亿美元增加到 2001 年的超过 5000 亿美元。

产品的竞争力是“根”，业务是“枝叶”，根深才可能枝繁叶茂；相反，如果“根基”不在，“枝叶”自然枯萎——如今的诺基亚、黑莓、惠普、摩托罗拉、柯达、雅虎，可能还包括索尼等公司就是这种情形：在先期产品优势丧失甚至过时的过程中，没有推出新的、有同等竞争力的产品，这些曾经基于产品竞争的经营者，无论曾经多么辉煌，在偏离或没能继续这一经营路径时毫无例外地走向了衰败，甚至破产，无论曾经多么辉煌。

产品，本质上是关于需求的技术解决方案，是企业提供给市场的价值，是企业能力与客户需求的连接。产品竞争力来自于产品内含的技术、需求洞见和设计。技术既包括原理，也包括工艺、诀窍、装备和程序（对软件产品而言）等制造技术，是产品竞争力的关键来源，但不是唯一来源，融入需求洞见的产品更易流行——福特公司的 T 型车，索尼公司的 walkman 以及苹果公司的 iPod、iPhone、iPad 等产品的巨大成功，显然与亨利·福特、盛田昭夫和史蒂夫·乔布斯对需求的洞悉有莫大的关系；相应地，技术领先而在市场上归于失败的产品比比皆是，索尼公司 2004 年推出的阅读器 Librie 就是一个样本，它是第一款采用电子墨水显示屏的电子阅读器（如今这种显示屏已被普遍应用于电子阅读器），但索尼专注的只是销售设备，而与之相比较，亚马逊公司的电子阅读器 Kindle 具有无线上网功能，有一大批电子书可供选择，而且其下载服务也简便，亚马逊公司专注的是销售电子书，结果是 Kindle 更加符合人们购买电子阅读器的根本理由——买书、看书，索尼公司在 2007 年停售了 Librie。以客户为中心的经营，首先是以客户需求为中心的产品开发。

赢得产品竞争，首先要不断推出能领先竞争对手的有竞争力的产品。很多时候，这意味着开拓与现有竞争对手完全不同的新领域，提供市场上前所未有的价值；当然，也包括在别人技术或产品基础上，通过再创新，推出优于竞争对手的产品——盛田昭夫领导下的索尼和许多日本公司都是这种方式的成功实践者。赢得产品竞争是一场关于技术实力和需求理解力的比拼，也是企业产品创新方式和产品创新体系的有效性与效率（包括速度）的竞赛——英特尔公司的产品创新速度（摩尔定律的速度）就让诸多竞争者销声匿迹，甚至“胎死腹中”。产品竞争力的本质是专有知识的市场价值优势，在竞争性环境下，由于知识外溢和竞争者跟进，专有知识优势会逐渐丧失，即企业的专有知识转化为社会一般知识。因此，只有不断推出领先对手的有竞争力的产品[①]，才能取得持续的成功，以 3M 公司为例，在其 100 多年的历史中开发了 6 万多种高品质产品。因此，基于产品

① 市场竞争越充分，产品优势丧失的速度越快，企业的产品创新需求越大；反之，则反是——因此，创新型经济体，必然是一个充分竞争和开放的经济体。

竞争的经营者必然只能专注于有限的专业领域。

产品创新，或通过自主研发，或通过收购实现——很多企业是将两种方式结合使用。自主研发方式，要求企业要能获取技术和需求洞见，并构建高效的集成技术、需求洞见和设计能力的产品研发体系。自主研发要能获取有价值的创新要素，并使其进入企业的产品创新通道，进行有效筛选和促进。自主研发不是封闭研发，它包括可能的各类外部主体的有效参与，比如产品研发过程中的客户参与、通过合同研发外包（CRO）方式使用外部研发资源等。

收购是另一种有用的新产品获取方式，通过收购得到明星产品的案例也不在少数，如 Google 公司的 Android 系统（2005 年 8 月 17 日，Google 收购了成立仅 22 个月的高科技企业 Android 及其团队）。思科公司则更是成功运用这种方式的典型——思科没有创建像贝尔实验室那样的研发团队，而是把整个硅谷作为自己的实验室，采取的策略就是收购面向未来的新技术和开发人员，以填补自己未来产品框架里的空白；正像思科总裁兼 CEO 约翰·钱伯斯说的：当我们收购一家公司时，我们不仅购买了其现有产品，而且也是通过获得这家公司的员工而购买了下一代产品。从 1993 年开始第一起收购至 2008 年，思科将 126 家公司纳入麾下；思科的收购策略帮助它不断地推出新产品，从而稳稳地站在行业的最前沿。

产品竞争的手段和策略，亦影响竞争的结果。其中，基础性的手段是知识产权手段。知识产权是构筑产品竞争壁垒的社会通设的基础性的做法，在许多国家它都是阻击竞争者的有效手段，例如，2011 年 12 月 20 日，美国国际贸易委员会就苹果公司控告宏达电（HTC）公司侵权一案作出判决，认定宏达电侵犯了苹果公司指控的 10 项专利中的 1 项，而涉及此项专利的所有智能手机，自 2012 年 4 月 19 日起，都禁止在美国境内销售。这起诉讼也被认为是宏达电从智能手机领先者沦落为一个没落者的转折点。

产品竞争策略则丰富多样，广为人知的有效竞争策略有：竞争性产品收购策略，微软公司的放任盗版策略和产品捆绑策略，免费策略（互联网企业惯常使用）等。实践中，各领域企业可根据产品特点和竞争环境创新出更有效的竞争策略。当然，最好的策略还是产品本身——再高明的策略，对于拙劣的产品而言，也终是徒劳。

2. 以产品竞争力为基础的业务经营

卓越产品的需求连接力和自我营销能力，不仅可以使直接的产品经营业务的成功变得更加容易，而且会给企业带来更多其他的、关联的价值性业务机会，包括元素层次的竞争力要素经营、主体层次的以企业为对象的经营，及延伸/衍生性的业务经营的机会，每一类业务又有许多具体的业务形式。基于产品竞争的经营者有更大的价值性业务空间和更多的价值性业务形式选择，可以在产品竞争力的基础上创造和展开诸多新价值维度的经营，形成一种"组合型业务模式"——并可利用业务组合制造竞争优势，即同时把业务组合当成一种竞争手段（见图 11）。

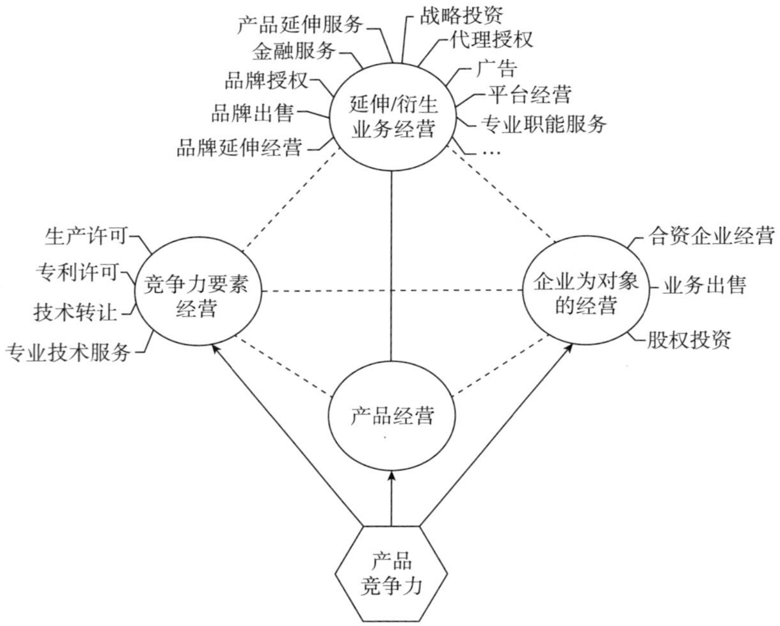

图 11　基于产品竞争经营者的价值性业务机会

其中，产品延伸服务，如通用电气公司的飞机引擎维修服务；金融服务，如通用电气公司的分期付款、设备租赁和保险业务；品牌授权，如迪士尼公司的品牌授权经营业务；品牌延伸经营，如迪士尼公司将一个品牌形象应用到多种产品上的经营活动；代理授权，如苹果公司对中国联通公司关于 iPhone 手机的代理授权；广告，如谷歌等互联网企业的广告业务；平台经营，如苹果公司的 App Store；专业职能服务，如通用电气公司的业务流程外包（BPO）服务、IBM 公司的咨询服务等。

延伸/衍生业务经营，是对产品经营延伸或衍生出的业务机会和业务资源的再经营。

延伸/衍生业务经营具有非常大的业务创新空间；而且，通过延伸/衍生业务与其他各种具体业务形式的有机组合，还可能创新出更多、更高级的业务形式。基于产品竞争的经营者，有丰富的业务机会，但并非实际经营着可能的全部业务组合。在产品竞争力创造和生发出的业务空间和业务机会的基础上，各企业根据收益最大化、竞争优势保护需要和条件因素，甚至企业家偏好等，选择、构建各自的现实业务体系。

脱离产品竞争力基础的业务扩张和业务经营，包括在产品竞争力不足的情况下继续相关业务的经营，可能会使企业陷入困境——如 1993 年，由于计算机行业正处在更新换代的变革时期，硬件产品利润率下降，同时竞争日趋激烈，市场遭到反应快且生命力极强的新兴企业的蚕食，作为硬盘、PC 等一系列 IT 产品的发明创造者，当时世界上最著名的计算机企业 IBM 公司的传统优势业务大型主机销售急速下滑，个人电脑业务则一直不景气，公司盛极而衰；1981 年杰克·韦尔奇就任 CEO 时的通用电气公司隐现危机，也主要是因为大部分业务都没有了竞争力。

3. “核心—外围”结构

当专有知识的最大可能的商业化应用所要求的能力（包括结构）和效率超过单个企业的能力边界时，“核心—外围”结构就应运而生。基于产品竞争的经营者，通过“核心—外围”结构利用和整合社会研发能力、生产能力、市场能力，及专有知识向更广泛领域的深度应用能力，使外围主体成为其虚拟的经营体系的有机构成，如富士康公司、App Store 的应用开发者相对于苹果公司；中国的手机品牌企业相对于谷歌和高通公司；上海大众、一汽大众相对于德国大众公司；IBM 公司在中国的各类代理商相对于 IBM 公司；迪士尼公司的授权经营商相对于迪士尼公司；等等——没有这些外围主体，核心企业的经营就不可能达到如此的高度、规模、深度和广度。

基于产品竞争经营者，一般是将核心功能或功能中的核心、关键部分内化；而将生产性、操作性和向更广泛领域的应用性开发等非核心功能或功能中的非核心部分外化，交由外围主体去做，核心企业和外围伙伴共同构成价值的完整经营过程和经营体系（见图 12）。外围企业是核心企业的功能补充，有时还是一种重要的功能补充，如通过合资公司和代理商进入受一个国家政策限制的市场。核心企业和外围企业结成一种共生关系，核心企业为外围企业创造业务机会，外围企业补充核心企业个体的能量的有限性。

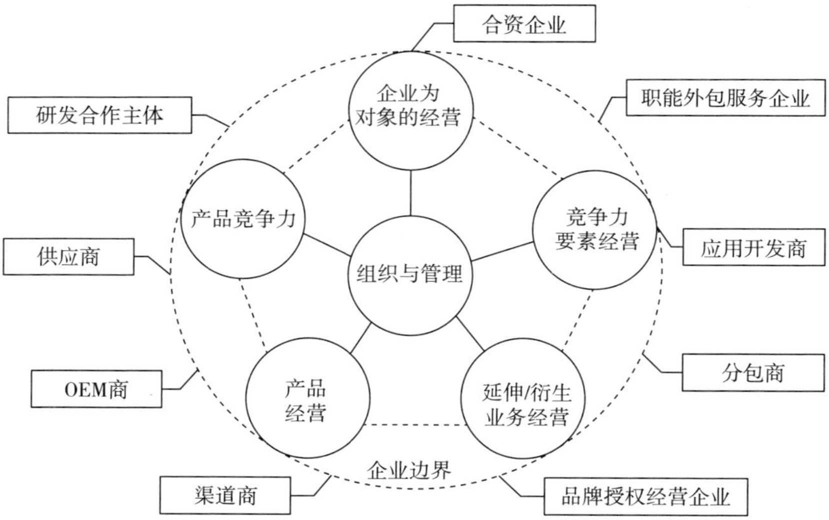

图 12　“核心—外围”结构示意图

基于产品竞争的经营者，外围主体不仅类型多，而且往往数量惊人，如德国宝马集团在全球有 1900 家供应商；苹果公司 App Store 的应用开发者数量已超过 30 万个；IBM 公司仅 2010 年在中国新签约的二级代理商数量就达到 1865 家等。

对基于产品竞争的经营者而言，“核心—外围”结构的能量是巨大的，如高通公司通过面向行业的专利许可，使其专利技术每年可以使用在数亿部手机上，这是“一体化”型企业根本不可能实现的；苹果公司让全球有开发能力的IOS应用开发者都在为其创造利润；等等——基于产品竞争的经营者，是在通过“核心—外围”结构，以有限经营着无限，实现其经营效果的最佳和最大。

基于产品竞争的企业也是轻资产型企业和知识型企业，拥有轻资产型企业的各项优势[①]，并能始终保有扩张的势能，知识型企业的扩张具有经济上的合理性，全球经营对其而言是最经济的——相反，全球化或者国际化经营与没有知识优势的企业无关——国际化经营必须建立在互补性逻辑的基础上，而不能建立在竞争性逻辑的基础上，以知识优势为内容的国际化经营与所在国企业是互补型的，而以一般知识为内容的国际化经营与所在国企业是竞争性的，或者说终将是竞争性的，在本土优势缺失的情况下，竞争性经营逻辑很难成立。

4. “五维”组织

除了要处理产品、区域和职能三维关系外，基于产品竞争的经营者的组织设计，还要有效解决另外两个问题：产品竞争力问题和“核心—外围”结构问题。三维的组织思维逻辑对这类企业而言是不够的，至少需要处理好五个维度的关系问题。

产品竞争力问题，不仅包括研发体系的组织问题，研发体系之外的许多因素都对持续的产品竞争力的产出有影响，例如：①生产系统，尤其对以持续的“微”创新（包括在生产环节的改进和创新）积累竞争力的企业，像许多日本企业，如果生产体系不能适应创新的节奏，创新将无法实现，最终生产体系就无法继续。②先期业务，如果处理不当，先期业务可能会成为新产品、新业务创新的障碍，柯达公司为我们提供了这方面的一个典型案例，虽然发明了数码摄影技术，但由于担心对以胶卷为主的现有业务构成威胁，柯达公司“把数码摄影技术视为敌人，视为会扼杀推动柯达销售及利润数十年之久、以化学品为基础的胶卷及相纸业务的一股巨大而邪恶的力量”[②]，拒绝接受数码技术达十年之久，使自己错过了数码摄影领域的诸多发展机遇，并最终导致公司破产。③外围体系，从

---

① 包括借助“核心—外围”结构，实现对全球廉价资源的利用，以增加盈利和产品在成本上的优势，如苹果公司就是通过富士康公司经营着中国的廉价劳动力资源。

② 摘自《纽约时报》，1999年12月25日。

前面内容中可以看出，如果外围体系不能适应企业的创新要求与节奏，企业的产品创新同样难以实现或难以快速有效的业务化，许多创新尤其是复杂产品的创新需要外围主体“协同”实现——这也是最近十年来许多行业领导型企业更加关注对其外围体系进行整合的原因。

基于产品竞争的经营者，需要在产品和业务从新生到成熟再到退出的动态过程中，处理好企业核心功能边界的合理性问题、外围主体的有效发展和培育问题等，并能将核心和外围融为一体。“核心—外围”结构，是该类型企业进行组织设计时必须纳入系统思考的另一个特别维度。

基于产品竞争的经营者，是市场中的优秀和优质企业。它们的市场能量更大、盈利能力更强，在产品自营力效应、业务模式效应和“核心—外围”结构效应的作用下，该类型企业的盈利能力往往是其他类型企业的数倍、数十倍，甚至数百倍，除了可以弥补巨额的产品创新投入外，还可以产生大量利润——这也是苹果公司到 2016 年能积累超过 1400 亿美元现金的原因。

企业价值增长的来源

企业价值的增长来自哪里？回答这个问题，首先需要对企业本质有深刻的理解。基于本文中对企业的理解，可以逻辑地推导出与实践经验相一致的结论——企业价值增长有四个来源：产品优势的扩大、商业化的更充分、无形资产的增强和系统效率的提高。

1. 企业是“金商环”的载体和效率机器

企业是人类实践的一类功能性和机制性主体。企业是与产品、商业化、竞争等密切相关的一类主体。企业是“产品开发与竞争—商业化经营”循环系统的载体和效率机器。本书将“产品开发与竞争—商业化经营”循环命名为“金商环”：产品开发与竞争形成商业化经营的价值基础；商业化经营向产品开发与竞争输送元素与资源；二者循环再循环，如图 13 所示。“基业长青”就是指该循环能生生不息。

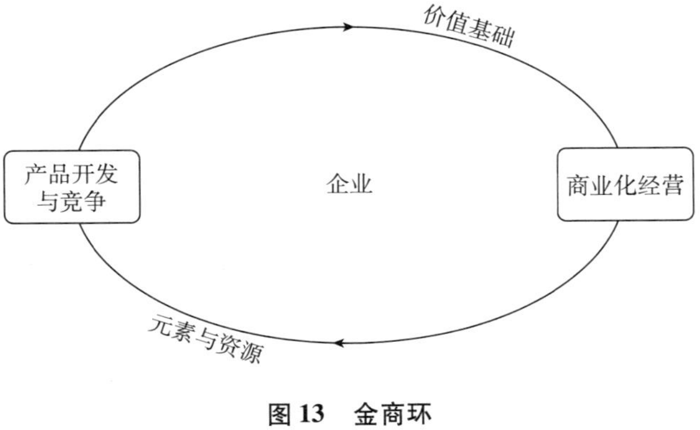

图 13　金商环

产品开发是"金商环"的逻辑起点。产品竞争，包括与需求者自有产品的竞争，以及与同类产品或替代产品的竞争。也正是竞争（包括产品竞争和商业化经营的竞争），在不断加速这种"价值创造—商业化"的循环与更迭。

现实中，"金商环"可能呈现三种形态，相应企业的价值也因其或升或降：①增强环。循环一轮比一轮更强大，"商业化经营"的价值基础一轮比一轮更坚实，"产品开发与竞争"的元素与资源输入一轮比一轮更有品质和丰富。经营业绩上升、在行业中的位置上移，企业趋于强盛，企业价值上升。②均持环。循环维持在行业一般水平，"商业化经营"的价值基础的竞争力正好跟上行业提升的速度，企业维持在某种经营绩效状态和行业的某个位置，企业价值保持不变。③侵蚀环。循环一轮比一轮衰弱，"商业化经营"的价值基础遭到侵蚀或一轮比一轮更脆弱，反过来，"产品开发与竞争"的元素与资源输入减少或品质下降。经营绩效下滑、在行业中的位置边缘化、企业日渐衰落，企业价值下降。

2. 企业价值增长的4个来源

只有在"增强环"的情形下，企业价值才会有增长。"增强环"的形成因素，也是企业价值增长的来源，这种因素有四个。

（1）产品优势的扩大。产品价值是企业价值的构成和商业化经营的基础。产品价值是市场规模和产品竞争力的函数，用公式可表达为：产品价值 = f（市场规模 × 竞争力）。产品优势的扩大也即产品（或产品组合）价值的增长。产品优势的扩大直接和间接地提升企业价值。

产品优势的扩大来自于：①新产品的获得。指有竞争力的新产品，尤其是集庞大市场规模和绝对竞争力于一身的"重磅"产品。②新应用的开发。如英特尔公司、高通公司等通过自己或鼓励合作伙伴进行新应用的开发，使其技术和芯片产品可以应用到所有可以应用的设备上。③产品改进与升级。④有效的产品竞争策略。典型案例是高通公司的知识产权策略、微软公司的放任盗版策略、腾讯公司即时通信产品的免费策略，以及商业世界常见的以消除竞争为目的的企业并购和产品收购策略等，使产品获得更大的实际竞争力。⑤产品创新的速度。由于竞争者的跟进和知识的扩散，产品优势每时每刻都在减损，只有产品创新速度超过价值损耗速度的企业，产品价值才会有净增长。

社会收入水平的提高会拉动奢侈品等高档产品价值的增长（曾经只被少数人消费的产品有了更多的消费者，产品的市场规模扩大），除此等少数几个因素外，产品优势只来源于产品自身。产品是由知识和资源构成的，有资源型产品（如原油、矿石、煤炭、贷款），有知识型产品（如软件），以及两种成分比例不等的各种混合型产品。资源只是所有者的财富，产品中的资源成分不能带来产品优势，产品优势来自于产品内含的知识。基于产品竞争力的经营等同于基于IP（Intellectual Property）的经营。产品优势本质是一种技术和知识优势，根本上来自于企业对产品知识的创造与获取，包括技术、产品设计和需求洞见——总的来说，与技术性产品相比，服务产品（如信用卡、廉价航空、保险等）的竞争力更多地来自于对需求的深刻理解。产品差距的缩小与产品优势的扩大具有同样的商业意义。

做产品的能力，是企业的基础性能力。不具有这种能力的企业，与同业者的“产品鸿沟”会被不断拉大；而且，其通过收购获取产品知识的策略也将难有实效，如联想公司收购IBM的PC事业部多年，但没有拿出出彩的产品，那是因为不具备管理被收购者的能力——对创造性活动的管理必须由有创造能力的主体实施才会有效，专业管理是以专业为基础的管理（仅就这一点来说，只有集专业知识与商业经营才能于一身的企业家，才能缔造价值非凡的企业帝国）。放弃自主开发能力的企业是在进行最严重的“自残”，如卡莉·菲奥莉娜和赫德领导下的惠普公司及霍华德·斯金格领导下的索尼公司在发展个人电脑业务上的做法，最终都使自己在该领域走到了没有发展方向可言的地步。采用别人的产品和研发成果，是企业价值增长的“温水陷阱”，短期可能显得有效而且合理，但最终肯定是无效的，因为这是在侵蚀企业的产品开发与竞争能力，或者说侵蚀这种能力形成的可能性。

产品开发体系的建立和能力的形成不是一日之功，行业跟进者可以借助对自身价值性要素（或说竞争性要素）最敏感的市场，构建产品开发与竞争功能，如华为公司借助农村市场、腾讯公司借助大众市场，培育起了各自“做产品”的能力；当年日本的丰田等汽车企业也是从边缘市场起步，从为欧美汽车企业提供零部件开始，逐步形成整车产品的开发与竞争能力。

（2）商业化的更充分。商业化即企业价值的商业化应用，也即企业价值的市场兑现，以及对产品创造的业务机会和价值空间的实现。商业化的结果就是企业的经营业绩，是“看得见”的企业价值①。商业化经营，是以企业价值兑现的最大化为目的。更充分的商业化，指企业价值的更大程度的市场兑现，其与企业价值增长的关联是最直接的；同时，也有利于向产品开发与竞争提供更多的资源与激励——同样的产品，卖100亿元和卖1亿元的企业相比，前者显然更有条件并更有意愿进行新一轮的产品开发，便更有可能步入增强型循环。

商业化是通过业务经营完成的，更充分商业化来自于对业务机会的进一步挖掘与实现②。最具企业价值增长意义的做法有：

1）潜在市场的开发，包括全新的市场和由于条件限制尚不能有效满足的消费需求。已开发市场规模与可能的最大市场规模之差，是企业的潜在市场。消费者培育、新市场的管道构建、业务模式创新是常用的开发手段。解决交易实现的条件性问题是业务模式创新的一个方向，如租赁、BOT等业务模式，使那些非完整需求或没有完整支付能力的需求也能转化为现实的业务；而线上渠道，由于极大地降低了交易成本，可以使传统模式下不具业务价值的需求也能被有效开发——“长尾理论”所揭示的正是这个。如果能再进一步，企业转向基于信息技术和互联网的定制化运营，则对潜在需求的释放和开发就能更加充分了。

2）无形资产的业务化。迪士尼公司、高通公司等是少有地将无形资产（分别是品牌和知识产权）业务化到极致的几家企业。带着大量无形资产走向破产或被收购，无疑包含着商业化经营的巨大失误，摩托罗拉公司、黑莓公司就是这方面的近期典型案例。

3）合作策略的运用，包括与自己的竞争对手合作。合作有时是市场开发和无形资产业务化经营的最有效，甚至是唯一的方式。合资公司、专利交叉许可、项目合作等都是常见的合作模式。当下，企业间正日益形成一种更典型的“竞合关系”。“你中有我，我中有你”渐至成为现代商业企业的一般形态。

（3）无形资产的增强。无形资产是各类延伸业务的价值基础，以及企业价值的另一个基础性构成。无形资产在企业的“产品—商业化”循环的基础上，增生出新的价值性循环。与产品优势扩大同质，无形资产的增强直接和间接地提升企业价值。如高通公司在美国圣地亚哥高通总部一层大厅的专利墙上每增加一块玻璃砖，就意味着公司价值又增加了一块。

---

① 所以，那些在意当期经营绩效的企业，总是倾向于加大在商业化经营上的投入，甚至不惜削减在研发上的投入，尽管这可能带来长期的消极影响。

② 站在充分商业化的角度上看，许多企业的经营都过于简单和粗放。

无形资产是产品竞争力的来源，也是延伸业务的竞争力来源。理论上，只有无形资产才能创造利润，因为其他要素在支付合理对价后，企业不会有剩余。

无形资产有两类：一类是基础性无形资产，包括产品及内含的三类知识；另一类是衍生性无形资产，如品牌、信用、客户资源、影响力、专业经验、管理能力、资质等。基础性无形资产是企业创造和获取的产品知识，是产品开发与收购的结果；衍生性无形资产是过程性资产，如投资银行和传媒企业的影响力、互联网企业和信用卡公司的客户资源、金融类企业的资信、奢侈品和日用消费品企业的品牌、电商企业的商誉等，是企业商业化经营过程的结果。衍生性无形资产的形成需要良好、专业的过程管理及专门性开发，当然，前提是要有基础——产品出众。

无形资产是一种“自由资产”：更容易越过在实体世界中的诸多限制，如资源、主权、运输半径、企业自身的有限性等；而且很容易划小交易单位，甚至可以实现按“点”交易。无形资产对企业价值增长的贡献可能是有形资产的数倍。纯知识型产品（如软件）的实体与解决方案是一致的，企业的产品经营形同于无形资产经营，因此像微软公司、谷歌公司和腾讯公司等信息与互联网类企业可以取得远超传统企业的发展速度和产品渗透率。

（4）系统效率的提高。系统效率指企业系统的实际效率。系统效率最容易成为吞噬企业价值的“黑洞”。系统效率，包括创新体系的效率、商业化经营系统的效率，以及整体效率；包括企业设计内含的效率，以及运行效率。

其中，创新体系的效率提升更具难度。创新是推动企业价值增长的基础性力量，包括产品开发与竞争方面的创新、产品向商业化经营转化方面的创新，以及商业化经营领域的创新。聚集有创造力的人才、设计更有效的创新模式和激励机制是提升创新效率的途径。创新模式设计的关键是要适用，如果说创新元素（包括创新主体——个人或团队）是内容，那么组织管理平台就是“管道”，总体而言：原创性、基础性研究，更适用“弱管道”模式，平台的规制力相对较弱，更多的是发挥创新主体的作用；跟随型、工程化研究，适用“强管道”模式，平台的规制力相对较强，如华为公司引入的是 IPD 模式，这是一种“强管道”模式；应用性开发，适用“AB”模式，在产品设计上更多地发挥创新主体的作用，在产品验证和产品技术实现上则是更多地发挥平台规制的力量，腾讯公司是这种模式的成功实践者。激励机制则包括对“企业家精神”的激励和对有效创新的激励等，以最大限度地开发弹性资源（指智力资源）的使用效率，3M 公司是这方面的一个成功范例。

价值型增长才是自主的、有质量的和可持续的增长。那些实践模式与价值型增长逻辑不相符的企业，可以通过实施价值型增长战略，把自己再造成真正的卓越绩效企业和一流企业；那些实践模式与价值型增长逻辑相符的企业，可以通过更精确的价值型增长战略的实施，实现新的超越。

商业模式的基本公式

商业模式，即企业的商业实践模式。任何企业，无论刻意设计与否，都有其商业模式，或者说，都会呈现出某种商业模式。商业模式，是一个企业（或业务）经营体系的特色。商业模式要解决的是，企业价值与商业机会的连接问题，或者说，企业与市场的关系模式问题。经营体系的所有要素都是商业模式要素。但是，这诸多要素并非是在同一个层次。其中，个性价值和商业逻辑是商业模式的核心要素。为了便于实践者抓住商业模式设计和构建的要害，这里将商业模式用一个简约抽象的公式表达为：f（x） =个性价值×商业逻辑。

个性价值是商业模式的基础，没有个性价值作为基础，什么模式都“玩不转”[①]。没有价值内涵的增长终究是得不到支撑的。企业经营，需要有它的价值依据。价值基础比商业逻辑更核心。价值基础是企业经营体系中最朴素的构成，也没有商业逻辑那么多丰富的变化。基于自我价值的模式才是有实际意义的。个性价值强大的企业，才有可能通过商业模式创新，取得更好的经营效果。为模式创新而模式创新的企业，会陷入自洽的模式陷阱。个性价值不仅应该被作为商业模式创新的基础，还应该被作为商业模式创新的导向。有视野，还要有底层功夫、真功夫。融合模式创新与技术创新，是企业经营的一条高水平道路，也是企业经营的正道。

个性价值分为两类：技术和产品等内容型价值；服务和功能等管道型价值。内容可创造的空间是无限的、具有累积性的；管道价值的空间是有上限的、递减的。相比较而言，内容型价值更具价值意义；基于技术和产品创新的企业更有价值，类型更为丰富，也更有可能为我们呈现一个“百花齐放”、层次丰富（从巨

① 不包含价值基础谈商业模式，换句话说，把商业模式等同于商业逻辑和商业策略，是关于商业模式认知的一个误区。

头到利基者）的商业世界。从内容型价值切入商业世界也更容易，可以自然而然，可以过程化。内容型价值提升的基本方向是增加其中的专有技术等知识含量；管道型价值提升的基本方向是效率。

如果把企业比喻为一座商业大厦，那么个性价值是地基，商业逻辑是在其基础上的建构。没有好的商业逻辑，个性价值就不能得到充分实现，最后也可能会归于萎缩，更有甚者是直接被埋没。商业逻辑决定个性价值的实现倍率，巨大的个性价值配上糟糕的商业逻辑，企业也只会表现平平；相反，则会更上层楼，如虎添翼。卓越的企业经营，离不开价值基础上持之以恒的“笨功夫”，也离不开商业逻辑上的智慧。

商业逻辑有大逻辑，也有小逻辑；有这个维度的逻辑，也有那个维度的逻辑；有一级层次的逻辑，也有二级层次的逻辑；有单个生态的逻辑，也有综合生态的逻辑；有传统的商业逻辑（如规模经济和范围经济），有新型的商业逻辑，等等。有一万种商业逻辑，就有一万种商业模式。当然，并非所有商业逻辑都是有效的。比如：

有人问柏林一家菲仕乐锅具店的经理：“你们德国人造的锅可以用上 100 年，因此每卖出一口，实际上也就丢失了一位顾客。你看人家日本人造的锅，用 20 年就到头了，顾客每 20 年就得再找他买一次。仔细想一想，你们划得来吗？你们为什么要把东西搞得那么结实呢？把它的使用期搞短一点，你们不是可以赚更多的钱吗?”这位经理这样回答：“哪里的话，所有买了我们锅的人都不用再买第二次，这就会有口皆碑，就会招来更多的人来买我们的锅，我们现在忙都忙不过来呢！我们这家厨具厂，是二战后从过去的兵工厂转产过来的，前后也不过几十年时间，就卖出 1 亿多口锅了，你知道这个世界有多少人口吗？快 80 亿了，还有 70 多亿人口的大市场在等着我们呢!”

这就是德国人的商业逻辑：一笔生意，在你身上一辈子只做一次，让你说他的东西好，这就会感染到另外一个人，这个人再去做他的顾客，然后再感染第三个人。“每人购买一件产品 × 全球市场”是一种逻辑，“每人重复购买 N 次产品 × 局域市场”也是一种商业逻辑。书面上看，两种逻辑各有千秋。但是，在一个高端的开放市场中，第二种逻辑有时是不成立的：为了达到让每个人多次购买的目的，产品就不能“经久耐用”，产品如果不能“经久耐用”那么就不能吸引人们再次购买，更不可能形成辐射全球市场的自营力。第二种逻辑的经营者，最终都是徒劳，而且还要拼命去继续“徒劳”。商业逻辑会失效，一个原因是进化，另一个原因是竞争。

个性价值与商业逻辑相互匹配和增强，或者说二者相得益彰，才是最完美的商业模式。个性价值是实力，商业逻辑是智慧。没有个性价值做不成，欠缺商业逻辑做不大。个性价值和商业逻辑支撑起一家家卓越企业。一般而言，内容型企业主要靠个性价值驱动，管道型企业主要靠商业逻辑驱动。内容型企业提供价值要素，管道型企业完成商业化经营过程；内容型企业做价值创造，管道型企业做价值应用和实现。从更宏观的角度看，内容型企业是整个社会经济生态的引擎，没有内容，管道型企业会成为“空管道”“死管道”——穿透以后，可以看到，价值系统归根到底还是由内容决定和塑造的。由于信息和物流等流通问题的解决，新商业时代，将是一个更为显著的“内容为王”的时代。

企业对商业世界的参与，都是在某个维度上的参与。如果说宇宙是一个如弦理论所揭示的11维的存在，则商业世界是一个N维的存在，即实际上有多少个维度，不取决于其本来有多少个维度，而取决于我们能开发和创造出多少个维度。商业世界的拓展，主要是维度的拓展，或者说，领域的拓展。对企业而言，商业世界的N个维度，就是企业商业模式创新的空间，找到属于自己的有效维度和在其中的位置，就是找到了自己专属的和成功的商业模式。维度，包括价值内容维度和逻辑维度。一项内容和一种逻辑构成一个价值域。新商业维度的开拓是企业家的事。随着企业家精神的充盈，将会有越来越多的价值内容和逻辑维度被开发出来。商业世界的复杂性的一个重要构成，是维度的多元性和交错。人类的每一个发明创造，都增添一项新的价值内容；而有效的逻辑维度，理论上，可以有很多。新维度的开拓，是最大的创新。商业世界的可拓展性，始终是存在的。维度的拓展，带来越来越丰富的商业世界；同时，复杂的商业世界又更加地孕育生机。

商业的生态模式

商业世界正在加速生态化。商业世界的生态化与企业经营的核心化、个性化和多样化发展相伴相生、相互促成。商业的生态模式时代已经来临。本文分四个部分对该模式加以解析。

1. 分布式增强型结构

英特尔、高通、苹果、Google、迪士尼等公司，及其各自“圈”中成千上万的参与主体，共同为我们展现了正在到来的商业的生态模式的结构。这是一种分布式增强型结构，以及一种基于绝对和相对比较优势的系统架构①。我构建了一个简单抽象的系统模型对这类生态与结构进行刻画，并将该模型命名为“智栈商业生态系统模型”（见图 14）。

以高通手机生态系统为例，高通公司开发和提供手机产品中具有共性基础价值的部分（芯片及软件解决方案）；台积电、三星等代工芯片制造；华为、联想、三星、LG、小米等众多企业，在高通的芯片及软件解决方案的基础上，开发和销售针对细分市场的手机终端产品。在其外围，是不同级别的零部件开发商；富士康、京东等，承载手机的组装生产和线上销售等运营性功能模块或片段。此外，还有散布在系统中的“创值因子”，如科研机构、科学家、创客，以

---

① 这也是一种可以消解复杂性的复杂性结构（否则，商业世界的向复杂性方向发展的进程将受阻），以及可自由延展和更具滋生性的结构，并尤其适用于一个知识分散的世界。商业世界的种种变化，都在导向着这种结构的流行，并从作为商业世界的整体结构走向同时成为商业世界的中观（产业）层次的结构和微观（企业）层次的结构，即走向它的高级形态和完成态。我称之为“又一个世纪结构”。生态模式的实质是，分布式增强型结构 + （类）市场机制。

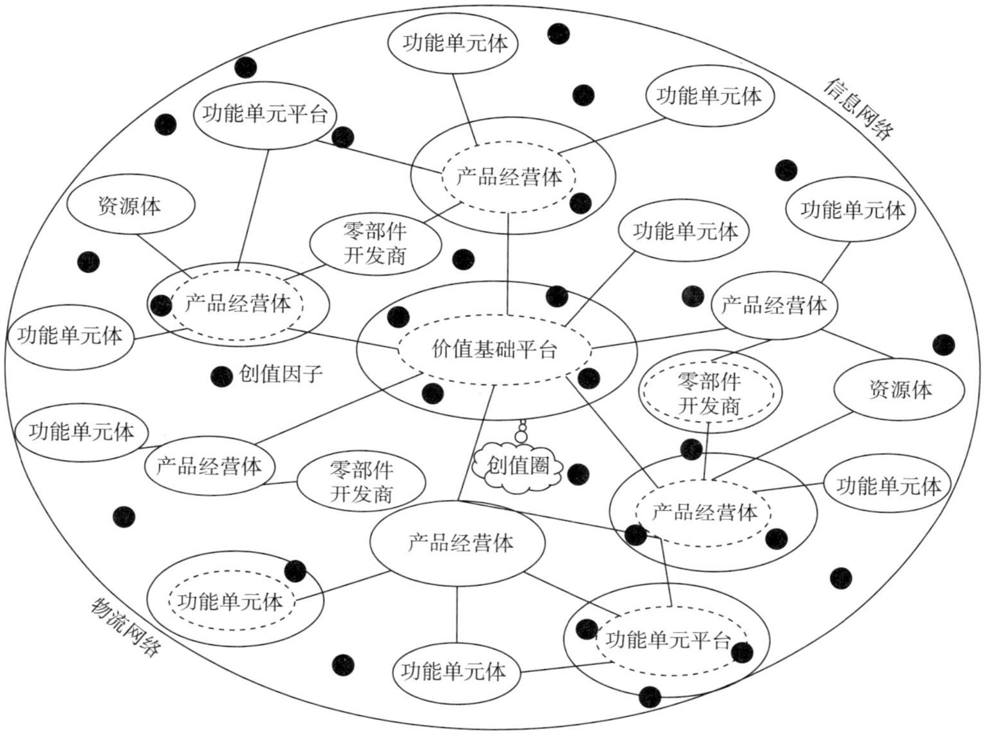

图 14　智栈商业生态系统模型

及创业型公司或团队等，补充系统的进化活力和以上三类主体的创新力。

产品的技术、设计、研发、品牌、市场（Markting）、生产、销售，以及职能服务等全部功能是由诸多自我经营、自我管理的市场主体分别承载、合作完成的，每项功能或功能片段均由最具优势的主体承载。这是一个自组织的共生系统，系统中的主体相互增强，“所有的你都让我变得更强，所有的我都让你变得更有效”。“共性”与“个性”相结合的组织逻辑，既最大限度地减少了重复，又可以有效地经营和服务每一个细分市场。

系统的基本规则是市场规则，系统是开放的。市场规则和开放性保证了系统的渗透力，以及系统组合的最优化、高效率与快速进化。这种“价值创造—商业化经营”循环系统，以及科学能力、技术能力、工程能力（生产能力是工程能力的一种）和市场能力在社会层面的分工合作的承载模式，也是理论上最具效率（包括知识创造与创新效率）的系统结构和组织模式。

生态模式下，个性价值和功能优势成为企业边界的决定性因素。独特价值决定企业的最小边界（实际边界是在最小边界基础上，与生态“互动”的结果）。相对于传统的垂直一体化的企业而言，“企业”的功能组合减少了，功能“退化”了，企业变得“不完整”，正如腾讯公司总裁马化腾所说的：“现在我们真的是半条命，另外半条命属于合作伙伴。”但“退化”即“进化”：企业去除了其不具优势的功能，聚焦在其最具优势的功能上，这降低了复杂性，提高了所有参与主体的效率；企业的独特价值经由系统被应用到所有可能的对象上，实现价值的“市场用尽”，达到一体化经营不可能达到的经营深度和广度；参与商业世界的门槛降低，更多的企业可以参与进来，更多的资源和市场得以被有效利用和开发。同时，企业也更有可能在提升产品和服务的体验（我将“体验”定义为“功能之上的需求”）上增加投入，商业世界因此可以从功能时代走向体验时代。

越来越复杂的知识型产品、全球化、竞争、交通和通信技术的发展，以及合作型商业理念的形成，都在继续扩大商业的生态模式的优势和版图，使这种模式从最初的汽车、飞机等少数几个产业渗透到近乎所有行业，从初级形态走向深度生态化的复杂形态，“参与—分享”的商业世界同步展开。信息技术和互联网的应用与普及又在进一步加速这个过程：即便是复杂的、经常性的和大规模的信息交换的成本也是趋近于零，主体之间的接口成本降至最低，系统分工可以到达要素和功能片段层级，主体规模可以小到以个人为单位（即个人也可作为“创值单元＋分享账户”有效参与到系统中，经营他个体的特殊价值），商业世界变得更“碎”了，同时又更“整”了；更纷繁复杂了，同时又更规则了。

2. 三种基本类型的主体与商业模式

价值基础平台、产品经营体和功能单元体（平台），构成一个生态的基本结构，是生态中的基本主体类型。各级零部件开发商和资源体，可理解为“二级价值基础平台”“三级价值基础平台”等，是价值基础平台的亚型；“创值因子”可能会发展成为未来的价值基础平台，是生态系统中的活力的构成。价值基础平台，是生态的土壤，就像自然生态中的腐殖层，是整个生态的养分，其技术和应用价值含量决定着生态的贫富和肥沃程度。富生态很容易进一步滋生和聚集；贫生态一般会难以形成生态，并最终退回到单体型组织的状态。没有强大的和坚实的价值为基础的商业生态系统的打造，只是一种妄想。三种基本类型主体及其商业模式，见图15。

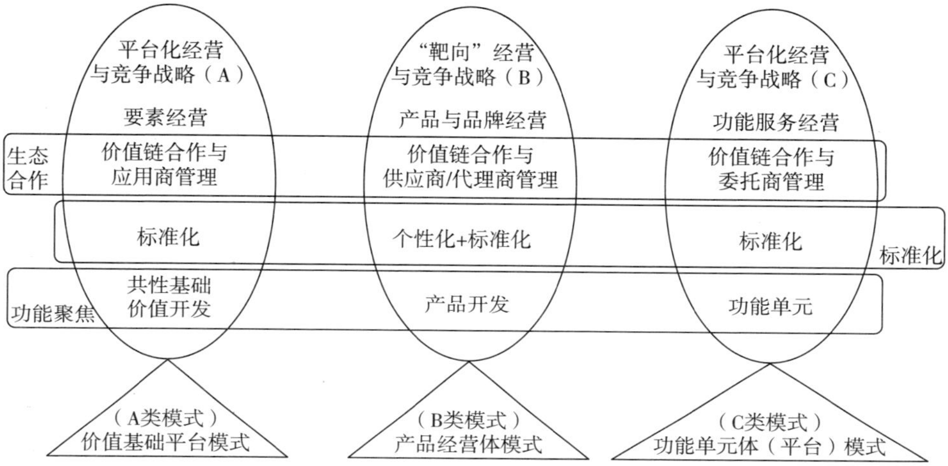

图15　三种基本类型的商业模式

其中：

（1）共性基础价值，差不多与核心竞争力要素同义，如英特尔公司的芯片及其软件解决方案、迪士尼公司的品牌（对儿童产品经营而言）、苹果公司的终端产品和ios技术（对其App Store生态圈而言）。一个产品生态中的价值基础平台可能不止一个，如高通公司和Google（Android系统）都可以看作是手机产品生态的价值基础平台。

（2）功能单元，指研发、市场、生产、销售、售后，以及职能等运营性功能单元。功能单元可能是一级功能，也可能是二级功能，如中试、线上销售，甚至是三级功能以至功能片段。

（3）标准化，指技术、产品、服务和数据等的标准化、模块化，以及进一步的数字化、品牌化（产品和服务品牌，如英特尔的××处理器），此外，还包括交易规则的标准化，其意义是提高通用性，降低主体间业务的接口成本，增加业务运营上的协同性。

（4）商业生态系统中，主体之间的关系性质是：纵向合作、横向竞争，或者说是：同类竞争、非类合作[①]。合作商是企业完整价值链的组成部分，企业需要管理好“合作”而不仅仅是“竞争”，企业的管理边界要远大于其自身的“生产力”边界，对商业合作体系的管理成为至关重要的经营和战略性工作。基于生态，则管理边界必须扩大到生态。合作管理包括对商业合作伙伴的选择和管理规则的制定[②]。合作规则应标准化和明确化，规则越明确，交易成本越低、体系越开放。合作管理，是各主体对自己所在生态的管理的具体内容。生态系统中，价值基础平台有最高级别的规则制定权，也是整个系统的设计者和管理者，各主体规则制定权的大小（进而收益分享比例）与其独特价值的竞争力和共用性相对等。

（5）要素经营，指以产品和业务的关键竞争力要素为内容的业务经营，如高通是以芯片及软件解决方案为业务内容，设计了四种基本许可：ASIC（专用集成电路）许可、用户设备许可、系统设备许可和测试设备许可；而迪士尼是以品牌为业务内容（在授权业务上），并设计形成了一个分类型、分产品、分品牌的立体授权业务经营架构。

（6）平台化经营与竞争战略（A）中最关键的要素有两个：其一，开发平台型技术、产品或其他类型的无形资产，并使其成为行业标准和可经营[③]。平台型企业，都是“平台＋生产力”型公司，纯粹的平台是没有存在的价值和意义的。其二，先发，指战略先发，先发会产生优势，后发者成功的可能性极小。另外，能否发展成为价值基础平台，基因很关键，这里是伟大的“天才”企业和企业家的领地。

（7）“靶向”经营与竞争战略（B），是借用医学上的“靶向”一词，指选择有效的细分市场，集成生态系统的资源（关键是价值基础平台的价值要素），用针对性产品和服务展开经营和竞争。产品经营体的竞争优势来自于对专门市场

① 非类主体之间也有竞争，那是关于它们在商业生态系统中的位置和阶层的竞争，是真正的战略竞争而不是业务层面的竞争，并决定它们之间的实际边界。

② 如迪士尼要求授权商至少要同时满足两个条件：其一，在制造、经销或零售方面至少拥有 5 年经验；其二，在相关专业产品方面具有 5 年或以上行业经验，同时，迪士尼对产品生产的审批程序非常严格，每年会对授权商的工厂进行 1 次到 2 次验证，还要了解企业销售平台和渠道，如果达不到要求也会取消资格。

③ 如 1991 年 11 月，高通成功研发出 CDMA 手机和芯片时，欧文·雅各布做出了对于高通前途来讲最重要的两件事：一件是把高通的 CDMA 技术提交到美国标准组织和世界标准组织，申请将其确立为世界移动通信标准；另一件是为 CDMA 研发过程中大大小小的技术申请了专利。

的需求洞见、个性化的产品知识和运营效率（包括对产品生态资源的集成组织效率）。在一个生态中，可以区分出多少个/维有效细分市场，就可以有多少个/维成功的“靶向”战略经营体——本文所谓的产品经营体。

（8）平台化经营与竞争战略（C），区别于（A）。功能单元体的最佳的和最可行的战略目标是功能单元平台——为众多的产品经营体提供功能性服务，如阿里巴巴、亚马逊、富士康、分众传媒、沃尔玛等公司；Facebook 和腾讯公司的微信，从商业应用价值上看，也是功能单元平台①。向产品经营体转型是功能单元体的另一战略选项，如台湾的明基（BenQ），但要能有效应对两个挑战：其一，之前的商业合作伙伴成为了竞争对手；其二，从单一功能体向多功能体的转型。

具体企业的商业模式是对完整“价值创造—商业化经营”循环系统的个性化截取和有效截取。生态模式下，企业商业模式的基本类型有三种：价值基础平台模式、产品经营体模式、功能单元体（平台）模式，本文中又分别称之为 A 类模式、B 类模式和 C 类模式。A 类向基础性上发展，B 类向应用性上发展，C 类向经济性上发展。三类模式的主体相互协同，包括：功能协同、标准化、价值链合作、业务模式协同、战略协同和协同进化。

3. 实践万象与互动演进

实践中的生态结构和主体形态要丰富得多。原因之一是系统复合（诸多产品生态复合成产业生态，诸多产业生态复合成商业生态）生出的复杂性，另一个原因是实践情境总是千差万别。“一个生态，千万种模式”才是对现实世界的真实写照。制造出实践万象的因素有很多，包括：

（1）产品属性。主要指产品的复杂性和知识含量，进而指产品技术进步的速度。产品越复杂，技术含量就越高，技术进步则越要求快，生态模式的优势越明显，系统在生态化发展上一般会走得更远；相反，则整体上更接近于传统模式

① 对于互联网型功能平台而言，有“流量”才算是有功能，除管道建设（如亚马逊公司的物流系统建设），“聚流量”是互联网型功能平台重要的功能建设，与制造型平台的投资是同一种性质的活动，仅仅一个网站不是功能体，而“网站 + 流量”才是。

一些。还有，就是产品的数字化[1]，数字化产品（如软件、视频课程、金融产品等），不需要再进行生产，不需要物流、现场和售后服务等，销售也可能仅是简单的“上传—结算”活动，产品经营体的运营体系更简单，其对外围功能单元体（平台）的需求自然较少，苹果公司的 App Store 为我们呈现出了这种形态。

（2）需求的差异性。如果需求没有差异，如医药，则针对细分市场的产品经营体就没有存在的合理性，基础研发和产品开发就会仅由一家企业承载；如果市场规模较小（如实验设备），过细的主体分工反而是不经济的，相关企业也会是更趋于垂直一体化的模式。

（3）知识保护。在缺乏有效的知识保护手段的情况下，垂直一体化，或改变系统规则（如采用合资公司方式），就会成为一种实际的选择；同理，如军工性质的产业垂直一体化程度会更高，或只是有限范围的生态化。

（4）生态成熟度。在生态发育尚不成熟的阶段，企业只能是一体化模式，如在 CDMA 推广初期，没有设备和终端制造商愿意向高通公司交专利费，也没有人愿意做 CDMA 设备和手机，于是，本来想靠技术赚钱的高通公司只有自己生产制造 CDMA 全套设备。

（5）各主体的战略取向。尤其是核心企业的战略取向，拥有共用基础价值的主体是生态化发展的“引擎”，假设当初高通公司不选择这种战略，它可能会成长为另一个诺基亚手机制造商，也就不会有目前的以其技术为基础的手机产品生态圈了。向生态模式转型，是一个群体型战略，需要多主体的参与和协同行动。

（6）底层竞争。在生态模式下，生态位的竞争是战略竞争。最可怕的还不是技术沦落，而是主体位置的沦落，其中对底层主体位置的竞争是最具战略意义的。因为这类竞争，整个产业可能会被分割成若干个阵营，如在民用大型客机领域，就有了波音和空客两大阵营。交叉技术许可可以看成是这些主体向生态模式方向做出的一个动作。

（7）信息技术与互联网应用。这不仅滋生出多种管道型功能平台和所谓的模式，如在商务领域的 C2C、B2B、B2C、O2O、P2P、M2C、B2M、B2A 等；更深远的是，由于其极大提高了主体之间（包括企业—客户、企业—合作伙伴、企

---

① 同时，产品的数字化，又会改变产品经营的商业逻辑，需要有商业模式上的创新加以匹配。产品数字化，必然伴随着商业模式和战略的演化。

业内部主体间）的关系效率，改变了商业的组织逻辑，将产生大量的基于互联网的有效的商业模式，致使“颠覆”正在各个领域发生——“颠覆”其实是模式转换的快速实现方式而已。同时，动态地看互联网“管道”（即所谓的“连接”）越建越多，管道价值下降，许多曾经的专业型管道又会逐渐通过并购等发展成为综合型管道平台，通过进一步规模经济效应维持优势。

（8）企业传承与资产的多样性。从企业角度看，有些部门可能是产品经营体，有些车间又在为其他企业代工，还有些技术在对外许可经营——不同业务单元可能分属不同价值系统，企业整体是一个组合的混合商业模式。企业对复杂的商业世界的参与，可能是一种复杂性参与。

当然，影响因素还远不止这些。商业生态在个体与系统的互动中演变、进化。影响实践和系统演进的因素多而交织，也注定了企业的商业模式有很大的设计空间。

4. 企业组织的生态化

企业组织的生态化，是生态模式的企业级景观。生态型组织模式，可实现对企业的价值创造和价值实现潜能可能的最大程度开发。Google、思科、3M 和腾讯公司都是生态型组织模式的成功实践者，并在引领这种趋势的同时继续收获着公司的新发展。商业生态，是介于市场和企业之间的一种关系模式，它可以来自于在市场关系中加入一种企业性质的关系模式，也可以来自于在企业系统中引入一种市场性质的关系模式，它是两种关系模式的集成态。企业，可能是存在于市场维度之下，也可能是存在于市场维度之上。企业，是价值创造单元和单元效率系统；市场，是一种价值创造、价值评价和价值实现相统一的系统机制。商业生态模式，是一种经营模式，也可以是一种组织模式，其核心是关于系统的组织逻辑。

企业组织的生态化，就是构建企业级的分布式增强型结构（包括规则），其与产业级的结构略有不同的是，组织协调的成分相对更多、更强一些。生态型组织模式的要素包括：

（1）功能的“类企业化”组织。思科公司在研发领域的做法，是一个颇具代表性的成功实践案例：在其他公司普遍维持高度集权的产品开发与管理模式的基础上，思科进行了开拓性的变革，建立企业内部创业的机制。作为对公司主研发部门与产品的补充，企业内部创业机制支持员工成立类似附属公司的小型自主团队，思科以投资者的身份帮助附属公司的发展，如果团队创业失败，思科只损失有限的资源和资金投入，但如果成功，思科有优先权进行收购，使它回归成为内部的产品团队。还有就是3M公司的“创新产品小组”[①]。

“企业”是功能放大机制。“类企业化”组织的功能，可能是研发，也可能是产品经营、企业价值的多领域应用与细分市场经营、新市场开发、新业务培育、运营性功能（包括市场、生产、销售和售后服务），甚至专业职能等——即所有需要和可能通过“类企业化”进行功能放大的活动。

这其实也是根据个人（或团队）专长进行“类公司化”组织的组织逻辑。最能让该逻辑清晰显现的是肇始于比尔·休伊特时代惠普公司的“15%制度”，即员工可以有15%的自由时间做任何自己喜欢的事。目前，惠普的这一做法正在Google、3M等许多知名公司内被立为常规。每位员工都是其自身另外15%或20%的个人专长与能力的自主“经营者”，每位员工都是CEO。正如有人所说：“未来每个企业的CEO的成功，并不在于你的企业为社会制造了多少产品，而是在于你制造了多少CEO。”

（2）开放。指企业自身的（某些功能的）开放式组织，即打开企业和部门围墙，实现企业的最佳功能和资源组合。实践中的做法有很多，如：思科公司的“创值圈”（本文对这种现象的命名，见图14）——硅谷聚集了很多为思科量身定做的创业公司，它们的创始人或技术骨干有些是从思科出去的，更加了解思科需要什么样的技术和产品，因此更易融入思科，思科也乐于收购这样的公司，很高兴“整个硅谷都是思科的实验室”；宝洁（P&G）公司通过互联网网罗编外研发队伍（目前的规模是150万人，并在一年时间，凭此推出新品200多款，研发能力提高了60%），等等。

（3）模拟市场规则。包括增大各主体的经营自主性、基于经营“结果”的收益分享（或业绩管理），以及用自我管理和自我激励代替传统的组织管理和组织激励等。

（4）平台管理与企业文化治理。平台管理包括：平台价值管理、系统（结

---

① 这样的小组在3M也被称为“迷你公司”。这种创新专案小组具有三个重要特征，即由各种专业人才全力共同参与的无限期任务；全是自愿者；具有相当的自主权。一个创新小组的成员至少要包括技术人员、生产制造人员、营销人员、业务人员或财务人员，而且全部都是专职的。

构和规则）管理（设计与动态管理）、特质型员工的聚集等。其中，平台价值是系统的引力，没有这种引力生态化的结果就是系统真的“碎”掉。在生态模式下，平台只有作为企业生态价值的载体，才有存在的必要和可能。有价值的商业要素都可以作为平台价值，但不同要素的“价值性”不同（见图16），越靠近技术端（图中的Ⅰ层），要素的价值性越大。平台价值管理，包括向更底层的价值要素迁移、将“类企业”创造的价值转化为平台价值、扩大生态规模（生态价值随规模递增）等。

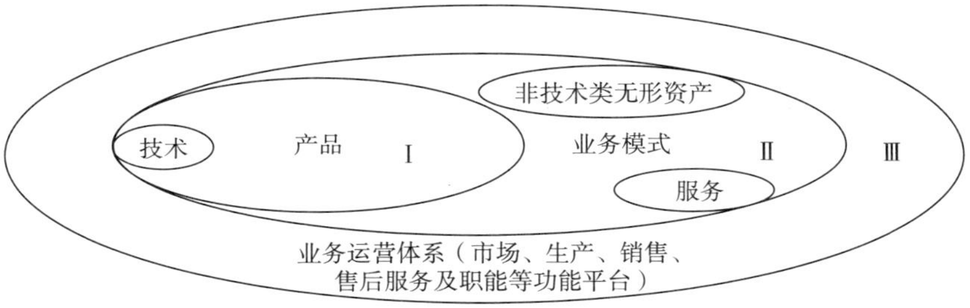

图16　竞争力要素的价值层次

特质型员工，指有特殊专长和品质的员工，没有对应素质和类型的人员，单纯的组织方法是没有意义的，甚至会适得其反。最后，生态化一定需要走向价值治理和企业文化治理。这是因为：知识型员工不仅会按价值聚散、按任务聚散，还会按价值观和文化聚散；在主体分散和相对独立的结构下，需要建立一致的内在的行为准则。企业从以所有权为主要纽带，转变为以价值关联和文化认同为主要纽带——每种治理模式都有其特定的结构和规则。对传统企业而言，向生态型组织模式的转型过程，也就是价值、系统、人才结构和治理模式的重构与再造过程。

商业生态模式的三大红利

商业生态模式巨大的和继续增长的红利，使其在对传统模式（即所谓的垂直一体化模式）的竞争中具有了摧枯拉朽的能量——这也是近 20 年来许多新型企业可以快速崛起，而传统企业毫无悬念地日渐没落的原因和时代背景。

商业生态模式红利，本质上，是一种结构红利，是一种新商业系统结构相对于传统结构的优势。下面，从商业生态模式的结构回顾入手，对模式红利进行说明。

1. 商业生态模式的结构

最能表达商业生态模式的也是其结构（包括规则），这是一种分布式增强型结构。基本价值过程，从传统的企业内的分工与协作过程，转换为社会（或世界）范围的分工与协作过程。这种转换是典型的对传统商业世界的重构。

分布式增强型结构是商业生态世界的基本结构和最终的稳定形态。一个商业生态系统在演变过程中可能会经历多个阶段和多种形态，但方向都是更趋向于分布式增强型结构形态，并在达到这种结构形态后相应地稳定下来。正如高通公司曾经对无线通信领域的预言："无线通信领域的下一个演进方向将会是较少的竞争技术的互相竞争，而更多的是各种互补型技术的共同合作，从而达到无缝、同时在线的连接。"

2. 商业生态模式的三大红利

商业生态模式红利可归为三类：

（1）平台红利。商业的生态化发展，成就了平台型商业模式及企业主体。平台 = 共性基础部分 + 平台化经营模式。商业生态系统中的平台可以简单地分为两类：①要素型平台，如高通（芯片与软件）等，承载生态圈中对产品或业务竞争力起决定性作用的共性基础要素的开发与经营；②功能型平台，如富士康、亚马逊、阿里巴巴等，承载生态圈中某项运营性功能中共性基础部分的建设与运作。要素型平台也可称内容型平台，功能型平台也可称管道型平台。

在商业生态的世界里：就内容而言，任何一个领域的任何一种有竞争力的商业要素，如技术、品牌、软件、数据、零部件和产品等，都可以通过提高其共用性和可开放性走向平台化经营；就功能而言，从研发到市场的完整链条上的每一项运营和职能性功能，都有可共用部分，都有可共用领域，都有平台类主体的生长空间，典型的如市场功能，由于共用度高，更是成了平台类主体大量滋生和攻城略地的疆场，而且，某一大项功能可能又是多平台构成的功能生态，如电子商务功能下，又分化出营销平台、交易平台、支付平台、物流平台等，营销再分化出搜索类、社交类平台等。

随着“连接”和物流技术的发展，一方面，商业生态系统趋于越来越庞大、越来越复杂，在不同维度和层次上，都可圈设出有效的生态圈；另一方面，平台覆盖的范围可以不断扩大，平台的商业价值也同步放大。

平台，可以理解为是对生态圈中各主体共性部分的集中代理，换个角度，也可理解为：平台使所有参与主体都成为其价值的实现“管道”，成为其价值的商业化经营体系的组成部分。借助生态“杠杆”，平台类主体实现了其价值的最充分商业化，并因为有“一对多”的优势地位而分享了商业生态模式红利中的大部分，成了生态圈中最具盈利能力的主体。商业的生态模式时代，也可以说是平台模式时代。

（2）效率。商业生态化的一个同步运动是企业“间”的专业分工，这产生了与劳动分工同样的效率的提高，换句话说，产生了新效率，包括：

1）单体效率。相对于传统企业，商业生态系统中的“企业”的功能组合减少了，这一组织变化降低了每一个企业的复杂性，加之系统的“杠杆”作用，企业很容易实现专业规模经济；同时，也更可能形成专业创新的氛围和条件，更容易取得和应用专业创新成果，专业提升速度和专业产出质量较传统企业自然都是大为提高。

2）系统效率。单体效率也是系统效率的构成，除此之外，商业生态模式下：减少了社会在相同功能上的重复建设和在相同知识的重复开发；增强了所有参与主体的功能，尤其是“企业”所有不具备的功能却又都是最强的，提高了对社会知识的利用率，提高了领域的创新和进化速度等。

这里摘录若干对高通商业模式的评论片段，直观地描述商业生态模式的系统效率：高通很好地把研发技术通过专利授权模式迅速地转化为商业成果，然后迅速地服务于社会；高通还通过与其他第三方进行交叉授权，使众多芯片和软件客户能够在终端和系统设备中使用这些专利，降低客户的知识产权成本，并将业界的知识产权纠纷降至最低；高通的商业授权使无论是大公司还是小公司，都有机会利用它们自己无法有效地开发或只能自己高成本开发的技术，在高通技术的基础上建立产品增值开发的能力，从而加速产品上市的进程，这特别有利于中小企业进入市场或者采用新技术以满足市场的某些特定需求，从而带来了行业更加激烈的竞争，激发整个无线产业的活力和动力，并不断开创更好的用户体验；不断降低的手机价格、增强的功能和更大的销售量都在CDMA2000和WCDMA技术领域清晰地体现，最终受益的是芯片供应商、设备生产商、网络运营商和最终用户；高通努力通过其低成本芯片产品的开发推动手机价格下降，而低成本手机帮助授权厂商更好地进入消费者收入和手机渗透率都较低的新兴市场，今天，在发展中国家越来越多的人们以之前想象不到的速度使用移动通信和互联网。商业世界的进化表现为：知识含量的提高与系统结构的高级化。在生态模式下，商业世界的进化会加速。

（3）商业版图的扩大。一方面，商业生态“杠杆”的存在，降低了做“企业”的门槛，参与商业世界的“企业”范围得以扩大，直至扩大到个人，即个人也可作为“创值单元+分享账户”参与到商业生态系统中，经营自身的特殊价值，典型的如创客、苹果App Store上的个人开发者等——更多的资源和主体可以直接参与进来，商业版图的供给侧得以扩大。

另一方面，生态模式增加了供给，提高了供给侧的效率，降低了产品和服务的成本，更有效地回应了需求的差异性，从而可以吸引更多的主体进入消费者行列，商业版图的需求侧也得以被激活和扩大。产业，是供给和需求共同发育的结果；并非所有有价值的东西都能自我发展成为一个（大）产业和大市场，需求端的发育是另一个必要条件①。

生态模式红利吸引越来越多的主体加入到对商业世界生态化进程的创造之中，其中，符合逻辑的商业模式创新者都取得了巨大的成功，如手机行业的后来者高通公司使诺基亚（手机业务）和摩托罗拉移动（Motorola）等曾经的行业巨头落到了被收购的田地；英特尔公司，这一 PC 产业的缔造者之一，由于一开始就是践行这种模式，因此竞争者连出现的机会都没有。同时，这二者也使 PC 和手机芯片均实现了“摩尔定律”（Moore's Law）速度的技术进步和应用普及；中国的阿里巴巴集团、华为和腾讯等越来越多的公司借助生态“杠杆”，都很好地把握住了自己的商业机会，并且已经能够精于从整个产业和生态圈的发展中更多地受益。

商业生态模式早已存在，最早的成功、成形的商业生态是有一定政府主导色彩的日本综合商社。也正是借助综合商社模式的优势，一大批日本企业在“二战”后快速崛起并全球化。19 世纪七八十年代兴起的外包和全球采购风潮；19 世纪 90 年代，全球大型软件公司在软件的行业应用和市场推广上的合作伙伴模式，则可以看作是商业生态模式的自然演化，都成就并继续成就着相关产业的发展和企业的扩张。

比较优势的力量推动着商业生态模式一边向各产业领域和区域经济系统快速渗透；一边从之前的企业的市场、生产等功能领域向技术和研发等功能领域渗透。

---

① 因此，对于新市场，需要投入对市场的培育和开发。这也是企业的创新和学术机构的创新的一个不同点：学术机构的创新以知识产出为终点；企业创新还包括将新东西变成商业现实，这其中，对需求端的洞见和形成的问题的解决至关重要且不能回避。市场对企业的需求，是企业创造的被需求。

生态模式，企业经营的新范式

生态型商业模式必将成为而且正在成为企业经营的新范式。生态型商业模式，即基于商业生态的企业经营模式或业务经营模式，是商业模式的一种。无论是否意识到，无论是主动还是被动、核心还是外围、整合还是被整合，越来越多的企业都已身处各个维度和范围的商业生态系统之中，企业设计和经营不再仅是企业边界内的事。而且，可以预见，完全“自耕农”式的企业和经济体将很难在未来的商业世界的竞争中生存下去。

趋势的力量来自于对商业世界的重构所创造的价值，重构成为分布式增强型结构的商业生态系统。系统中，每个主体只做自己最擅长的事，把企业自身的价值性活动链条做短、做强、做到极致，其余功能由生态合作伙伴提供。企业从基于自有资源和能力的经营，走向同时基于生态资源和能力的经营；从短板①经营，走向长板经营。基于商业生态系统的经营者的优势是显而易见的，一棵树再大终究难敌一片森林。在一个复杂的系统中，机会也更多，包括创新的机会和参与的机会。专注于个性价值，又善于合作，是新商业时代市场主体的必需有的质地。

商业模式不是互联网模式，也不是商务模式，更不是某种商业策略或技巧（尽管还有很多人这样认为），而是企业的事业模式。在这个大变革时代，商业模式创新和设计已经成为摆在每一家企业面前的攸关命运的课题。竞争的加剧、信息技术和互联网，以及合作型商业文化的深入人心，正推动着商业生态向广度和深度发展，也将极大地拓展企业商业模式的创设空间。

---

① 企业经营模式，要能解决企业的短板问题，并具有对企业价值的放大功能，生态模式在这两方面都是有效的。

企业经营的生态化通过具体功能的生态化体现和实现，包括研发、技术应用、产品经营、服务和市场等功能，而且不同功能可能是分处在不同的“圈”中。其中，在主要由技术驱动的产业领域，研发生态的构建至关重要。

企业需要圈设所属商业生态圈的范围和边界。逻辑上，生态系统是根据核心主体的个性价值及可应用领域进行圈设的（因此，商业世界的生态化发展也必然会模糊传统的产业边界）。系统圈设是一个高水平动作，对特定主体而言，系统圈设是要在完全开放的商业世界中去发现，甚至去构造主体之间的价值关联。沿着哪个方向、维度和层次进行生态系统的圈设，考验着企业家对商业系统的结构性价值的领悟力和实践认知能力，其中有技术性思维的成分，也有创造性想象的成分；同时，系统圈设也是一个动态的过程。

在新商业时代，企业需要找到自己的有效的生态型生存、发展和价值形成的维度与逻辑，能够在系统中进行自身价值和角色的定位，并构建出与生态系统协同的企业经营体系。企业商业模式的实际形态，包括企业边界，是其个性价值与市场和商业生态系统“互动”的结果，也是企业家洞见、逻辑能力，甚至个人追求的映射，具有鲜明的阶段及个案特色。每个企业商业模式的成形和成熟都要经历一个过程，尤其是平台型模式。商业模式内含的任何一处不同，都可以看成是另一个商业模式，严格来说，生态型商业模式有千万种。换一个角度，也可以说，企业商业模式设计和创新、改进的空间可以是无限的，当然，未必都是有效的。

个性价值是各主体参与商业生态系统的“门票”，也是对生态系统的价值引力和控制力。如果你的引力更强大，别人便会在你的轨道上运行；如果别人的引力更强大，你就只有在别人的轨道上运行（甚至坠落）——这是宇宙法则。系统形态，是系统中各主体（之间）力量的呈现。商业生态是一个力学系统。个性价值管理事关对应主体在商业生态系统中的地位和成就。个性价值有三种基本类型：要素（如技术、品牌和核心零部件等）、产品和效率。由缺乏个性价值和合理秩序的主体集合而成的商业生态系统，就如同没有引力的星系，必然会分崩离析。总的来说，个性价值决定生态圈扩张的极限和所能达到的有效边界，只有增强个性价值，生态圈才能继续扩张，生态杠杆也才能进一步加长。

新范式下，企业战略设计的基础并没有改变，但会有所不同。战略设计仍须建立在有效理性（或说“洞见”）基础上。其中，在主要由技术驱动的产业领域，需求和结构有可能被新技术重塑，技术洞见才可以作为企业战略设计的基石，但是，结构洞见仍必不可少——对商业世界的解构和重构考验着当下及未来每一家企业的智慧与实践艺术。商业世界正在进入一个价值竞争与结构竞争并重的时代。向生态模式转型，是一种结构性战略。

一个典型的案例是高通公司。在企业演进过程中，高通选择了一种独特的商业模式，即通过巨额研发投资与战略收购来创造和部署最具市场潜力的新无线技术，利用专利保护创新，然后通过开放和主动的授权系统将所有技术提供给行业参与者。这一方面扩大了行业参与厂商的数量并实现了新技术商用，另一方面销售和许可收入为高通持续投入研发形成资金的后盾。此外，高通还通过与其他第三方进行交叉授权，主动争取到重要的第三方专利用于其芯片和软件产品，从而使众多芯片和软件客户能够在终端和系统设备中使用这些专利。高通的商业授权使无论是大公司还是小公司，都有机会利用它们自己无法有效开发或只能自己高成本开发的技术，在高通技术的基础上建立产品增值开发的能力，从而加速产品上市的进程。

高通并没有选择成为一个传统的垂直一体化的厂商——既做基础技术研发也做设备制造，而是独辟蹊径，选取了产业链最上游的一段，主攻研发核心技术，然后将技术专利许可给芯片厂商、系统设备和测试厂商以及终端制造商。高通的授权模式使公司的商业利益与行业利益全面捆绑。

高通这种广泛授权模式，在产业架构原本等级最为森严的通信业，成功地带动起一批中小企业和新进企业，使创新和快速反应成为他们的成长基因和竞争利器，与传统模式进行碰撞。日本、韩国、中国大陆和中国台湾地区新进入市场的厂商以及小型的欧洲厂商是最大的受益者，因为它们能够寻找并满足大公司难以迅速跟上或满足的商业需求。高通的出现也使通信世界出现了真正的多极化。

高通将授权收益战略性地投入到新技术研发进行再创新，形成了一个闭环正向的机制。在自身研发的同时，高通也适时对拥有互补型技术的公司实行战略收购，来确保自己的技术与专利战略布局在未来保持优势地位。高通使先进的 CDMA 技术从一个针对有限应用的专有技术，发展成为全球各地人们日常生活中的必需品，实现了无线通信史上革命性的跨越。高通颠覆性的商业模式推动电信行业变垂直整合为扁平化，推动了市场竞争的加剧与产品和服务价格的降低。今天，越来越多的人们以五年前想象不到的速度使用着移动通信和互联网。

以英特尔的商业模式为原型、以专利为中心的个性价值管理、专利授权业务模式和盈利模式、打造高通“阵营”和生态圈、从一体化到平台化的实践路径等，高通在创新自己的商业实践模式上“做对”了所有的事情。高通是一个代表着趋势的完美的关于商业模式创新的案例。高通让一个新商业模式时代呈现出它的清晰的轮廓，并提供了一种范式。

把趋势变成潮流离不开伟大企业的开创与示范，如高通、阿里巴巴、迪士尼、苹果、思科、富士康；离不开众多企业的跟进与丰富，如Google、微软、三星，以及中国的腾讯、小米、海尔、华为；离不开大量新型企业的繁衍；也离不开一些企业的衰落、死亡与起伏。生态模式，是发展也是回归——向企业本质和商业属性的回归。

趋势，是基本力量运行所致。在趋势面前，传统企业，唯一的出路，也是首要的解决方案，就是向新型商业思维和商业模式转型，构建或参与适合自身的商业生态系统，做好自身的加减法；拖着长长活动链条的、封闭的自我进化速度，甚至不再可能够得着新商业时代企业生存和发展的基准线。

业务树模式

——卓越企业的利润乘数密码

以卓越的产品（服务类产品也是产品，如信用卡）为基础，在产品经营之上，再开展第二轮次、第三轮次等的业务经营，包括要素类业务经营、子业务经营、关联业务经营、延伸和衍生品类业务经营等，企业的整个业务模式和业务生长机制像是一棵“树”，所以这里形象地称之为“业务树模式”。

业务树模式是一种可以自然生长和自我繁衍的内生发展模式。但不是任何企业都可以形成这种模式。业务树模式，必须以卓越的产品和产品竞争力为基础；第二轮次、第三轮次等的业务经营，本质上是对“卓越”和“竞争力”的再经营，即通过卓越和竞争力关联，生长出一个结构性的业务组合和价值应用生态系统。业务树模式，也是一个企业经营的自生态模式。构建业务树模式，必须走精品战略路线，必须具有创造卓越产品和保持强大产品竞争力的能力，否则，业务树就会枯萎。

业务树模式，是一种高端的业务模式和商业模式，是只有卓越企业才可能实现的商业模式。业务树，不是业务簇。没有强大的、共性的竞争力为基础的业务组合，就是业务簇（如当前阶段的小米公司的“竹林生态模式”），甚至只是一个业务拼盘。业务树模式，需要有相应的组织模式的支撑与实现，与业务树经营模式匹配的是业务树组织模式。

业务树模式也是对竞争力价值的充分实现。业务树模式可获得竞争力多轮次经营的乘数效应，包括盈利能力的乘数效应——这类企业也多半是“富可敌国”。

业务树模式，尤其适合有着庞大业务基础和客户基础的卓越企业采用，如互联网和电信服务业、软件服务业、金融服务业、体育娱乐和消费服务业等领域的企业。迪士尼和美国 NBA 的商业模式，是最典型，也是最经典的业务树模式。苹果、Google、亚马逊等公司的经营模式中都有业务树模式的成分。

下面用迪士尼公司的商业模式案例对业务树模式做一个直观的说明和呈现：

迪士尼公司由华特·迪士尼与罗伊·迪士尼兄弟俩创办于1923年，动画电影是这个商业帝国立足起步的根基。从1928年5月，迪士尼经典动画“米老鼠系列”第一集《疯狂的飞机》的上映，到后来迪士尼公司的诸多经典动画，尽管题材各异、风格迥然，但都没有离开“快乐”这一原则。生产快乐，提供快乐，是迪士尼创立至今不变的理念，也是此后产业链延伸所遵循的一条宗旨。

1930年，一个名叫乔治·博格费尔特的纽约商人为了给自己孩子圣诞礼物，向迪士尼购买了米奇和米妮形象在玩具、书籍和服装上的使用权，据说当时费用仅为300美元。接着，华特·迪士尼授权纽约的拜博兰出版公司出版发行米奇的出版物。自此，迪士尼开启了拓展产业链的第一步。1955年，洛杉矶迪士尼乐园的开幕，标志着迪士尼形成了“电影—电视电台—衍生产品—迪士尼乐园”的完整产业链。

立足于完整的产业链，迪士尼以“娱乐循环”的概念，构建出一套独有的盈利模式——“轮次收入模式”，也称作“利润乘数模式”。在这一模式运转之下，迪士尼以动画为源头产品，将影视娱乐、主题公园、消费产品等不同产业环节演变成一条环环相扣的财富生产链。

第一轮，迪士尼不断推出制作精美的动画大片及其他类型的电影，每一部影片都进行大力宣传，通过电影放映获取丰厚的票房收入。紧接着，通过公映电影的拷贝销售和录像带发行，迪士尼又赚进第二轮利润。每上映一部电影，迪士尼都会在主题乐园中增加新的电影角色，吸引游客前来，使其乐于为这种大银幕与现实世界完美结合的奇妙感受付钞票，这是迪士尼的第三轮财富。最后，迪士尼通过特许授权产品，又赢得第四轮财富。

迪士尼授权运营的七大类消费品，都坚守一个重要准则，那就是与源头起点的影视作品在天然属性上能有紧密的关联性，保证影视角色形象能顺利地渗透进这些品类之中。这无疑是迪士尼的产业链延伸能成功的先决条件。

迪士尼从不把它创作出的动画形象看成一次性消费品，而是当成一个可长久消费的金矿去深度挖掘。迪士尼对衍生消费品有着系统的规划性与前瞻性，在设计电影故事之时，就已经开始规划相应的衍生品了。迪士尼的内部有一种被称作GongShow的内部活动，每周一次。所有的员工都会聚集到会议室，每个人都要提供建议，范围和部门不限。美人鱼可以放到哪里去？可以做成毛绒玩具、可以开发出一种饮料、可以做成……很多独一无二的创意都在这样的七嘴八舌中诞生。接下来，有人去和玩具商谈合作，有人去和饮料厂谈，有人去和服装厂谈……

目前迪士尼全球有3000多家授权商，销售超过10万种与迪士尼卡通形象有关的产品，在中国内地也已拥有了100多家授权经营商。品牌授权已成为迪士尼利润的重要来源。

当然，现在特许授权商再要获得迪士尼的品牌授权，不像当年以300美元就能解决的。中国企业要成为迪士尼的品牌授权商，一般需要缴纳200万~500万美元的授权金，除此之外，迪士尼还能从销售收入中进行提成。授权合同一般是一年或者三年，到期之后，如果续约需要再谈判，则重新缴纳授权金。此时的授权金通常会有上浮。

迪士尼对授权商有着严格的筛选标准，至少要同时满足两个条件：其一，在制造、经销或零售方面至少拥有5年经验；其二，在相关专业产品方面具有5年或以上行业经验。授权商与迪士尼的合作，从授权产品开发到储备再到销售，要经历一个漫长的过程。迪士尼对产品生产的审批程序非常严格，每年会对授权商的工厂进行1次到2次验证，此外，还要了解企业销售平台和渠道，如果达不到要求也会被取消资格，因此很多企业往往在合作初期就已经放弃。严格的标准，保证着迪士尼的授权产品的质量，巩固着迪士尼的品牌形象。

在授权商的管理上，迪士尼形成了一个分类型、分产品、分品牌的立体授权架构。在中国，针对不同类型的合作者，迪士尼发放三种授权牌照，一种是纯代工生产牌照；一种是批发商牌照，批发商从代工厂拿货；还有一种是零售渠道牌照。

在产品品类上，授权商按照自己所处的制造业行业也申请不同的授权，如玩具制造商申请玩具类授权，水杯制造商申请水杯类授权。

今天的迪士尼公司形成了五大事业部，这五大事业部实质上也对应着不同的产业链环节。

迪士尼影视娱乐是迪士尼产业链的动力核心，包括迪士尼电影集团、迪士尼家庭娱乐公司、迪士尼音乐集团和迪士尼戏剧制作集团。它不仅是迪士尼自产影视娱乐产品的内容平台，在电影、音乐制作发行等整个流程都有着强大的整合力量，其他公司的作品也会被迪士尼影视娱乐运作成功。

迪士尼媒体网络则是迪士尼影视娱乐的推广渠道，包括迪士尼国际电视集团、迪士尼-ABC国际电视集团、“迪士尼在线”广播以及ESPN迪士尼互动媒体集团。迪士尼涉足电视的起因是想借用电视等媒体推销迪士尼影片和迪士尼乐园，不过在长期的发展之后，电视台、电台本身的效益开始凸显，目前迪士尼媒体网络已经成为迪士尼巨大的收入来源之一。

迪士尼主题乐园度假区与迪士尼消费品处于整条产业链的下游方向。迪士尼在全球拥有 6 个度假区、11 个主题乐园，还有两艘巨型邮轮——迪士尼海上巡航线，还有 ESPNZone 主题餐馆、NHL 冰球队——“巨鸭队”。作为全球最大的品牌消费品授权商，迪士尼在全球授权推出包括服装、家居装饰、玩具、食品、文具、出版、电子产品 7 大类消费品。

迪士尼互动媒体则是迪士尼进入互联网的主要力量。成立这一事业部，迪士尼一方面是试图增加新的营销渠道，另一方面是要把迪士尼影视娱乐的内容延伸到互联网上，打造网络社区、网络游戏，希望以此形成推动下游产业链环节发展的新力量。（案例资料来自互联网，经作者收集和整理）

全要素和全功能业务化

如果不能业务化，它的存在便没有意义。企业系统中的任何主体和要素都应是为客户、市场、竞争、产生价值而存在的。对企业而言，业务才是目的，市场才是检验标准。作为企业构成的价值要素和功能单元天然的就应该直接服务于这个目的，符合这个标准，否则，它就是冗余，就是消耗，就是企业系统中的BUG和淤泥。

全要素和全功能业务化是对该理念的践行模式，并将成为新商业时代企业的一个基本特征和经营范式：将所有的价值要素和功能都直接向客户开放，并以市场检验的方式对各要素、主体、功能的有效性、效率、竞争力及其价值进行评判与审计；避免无效、低效、冗余的存在和创新发展的停滞；挖掘一切业务潜力，实现企业价值和功能的充分商业化，实现“需求—创新”的不间断对接、生发与循环。

全要素和全功能业务化是一种“管理升维”，即将要素价值和功能体升维为一级经营主体进行管理，也可理解为从单维世界的经营走向多维世界的经营。这使企业资源和能力（包括整合社会资源的能力）与客户需求充分互动，驱动技术、产品和服务的创新、再创新，衍生、再衍生，迭代、再迭代，对业务体系进行重构、再重构，把企业从一个价值过程变成一个价值系统，进而成为价值生态，并不断扩大、丰富、升级和优化。升维，是获得更大空间和规模的路径之一。全要素和全功能业务化，也是企业系统的自生态化。

面对商业世界的竞争加剧和生态化，企业需要（也可以）从整体经营层次升维到要素经营和功能经营层次，这是沿着趋近商业与企业本质方向的进化和回归。可升维到要素与一级功能层次，也可升维到要素与二级功能层次等。全要素和全功能业务化，尤其适用于有创新能力的企业，以及有庞大客户资源和业务基础的企业；并可再反过来，驱动自身发展成为更具创新能力的企业，以及更具庞大客户资源和业务基础的企业。每一种业态都不是由单一要素和功能构成的，都可以升维到要素和功能层次，图 17 是以流通业为例，对业态的一种解构。

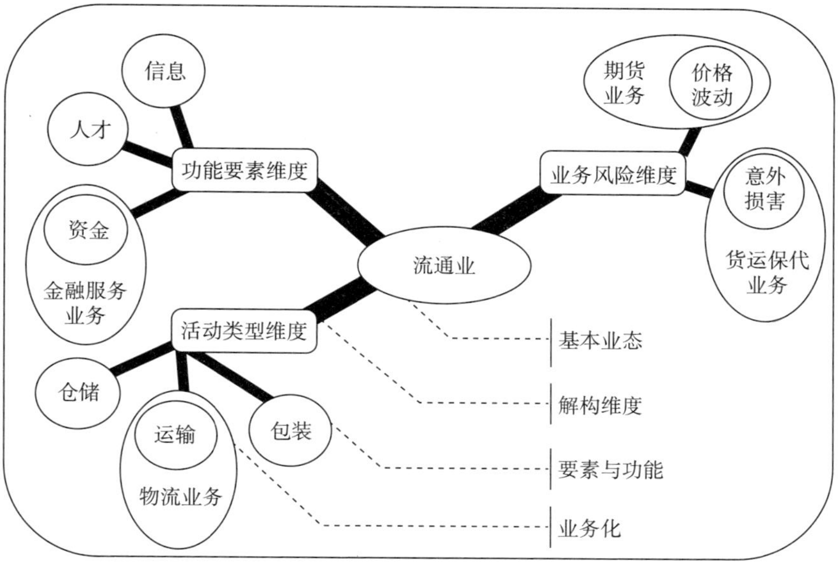

图 17　流通业业态的一种解构

当企业系统进化为企业生态，便不能再仅仅将企业作为一个单体进行组织和管理。走向全要素和全功能业务化，需要对企业系统进行重新架构，“平台 +”模式是系统组织的最佳模式选择。企业既作为整体而存在，也作为要素和功能经营体的集合而存在，还作为价值生态和社会资源的集成而存在。其中，冗余、短板和丧失竞争力的部分被即时、自动排泄出企业系统，企业必需的但不具竞争力的要素和功能则外购或外包。“平台 +”模式可实现价值创造、价值评价和价值实现的统一，而且，价值评价是真正的市场评价；同时，管理能力最高、管理成本最低、激励和约束也最强和最为有效。

唯有管理升维，才能打造真正精益而且充满活力的生态型企业、创新型企业，以及有自然进化能力的企业和有战略发展可能的企业。全要素和全功能业务化抬高了企业标准（包括价值标准与效率标准）和竞争门槛，也最大程度地打开了企业发展空间。这类企业极具生长、渗透和蚕食能力，有对传统企业进行“降维”打击的能力。高通公司的技术授权和迪士尼公司的品牌许可，是全要素业务化的典型。受益于这种经营和管理思维的企业还有很多，包括堪称经典的3M公司，中国的阿里巴巴集团和腾讯公司。下面引用一篇介绍亚马逊的文章对全功能业务化做进一步的案例说明，文章标题是“亚马逊为什么能吞噬世界”[①]。

贝佐斯的真正大杀器是，他将亚马逊的功能性活动都转化成了对外服务、盈利的业务。亚马逊业务的每个环节都因为其“服务客户”的导向而存在。

一个例子就是亚马逊的网络服务产品AWS。亚马逊将公司的一部分技能扩展成平台，以此对抗公司内部日渐低效和技术发展停滞的问题。2016年，AWS业务全年营收122亿美元，运营利润31亿美元。AWS落地10多年后，亚马逊逐步将公司每个内部使用的工具和应用都重新架构，变成了可出售的外部服务。

此外，最近AWS推出了亚马逊云端客服的新服务产品Amazon Connect。这是一个自助式的、基于云端的客服中心平台，它的基础是亚马逊自己的呼叫中心。它真正价值其实在于打磨、完善亚马逊自己的客服中心。所以就算Amazon Connect商业化失败了，亚马逊也能通过它的失败验证一些重要的问题，比如量化指标和数据的沉淀。用这样的办法一判断，亚马逊就能迅速发现自己开发、使用的工具是不是已经显著地落后于竞争对手了。

亚马逊用这种内部工具商业化、外部化的方式，来替代内部调研、审计这些浪费时间又官僚主义的办法，于是，亚马逊形成了一个能够产生现金流的反馈闭环模式，这样的方式，让它能够迅速发现内部的各种问题。亚马逊在十几个领域里量化出了自己的价值。

现在，围绕着自己的整个生态系统，亚马逊向各个领域伸出了自己的触角。我认为，这些由企业内部长尾功能延伸出的外部服务，才是亚马逊真正难以被复制的部分。

另一个例子是亚马逊的仓储服务（FBA）业务。通过FBA产品，亚马逊允许第三方卖家将货物放入亚马逊的仓储中心，客户一旦下单，亚马逊负责将货物运送，甚至还提供退货及其他服务，价格很有竞争力。亚马逊通过将内部功能性活动开放给外部用户，不断地提升自己的战斗力。

同时，FBA服务很难出现其他替代者，即便是沃尔玛也做不到。亚马逊能将成百上千卖家的货物混合摆放在一起，又能精准高效地找出用户下单的货品，这一套方法背后的技术和组织复杂性简直逆天。这套系统能够将货物自动拆分、分

---

① Zack Kantar，Techcrunch，2017年6月，有删减。

配到最佳仓储中心，并规划出最优入库路线——分配原则基于仓储容量、客户地域分布的历史数据等，这可是个相当浩大的工程。

在我看来，不出5年，亚马逊就会开始做小包配送业务，这就是要跟UPS、联邦快递、美国邮政正面PK了。亚马逊已经开始运营旗下40架货机、数千货车所组成的战队，他们还建立了几十个分拣中心，以此降低对现有小配送站的依赖。而那些享受过他们既有服务的客户，很容易就能转化为他们新产品的用户。

在此，亚马逊作为一个企业服务提供商，其超越其他竞争对手的一个关键优势是，他们不得不使用自己的产品。这一点是UPS、联邦快递、Rackspace（世界前三云计算中心之一）都无法与之相比。当亚马逊成为了快递服务提供者，他们就会生出一种对订单的饥饿感，这让他们必须提升自己的服务水平。

从诞生时起，这些功能性活动就不是仅为了给亚马逊内部使用，所以才能发展起来。亚马逊内部有一个巨大的共识——即便某些业务或功能是无法被商业化的，亚马逊都会想办法让它为自己的外部客户创造更大的价值。

要知道，贝佐斯把亚马逊定位为“地球上最以客户为中心的公司”，将“客户崇拜”意识贯彻得彻底，而亚马逊有三类客户上帝，分别是：亚马逊电商用户、AWS上的开发者用户和第三方平台卖家。

例如关于亚马逊的第三方网络服务开放接口（MWS API）。通过这项服务，亚马逊的第三方卖家能够系统性地与亚马逊交换数据。亚马逊为卖家提供一项叫作“订阅API”（Subscriptions API）的服务，通过它，一旦有竞争对手调价，卖家会第一时间收到价格变动通知，就连亚马逊自营价格变动，也会被推送。

亚马逊将这个本来帮助自己定价的工具外部化，为的就是让买家用户拿到尽可能低的价格。这催生出一个席卷整个第三方价格优化工具生态系统的新玩意，叫作“再定价”（Repricers），这个工具利用MWS开放接口自动反馈价格变动，以帮助第三方卖家最大化自己的销售（华尔街日报集团2017年3月也推出了类似逻辑的产品，用来辅助高频交易）。

奇妙的是，亚马逊根本不在乎是否卖家截胡了自己的价格——毕竟，亚马逊能从卖家的成交中拿到12%～15%的抽成，还能挣到卖家进驻FBA的仓储费。亚马逊真的正在系统性地把整个公司产品化，打磨那些被证明可行的业务，修补那些高潜力业务，再砍掉其他没什么意义的一切。

品类丰富、低价、快捷配送正是亚马逊赢得零售战争的核心利器。通过亚马逊的第三方平台，卖家能以非常快的速度挂出数百万的热门商品，而亚马逊供应商团队发掘出新产品的速度却远远不及。亚马逊建起了一个高频交易平台，能够保证其价格的竞争力，而亚马逊能从中获得至少 12% 的利润。快速配送背后则是高效运营和配送成本极低，这两点的达成正是因为亚马逊开放其 FBA 给外部客户。

而且，我都没有展开讲那些亚马逊更不为人所知的项目，那些简直是对整个行业摧枯拉朽的项目。比如卖家仓储会员服务（Seller Fulfilled Prime），该项目能够让非 FBA 卖家加入 Prime 服务，对 Prime 买家提供产品服务；直派送（Direct Fulfillment）则允许卖家将产品从仓库直接派送给顾客，而不经过亚马逊配送中心。

商业模式，打造独特的整体性

商业模式可以有千万种。商业世界的进化和复杂化，更是打开了商业模式创新的空间。更多的新商业模式，正在形成的路上。用不同维度，可以对商业模式做不同分类，比如：价值型 & 效率型；平台型 & 机会型；传统型 & 生态型；要素型 & 产品型 & 功能型。当然，实践中，更多的是各种混合型、复合型。

商业模式的评价标准是有效性和效率；商业模式设计的目的是提高企业经营的有效性和效率。商业模式的构成要素很多：认知与洞见、商业逻辑、定位、策略、业务模式、盈利模式、个性价值管理、核心资产、竞争壁垒、生态圈设与整合、特殊问题解决方案、业务体系、信息系统、关键流程和组织管理模式等。其中，洞见、定位等往往还与企业家的个人因素有关。

在有效的商业逻辑下，一种或几种独特的要素，都可能造就一个成功的商业模式案例，换句话说，不同企业成功的因素可能各不相同。但是，无论是靠单要素成功还是靠多要素成功，商业模式实践的最高境界，无疑是打造“独特的整体性”，而不是“更好的同一性”；同时，将整个系统推进到效率的极致（因此，往往伴随着对信息技术和互联网的应用），并走向完美形态。以下引用 Zara 的案例对此加以诠释。

Zara 这个品牌是 Ortega 于 1975 年注册的，是西班牙 Inditex 集团旗下的一个子公司和专营 Zara 品牌服装的连锁零售品牌。在 Zara 创始之时，富人和普通人的穿着区别非常明显。而 Ortega 则大胆地将一线品牌的时尚设计，以快速和低廉的价格提供给一般消费者，让普通人也穿得起时髦的时装。Ortega 在五年内让 Zara 遍布西班牙，随后更逐渐扩散至世界各地。Inditex 最新财报显示，该集团 2017 财年的前九个月净盈利 23 亿欧元，销售额则达到 179.6 亿欧元。

Zara 的经营之道可以说是一个另类，在传统的顶级服饰品牌和大众服饰中间独辟蹊径开创了快速时尚（Fast Fashion）模式。快时尚服饰以“快、狠、准”为主要特征，始终追随当季潮流，新品到店的速度奇快，橱窗陈列的变换频率是一周两次，与速食年代“求速”的特点如出一辙。随着快速时尚成为时尚服饰行业的一大主流业态，Zara 品牌也备受推崇。

Inditex 集团 CEO Pablo Isla 曾说过：Zara 的核心优势在于商业模式的全球化运营、供应链反应能力、不断推陈出新的设计能力以及其他战略举措。Zara 是全球唯一一家能够在 15 天内将生产好的服装配送到全球几千家店面的时装公司。Zara 的操作模式是，根据潮流快速设计新款、近乎疯狂的生产周期和上新速度、“多品种小批量”进行快速市场测试，以及根据市场反馈迅速调整生产及配货等，Zara 曾有平均每天出新 120 款的记录。

Zara 能够通过各种媒介渠道，获取国际最新服装款式的信息，并通过自身的再设计推出新产品，再以最快的速度推向市场。Inditex 集团的各连锁品牌的创作团队每季都各自推出新的款式。如 2016 年，集团就一共推出了 3 万多个款式。仅 Zara 就有 200 名设计师从时装市场上的流行趋势以及通过店铺搜集的来源于客户需求的信息，获取设计灵感。

Zara 的设计总部是整个品牌的核心，由 350 名设计师组成，与其竞争对手 Gap、H&M 和 Primark 不同，Zara 没有首席设计师，每位设计师都有自主权，产品样式最终会结合各地区最新销售数据来决定。设计部门拥有无与伦比的独立性，平均每周两次依据潮流走势灵活地向门店提供新品。设计师们会根据每日反馈的销售数据分析畅销与滞销的产品，结果会直接影响未来几周的产品风格走向。

Zara 有超过 50% 的商品是元素重新混合和再设计，这样产品就能跟上消费者快速变换的口味。在这一点上，“快速反应”模式展现了其优点，即能对消费者不断变换的口味做出实时反应，而很多其他消费品公司永远无法做到这一点。这种独特的运营模式还使他们可以在几周内将巴黎、米兰等的最新设计的低阶版本推向全球市场。产品的更新速度快，以不断涌现出的新产品来吸引顾客，这成为 Zara 这种快时尚品牌最为成功的地方。

公司还有着超强的物流配送体系，发货速度极快。每周发货两次，每次都有新款式。据称在欧洲的店铺，从配送中心收到订单到商品运送到店铺的时间平均是 24 小时，而对于美洲和亚洲的店铺则最多不超过 48 小时。

高度垂直整合的商业模式一直为 Inditex 集团所津津乐道。这种模式具有灵活性的结构，并且在各个环节都体现出对顾客的极大关注，其关键是在尽可能短的时间内，对产品进行改良，以满足客户的需求。具体来说，这种模式将设计、生产、物流，直到配送至自营店铺中的各个环节融为一个高效的整体。

Zara 有大象般的公司规模和老鼠般敏锐的市场反应速度。作为在全球坐拥 5000 多家门店的世界时装零售巨头，Inditex 集团非常注重时间问题，而它的垂直整合模式恰好可以有效缩短周期，实现更大的灵活性。

店面都是直营的。Inditex 集团在全球的加盟店面数量也是非常之少的。截至 2011 年末，在集团所属 5527 家店铺中仅有 673 家为加盟店。集团对加盟店面的定义为：在规模较小或文化差异较大的市场，集团通过与首屈一指的当地零售企业的合作加盟来建立店铺网络。

而且，这种加盟不仅要确保 Inditex 集团的整体管理，还要保证其形象在世界各地顾客眼中的一致性，即加盟店与 Inditex 集团下属企业管理的店铺要在橱窗布置、产品、人力资源、培训、室内设计、物流优化等方面保持整体统一。

在保证速度上，直营店有着不可比拟的优势。对于 Zara 追求“快”而言，直营店在信息、物流方面自然而然有先天优势。事实上，在投资方面，集团对于直营店的投入也都非常大。

在 Inditex 集团的定义中，也恰恰体现了其对于店面的重视。店铺的销售并不是业务流程的终点，而是一个新起点。具体来讲就是店铺作为搜集市场信息的终端，需要为设计团队反馈信息，并报告顾客的时尚需求。

Zara 火爆之后，无数服装品牌都想模仿它的模式，但鲜有成功，无论是美特斯·邦威还是 Esprit，最终都没能复刻 Zara 的成功。原因是他们在设计师数量、能力、供应链体系、管理水平等方面不及 Zara 的规模的情况下就直接套用 Zara 的模式。

Zara 已经成为一个独特的整体并构建起竞争壁垒，像直营店面就是一个很好的证明，大集团具有雄厚的资金实力，可以一下子开设很多直营店面。而一些服装企业的资金储备甚至都很难做起一两个如此高端的直营店面，想要与之竞争自然没有底气。很多服装企业都有想过要尝试 Zara 这类快时尚模式，但又都无功而返。

Zara 拥有自己的工厂，超过 50% 的产品都是自己制造或者让周边的代工厂制造，只有极少数的产品由亚洲的生产商代工。这种生产模式让 Zara 可以根据市场的销售情况，更快速地通过自己的工厂做出反应，修改制造计划，实现更有效的管控。

有人总结 Zara 为“一流的形象、二流的质量、三流的价格”。形象好，给人感觉特别“大牌”，看上去很贵，不过实际上却比较便宜，性价比一下子就体现出来了。Zara 的倍率，即成本加在价格上的利润是非常高的，看着便宜还能赚钱，这也是它非常成功的因素之一。“时尚设计紧跟潮流，国际品牌平民价位”，让 Zara 品牌一时间赚足了人气。在 Zara 销售店内一次就买下十几件衣服的消费者不在少数。

在复杂的市场环境中，Zara 仍然稳居首位，部分原因是人们所熟知的“Zara 模式”，即快速高效的物流、频繁的上新与补货；还有就是 Zara 非常注重时尚度。

在众多快时尚品牌中，Zara 仍然是时尚度最高的品牌之一。尽管有关 Zara 复制奢侈品牌 T 台趋势，以及抄袭小众艺术家创意的指控至今还未停止，但是 Zara 的潮流趋势数据库已经变得越来越强大，精准迎合着那些对时尚度和价格均敏感的消费群体，而这部分消费群体正在快速扩大。

随着社交媒体的兴起，穿搭分享变得越来越普遍，产品是否足够时尚或者说产品“好不好看”，甚至超越了产品的其他因素。这也就解释了为什么那么多消费者抱怨 Zara 产品质量不行，但仍然热衷于在 Zara 购买大量衣服的现象。

Inditex 集团目前继续在全球快速扩张。为提高自身在时尚电商中的市场份额，Inditex 集团在过去的一年中共推出或扩大 20 个市场的在线平台，其中 12 个是新的，集团目前在 43 个国家提供电商业务。继 Zara 在泰国、越南、新加坡和马来西亚推出电商之后，品牌官网将继续准备登陆印度市场。（案例资料来自互联网，经作者收集和整理）

也谈跨界与整合

跨界与整合正在成为企业价值快速提升的现实途径，正在成为企业转型发展的一类方向，正在成为企业经营的常规模式和常规战略，而不再只是例外。这里的整合，特指对外部市场主体的整合，或者说企业间的整合。接下来谈谈我对这两个问题的一家之言，先谈整合，再谈跨界。

1. 整合是对结构性价值的实现

企业间的整合可分为两种基本类型：平台经营型整合和产品经营型整合。

（1）平台经营型整合。即通过市场手段将自身打造成多主体共用的产品价值要素或业务功能模块，使自己成为其他诸多市场主体的产品经营体系的构成部分，并与之形成特定的关系模式。整合的结果是形成一个商业生态系统，平台是整个系统中的组织者和“使能”者或说“赋能”者。整合力来自于要素或功能优势。这种优势在有专业壁垒的技术，以及具有明显规模经济的生产、数字和互联网等领域更容易产生。整合者首先需要投资于这类优势的开发与竞争，并主要通过开放战略、系统圈设与生态培育，以及系统结构与关系规则的设计等实现对参与主体的整合和商业生态系统的构建。

（2）产品经营型整合。即主要通过市场手段将其他企业的技术、品牌、零部件（产品）、服务和功能等要素有效集成到自己的产品经营体系中，使之成为体系中可控的模块化构成和成分。产品型整合者是针对特定需求或细分市场的产品开发者、经营者和组织者，面向最终用户，也是被整合者价值实现的机会创造者和通道。整合力来自于其在特定市场的“产品力”和“市场力”，其中，市场力包括市场规模及其市场竞争力。所谓的打造供应链、合格供应商管理、渠道商发展等都属于产品型整合活动，供应商、分包商、渠道合作伙伴等都属于被整合者。

两种类型的整合者总是相伴相生、相辅相成。总体而言，在实践中，如高通公司和阿里巴巴集团是平台经营型整合者；小米、戴尔、华为、联想和中国中车公司等属于产品经营型整合者；苹果公司则是平台经营与产品经营的“双料”整合者。

整合是对产业蕴含的结构性价值的实现，即通过重构与商业生态链上其他主体之间的边界和关系模式，形成新的、更具价值和优势的系统结构，包括更具协同性；反之，在没有足够的结构性价值空间的领域，不应该强推整合，那样只会招致失败。每一种系统结构都是与特定的信息等技术条件相对应的，技术条件等的改变，将产生新的结构性价值和整合的推动力。因此，整合永远“在路上”、没有终点，再组织、再整合总是被需要并时有发生。信息技术革命极大地推动了价值过程向价值网络发展，市场主体之间的连接更具效率，结构性价值被极大地释放和创造出来，在商业世界，各个维度和层次的产业性整合将会总是比之前更广泛、更丰富、更深入。

对整合者而言，整合是为了把自身的实体性活动链条做短，而不是做长，也是为了超越自身的边界和有限性。整合即是做经营“杠杆”，整合者和被整合者都具“杠杆”效应。当然，整合者和被整合者之间的边界是模糊的、变动的，实际边界的位置受诸多因素的影响，如产业发展状况、企业战略和整合力等，甚至包括政治和国家关系等因素。整合本身其实不包含功利意义上的主次，整合者和被整合者都是商业生态系统中的不同角色，它们之间关系的本质是相互成就，所以，把“整合”说成“生态型合作”可能更为准确。

2. 跨界是人为行业划分导致的一个误解

合理的跨界（区别于转行），其实是对企业个性价值的充分商业化经营。当一家企业的技术、产品和服务等个性价值在其他行业同样被需要并具有竞争力的时候，进入新经营领域就有了合理性，“跨界”经营就可能出现，表现为企业经营向其他行业领域渗透或延伸。企业拥有的个性价值越具共性和优势，跨界越容易发生，也越应该发生。因此，所谓的跨界，不过是企业个性价值充分商业化的实践呈现而已。这里借用雅马哈公司的一段发展史作为案例，更直观地诠释一下什么是真正的跨界。

雅马哈刚开始只是一家主营钢琴修理的公司。由于技术过硬，公司发现做乐器也不是很难，而且更重要的是做乐器比修乐器赚钱，于是决定自己造钢琴。这就有了后来家喻户晓的雅马哈钢琴。

老板思考着钢琴都做了吉他也顺便做了吧。于是有了雅马哈吉他。然后一发不可收拾地，诸如小号、架子鼓、专业耳机全都有了。在做乐器过程中电子乐突然火了，公司技术这么硬那就顺道一起做了，所以雅马哈的电子乐器包括了电钢琴、电吉他、电小提琴等。

过程中，由于元件太贵，为了想多省点钱他们开始自制数字信号处理器，然后就掌握了数字信号处理技术，于是通过做电子乐器的经验学会了做路由器。

有一天老板在会上说："我们做成集合乐器、电子设备、网络设备的综合厂商就差不多了！"谁知道员工创造力太强，修钢琴过程中还一不小心掌握了木工技术，他们就尝试着做了家具，又学会了盖房子。

在一次政府订购木质螺旋桨的项目中，为了试验螺旋桨借来飞机发动机，但发动机总坏，他们就边造螺旋桨，边修发动机，不知不觉间掌握了发动机技术，于是生产出了发动机。都有了发动机了不就可以做车子了吗？没过多久便造出了一台摩托车。出名之后，收到丰田的汽车发动机订单一不小心做出了 AE86 发动机。

都有了发动机了干吗不做船接着生产船舶？过程中掌握了玻璃钢工艺，掌握玻璃钢工艺做个结实轻便的水滑梯，又学着造游泳池，于是开始生产浴缸，这可是带音响的浴缸哦！

现在雅马哈公司成为乐器、电子设备、网络设备、家具、住宅建设、发动机、摩托车、高尔夫球配件、造船、泳池、家用浴缸的综合厂商……不知道未来还会"get"什么新技能……

实践应该是按实践逻辑走。从实践的视角看，区分跨界与否显然是多此一举、无甚意义。正如雅马哈公司那样，有什么能力就去发展什么业务，自然而然、水到渠成，显然没必要在行动之前太多地考虑自己是否"跨界"了。被人们赋予特定含义的"跨界"，其实是人为行业划分导致的一个误解，正如所谓的学科交叉是人为的学科划分导致的误解一样，是人为对事物整体性的割裂①的结

① 其他的如关于基础研究、应用基础研究和工程化研究的划分，也是这种情况，也有这种问题。

果。如果从实践的角度看，这些行业界限其实都并不存在，都是价值应用方向而已。

随着更多的企业从产品经营走向全要素和全功能经营，商业世界的生态化发展，互联网带来的“连接”革命，所谓“跨界”愈加地成为常态，那些拥有可共用价值、资源、基础设施，以及能力发展迅速的公司正在将其经营触角伸向经济系统的各个领域。企业更多的是从能力和价值生态的维度，而不再是从所谓的行业的维度去思考自身的战略问题。

在“跨界”之初，企业既有资源、能力，尤其是行业知识相对于新业务经营而言一般是不够的，对外部主体的整合就成了一种快速而有效的进入方式，即借助社会关联资源的协同能力，从而激活克莱·舍基所谓的“无组织的组织力量”。“跨界”往往会与整合并发，使不同行业的企业相互“融合”。

有必要消除对跨界的人为误解，因为误解可能产生误导，包括对跨界经营的过度谨慎和方式选择错误。另外，实践中经常发生的业务延申和衍生，可以理解为是一种纵向跨界。

3. 个性价值是前提

整合，是对集成价值的开发；跨界，是对新价值域的价值的开发。跨界和整合都是企业的战略性和经营性举措。但整合也罢、跨界也好，都必须建立在企业个性价值的基础上，万变不离其宗。跨界绝不意味着跨越自己的能力边界。能力获取是关键，没有个性价值的企业根本就没有产业整合的资格，也没有所谓的“跨界”的机会，甚至没有被整合的机会。没有能力发展为基础的跨界其实是转行，失败几乎是注定的。企业需要从传统的产业型思维，转向能力思维和生态型思维，找到自己的价值应用圈和有效的价值应用半径，以及努力取得最佳经营效果，走到企业经营的有效性和效率的极限与边界。

真正的突破，是对前提和框架的突破，有时，这也是解决问题的唯一正确的方法，因为，有许多问题的产生都是与前提和框架的人为设定有关。思考问题时自带前提，是很多人的习惯，也是最大的认知上的盲区，显而易见却又至死不能突破。企业需要不断摆脱这种自设的束缚，走向经营的自由态和自然态。

从效率到生态：企业转型升级的一般路径

竞争总是有的，有效的企业经营，必须建立在某种价值基础和竞争优势之上。效率和产品，是企业的本质；技术和生态，是从这两类基础价值中派生和演化出的价值类型与竞争优势。在商业世界里，企业竞争可以分为四种基本类型（即四个层次）——效率竞争、产品竞争、技术竞争和生态竞争；相应地，将企业经营也区分为四种基本类型及四个层次——效率基础型、产品基础型、技术基础型和生态经营型（见图 18）。

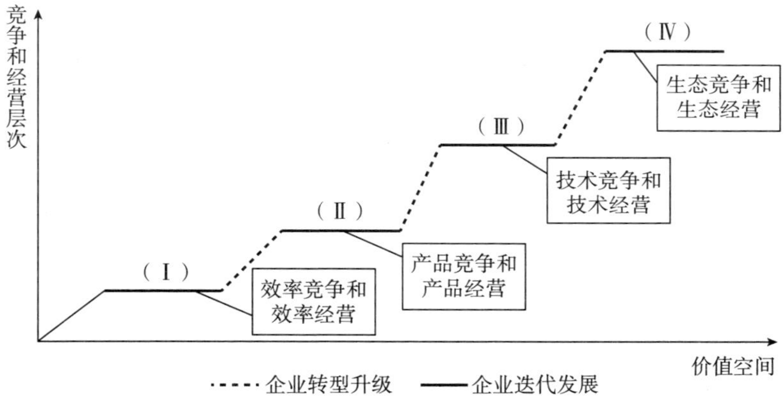

图 18　从效率经营到生态经营

（1）效率基础型。即以效率优势为基础的企业经营模式，包括：生产效率，如富士康等 OEM 商；过程效率，如 Zara 将新品从设计到上市的时间大大缩短；质量效率，如 GE 公司通过六西格玛管理将产品质量合格率提高到前所未有的水平等。20 世纪六七十年代的日本企业，靠可实现的价廉物美以及产品的经济性和精益性，参与全球市场竞争，是更早期的效率基础型经营与竞争模式。效率，主要来自于组织管理和对效率型技术（如信息技术）的有效利用。

（2）产品基础型。即以产品竞争力为基础和以产品经营为主的企业经营模式。产品，指针对特定需求和市场的产品。产品竞争力包括产品性能和体验的竞争力。产品竞争力主要来自于需求洞见和对产品的设计。产品基础型的企业经营，可能是使用自己的技术，也可能是集成使用其他企业的技术。

（3）技术基础型。即以技术竞争力为基础和以技术经营为主的企业经营模式。技术，包括技术载体，如芯片。以专利许可和授权为生的企业，是典型的技术基础型的企业经营模式。技术基础型模式是一种依附性模式，但随着商业世界的生态化发展和产品技术含量的提高，技术基础型企业会越来越多、越来越具主导性。

（4）生态经营型。即以商业生态为内容的企业竞争和企业经营模式。生态经营者，指一个商业生态系统中的核心企业和组织者，苹果、高通、阿里巴巴集团等都是生态经营型企业。生态，是一个高维价值领域。生态经营，是一种更高层次的经营，也是目前为止最具价值内涵的经营形态，是对传统经营范式和企业边界的超越；当然，对企业价值基础和管理能力（以整个生态为管理对象而不仅仅是企业自身，管理边界大于企业边界）的要求也远高于一般水平——唯有卓越才能驱动和驾驭生态。

四种类型的竞争和经营模式都是有效的，并分别与不同的商业情境相适配，如从价值的生命周期上看：创新阶段，产品基础型模式和技术基础型模式是有效的；成熟阶段，则需转向效率基础型模式——也因此，创新经营型企业，需要适时地将其处于成熟阶段的业务淘汰或代谢出去（如出售）。

要么是效率制胜，要么是产品制胜、技术制胜或者生态制胜，企业经营和竞争总是要有所凭借（什么凭借都没有的企业是很难在市场上生存的）。当然，实践中的情形、逻辑和类型要丰富得多。除四种基本类型（或说“范式”）外，还有无限多种复合类型。如 Google、微软、3M、诺基亚、波音、空客、思科、博世、星巴克、家乐福、ABB、腾讯、惠普、拜尔、丰田、松下、迪士尼、阿尔斯通、雀巢、罗氏、杜邦、巴斯夫、洛克希德马丁、亚马逊、Facebook、奔驰、德国大众、西门子、英特尔和桥水，当年的福特、GE、索尼和 IBM，曾经的黑莓、柯达和摩托罗拉，以及差不多所有我们能想到的全球知名企业，都是复合型经营模式。其中，生态经营型模式，必定是复合型模式。纯粹的生态经营型企业是不存在的，也不可能存在。生态经营，必须以巨大的效率、产品或技术优势为基础，正如太阳系是以太阳的巨大质量和引力的存在为前提一样。生态，是按价值原则形成的，不是跑马圈地的结果。生态不能，也不可能超出平台的价值引力的范围；没有强大的价值引擎的生态是“伪生态”，如乐视公司创始人贾跃亭曾经给人们描绘的所谓“乐视生态”。

在同一种经营模式下的量能扩大和领域拓展，是企业的迭代发展与横向发展——每一个经营层次上都有它的平行发展和价值增长的空间；而从效率经营到产品经营、从技术经营到生态经营，是企业的转型升级与纵向发展（见图 18），也是能量态的跃迁和企业经营层次的升级。其中，向生态型经营模式转型，是一次跳跃，需要有巨大的新能量输入。从效率经营到生态经营，是商业世界演进和迭代发展的基本规律，是企业转型升级的一般路径。不过，需要补充说明的是，由于复合型模式的无限多样性，企业转型升级的实践路径自然也是丰富的和多样的，有许多种选择和过程模式。

效率、产品、技术与生态经营，都是对某种价值的创造和实现，都属价值经营，背后是知识，包括管理知识、科学技术和商业知识。企业是一个价值系统，也是一个知识系统和知识进化系统，是一个知识容器。专有知识，是企业软资产和软实力的核心构成与主体部分。因此，企业转型升级的内涵是知识体系和知识结构的转型升级，是知识创造能力的转型升级，前提是人才结构和人力资源管理模式的转型升级。而对于那些没有任何竞争优势的企业而言，转型升级的含义则是，要首先形成或获得（包括收购）至少一项竞争优势；同时，消解现有的经营体系，最大限度地去除没有意义的消耗和拖累——让旧世界坍塌，新世界才可能生长——让该去除的去除，该结束的结束，不在无意义的事情上投入与消耗，也是一种正确。

商业世界的进化是有方向的，正如生物世界的进化是有方向的一样。商业世界进化的基本方向包括：知识化和生态化。其中，知识化又是生态化的一个原因。商业生态，是价值生态，也是知识生态。企业转型升级的基本方向应与商业世界进化的基本方向一致，企业应该使自己的进化发展进程与商业世界的进化发展进程相拟合。

走向企业管理4.0

这是一个新商业时代，也将是一个新管理时代。结合企业管理的发展史，借鉴其他领域的称谓，我将这个新管理时代称为企业管理4.0时代，将该时代的基本模式称为企业管理4.0。当然，这还是一个正在被定义，并将继续被定义的企业管理时代、概念和版本，是一个正在形成的知识体系，远未定型，这里先对其做一个概略性预览。

1. 企业管理的四个时代

如果将作坊定义为初始状态的企业，可将企业发展划分为四个历史阶段。每个阶段都有其特殊的阶段性问题和管理任务。一个阶段对应一个时代。企业管理经历了四个时代：工场管理、工厂管理、公司管理和新企业管理（尚在定义中）；发展出了四个版本：1.0版、2.0版、3.0版和正在形成中的4.0版（见图19）。

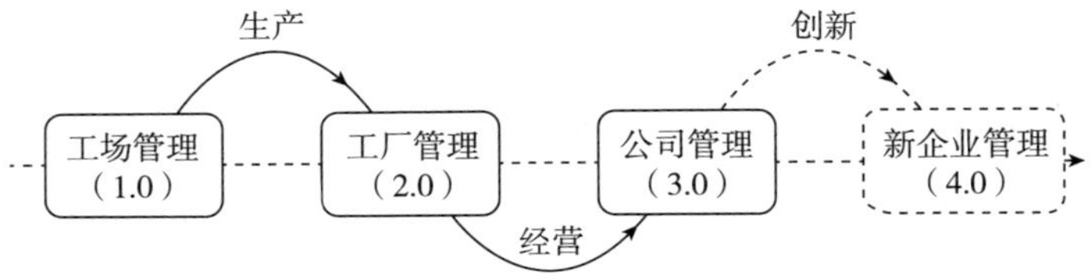

图19 企业管理的四个时代

管理1.0版，是企业管理的起点和自发状态；管理2.0版，主要解决的是生产问题，主要内容是生产管理；管理3.0版，主要解决的是经营问题，主要内容是战略管理、营销管理和运营管理；管理4.0版，将主要解决创新经营和生态化问题，内容包括创新型企业管理与商业模式设计等。管理2.0版的主题词是“生产”，管理3.0版的主题词是“经营”，管理4.0版的主题词是“创新”“生态”和“平台”。人类的成就会成为人类社会进一步发展的基础，人类社会总是会向前发展和演进。时代，是人类社会的阶段性场景。企业经营和管理，必有其时代性。

2. 管理4.0有何不同

下面选几点略说一二：

（1）创新力成为企业的核心竞争力；企业的创新需求比以往任何时候都更强烈，创新管理成为4.0版本的主体内容之一；创新经营模式成为企业经营的基本范式。

（2）企业管理的首要任务也从对事的管理转向对人的管理[①]和对人的问题的解决，进一步释放个人的正向的积极性，以及充分挖掘个人的潜能。

（3）从基于价值过程走向基于价值生态；以分布式增强型结构为原型，以共性与个性相结合，以及以可独立的价值单元为基本组织单元的组织逻辑，成为系统组织的主逻辑；流程管理和流程型组织，降格为生态结构下的一个二级管理主题和组织逻辑。

（4）企业与市场的关系模式被重构，商业逻辑变得丰富而多元，工业时代模式造就的结构性价值被有效地开发。商业世界的结构，以及企业与市场的边界被重新定义。“平台”和“靶向”成为基本的经营和战略思维。

（5）企业内部关系模式被重构，“平台+”模式成为企业组织的基本范式，企业边界趋于模糊；静态组织与动态组织相对分离，以适应任务的创新性、项目化和集成运行的需要。企业运行从以流程为基础到以项目为基础，从内部集成扩

① 对人的管理的科学研究将成为企业管理的新的前沿领域。这也需要研究者能够将自我与作为对象的人相分离，因为只有如此才能去除自我的屏障，才能对人（群）进行真实的观察和科学的研究。

大到社会范围的集成；基于平台的自组织[①]成为任务组织的基本方式。

（6）职能管理者阶层[②]从兴起走向消失，当然并不是被消灭，而是融入价值性活动和过程之中，感知、决策与行动重新归于一体化。在运行管理上，从以组织监管为基础还原为以自我管理为基础；领导力成为至关重要的管理手段；价值治理、价值观治理和商业生态治理成为基本的治理模式。

（7）对信息技术与互联网的应用进一步走向深入，有效利用网络的连接功能，有效利用信息化的速度和信息技术的使能性。信息技术和互联网有助于结构性价值的实现，也因此将带来对商业世界和系统组织的一轮重构。

（8）“基础设施＋运行”的系统架构和建设模式，见图20。基础设施与企业运行趋于分离。基础设施支持企业运行，企业运行过程中形成的相应的成果沉淀到基础设施上。企业（作为主体的）的基本任务是基础设施建设。知识、制度、平台和文化是其基础设施的主要构成。基础设施，也即企业环境。在这样的系统中，每个任务主体就都可以被作为一个“企业”加以管理了。在从单体型企业走向多任务企业的时候，环境基础设施与运行的相对分离的需求就产生了。

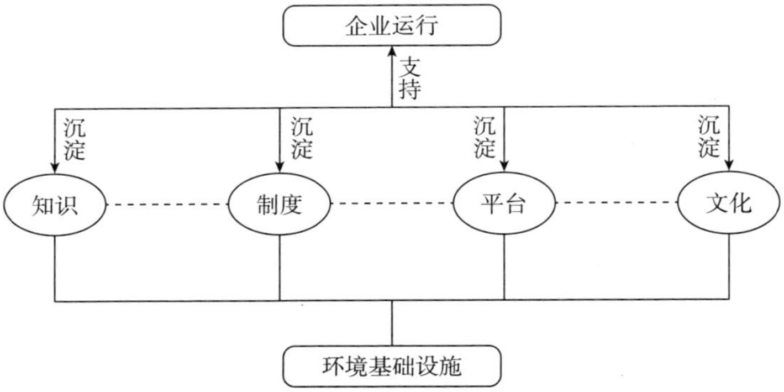

图20　“基础设施＋运行”的系统架构

---

① 对于复杂的、有特殊知识含量和带有不确定性的任务，自组织是最有效的组织方式，可以形成一种最佳的（动态）匹配与应对。自组织，是任务组织的定制模式；固化的组织与自组织并不是对立的，固化的组织是曾经的自组织的固化，固化的组织与自组织可以互为基础；不存在哪种组织方式更先进或更好的问题，只是与各自的任务特点相适应而已。实践中应尽可能地减少不必要的自组织的成分，尽可能地走向有限定制而不是完全定制的任务组织方式，走向有规则的自组织而不是完全的自组织，以有效地降低组织难度和组织成本，还一个原因就是，并非所有人都有足够的组织能力和完全的道德自律。

② 职能管理者阶层是直线职能制（有官僚制的成分）组织模式下的产物。当管理者成为了一个组织的问题所在时，事情就麻烦了。如何解决这种管理者问题，是现代组织设计的一个重要课题，做法之一就是消灭权力（Power）和消除职能管理者，即对管理权进行还原。

3. 从趋势到主流

做管理，可以暂时没有方案，但不能没有方向。新企业管理是趋势，并即将成为主流，而且是以加速度的节奏。我们正处在一个新旧商业时代的交错地带，企业和管理将再次被重新定义。其实，它们一直都在被重新定义。也正是经由这样的一次次重新定义，商业世界和企业有效互动，并向新的、更高级的文明层次（价值层次和效率层次）同步进化。在一个深刻变革的时代，我们需要更深刻的知识给养，需要建立企业管理的新的方向感。我们需要发展企业管理的知识体系，包括扬弃传统的管理思维和之前管理学知识体系中的绝大部分内容。我们正处在新的企业管理的知识体系的形成期。

新一代技术中包含着对上一代技术的局限的解决和突破，因此，技术换代总是跳跃式的，而不是连续性的；管理也是技术；不能用3.0时代的思维去思考4.0时代的企业的管理问题——那些转变不过来的主体，那些被3.0时代的管理观念和思维格式化了的人，也就永远地落在了时代的后面；管理3.0时代的许多东西，只属于那个时代，不能把它们继承下来。企业管理4.0时代，也是商业文明4.0时代。新商业时代的企业需要遵循人才、平台和新模式三大通用战略，需要有新版的管理思维、知识、技能和价值观，以适应并有效应对新商业时代的机遇和挑战，否则将会被排除在新商业世界之外。传统企业则需要再造其价值基础和系统结构，需要进行管理版本的转换与升级，并经由“重构”走向与管理4.0的“同构”，以实现与商业世界的进化同步。

转型，是对企业自我进化不足的补救

当企业的适应性、竞争力或价值性遭遇重大危机时，当企业的现有经营模式难以为继时，转型的需要就产生了。虽然，理论上可能出现企业向更高级的经营层次、价值层次和主体类型的主动跃迁，出现企业对重大机遇和挑战的主动应对，出现企业自主的战略性发展——即主动转型；但是，实践中，鲜有企业在顺境中启动转型，唯有企业在困境中再寻出路，绝大多数的企业转型事实上都是被动性的①。

企业，在原点上本是商业世界自然进化的产物；原点之后，企业用自我管理代替自然进化机制，用自我进化代替自然进化。经常出现的情形是，一方面，企业的自我管理反而阻隔了其自然进化的反应链（柯达公司的失败和破产正是这个原因），使其自我进化走向停滞或变得缓慢。另一方面，所有企业的行为，都又是在重塑着整个商业世界，进化产生进一步的进化要求，这是一个永不停歇的反身性循环——整体的自然进化和个体的战略发展的交织，构成了商业世界的立体图景、真实图景。其中，如若企业的自我进化严重滞后于商业世界的自然进化进程，企业就会变得与商业世界严重地不相适应，企业自我进化不足的症状就会表现出来，经营危机就会出现。

决定企业经营成败的基准和许多因素（如市场、竞争、产业生态和人才等）都是外在的，不由企业决定的。在一个动态的整体系统中，单点的静止态反而是一种不稳定态和不可存续态。对企业经营而言，那种试图将一切都定型下来的企图都是在自取灭亡；整体系统演进的速度越快，这类企业被倾覆的速度也越快。

企业几乎是注定要走到需要转型的境地，原因有很多：

① 其中的原因包括：需求是系统塑造的一种基本力量，而顺境中的企业的转型的需求显然会不足。

比如，人们有意识和无意识地维护现存秩序的意识，就像地心引力，无时无刻不在起作用。对确定性和稳定性的追求大概是人的本能①，像美国苹果公司联合创始人史蒂夫·乔布斯那种“活着就是为了改变世界”的人毕竟少之又少。人们总是有着定型和固化企业成就与秩序的主观倾向和主观需要。而企业的现实状态（无论它有多完美、多高效）不过是整个生命过程中的一个片段，如果把这个生命过程的片段图像看成是企业的完成态，则企业的生命周期自然也就只能到此为止了；如果想继续延续企业的生命周期，只有转型，即通过自身的结构性变革（包括能力结构），去适应商业世界的新秩序。

再比如，企业家精神的消退。这不仅必然会出现在企业家个人及团队成员身上，也会出现在作为主体的企业身上。企业总是有提高当期的业务经营的有效性的需要和企图，这很容易使得企业忽略长期发展问题（相对于当期的业务问题而言，长期发展问题只是一个隐含的问题和非急迫性问题），企业现有业务的经营越成功，对长期战略发展的懈怠就可能越严重。同时，随着企业的扩大和内部复杂性的增加，企业对变化的灵敏性和反应速度必然随之下降；因为就近，对企业的设计，也总是会不可避免地逐渐转向更多的关注内部诉求，而不再是外部诉求。还有，就是惰性，这也是人的本性。企业家精神是企业的源动力和干细胞，企业家精神消退的企业必定会停止发育并失去活力。

还比如，不利于进化的企业设计。包括权力中心型组织模式，该模式在很大程度上排除了微观（或说基层）自然进化的可能性——不激励甚至限制员工的“自主性”行为，阻断了企业对外部进行感知和反应的神经末梢。微观缺乏进化，积累到整个系统出现严重的不适应的时候，企业的危机就表现出来了。缺乏微观自然进化基础，宏观进化也是无源之水；即便企业还能有意识的再主动地、生硬地导入转型，也会因为缺乏微观自然过程基础而难以成功。同时，在绝大部分企业中，业务绩效总会是硬指标，战略发展一般都是软指标。长期的只重当期业务经营的结果，还会导致企业进化功能的弱化和失能。

虽然不能说完全就是企业设计阻断了企业的进化，但至少可以说，许多企业在进行系统设计时并未充分考虑这个因素。许多企业的系统设计只注重业务的有效性，不注重战略的有效性。当期业务经营导向的企业设计，正如抗生素，虽有

① 也因此，主动转型总是难以发生，而且更加地难以实现，因为会面临更大的阻力和障碍；真正的企业家必须要能克服一些源于自然人的本能的缺陷。

奇效，但也有其副作用。企业当期的经营绩效，有些其实是以损失长期的战略发展可能为代价换来的。当然，有时候，企业设计在技术上也确实是难以实现对两个目标的兼顾：提高业务经营的有效性，需要的是清晰度和控制；保留进化的可能性，需要的则是灰度、混沌和某种程度的失控状态，这二者在性质上本是不相容的。什么时候在企业设计的方法上真正解决了业务的有效性和战略的有效性的矛盾，解决了当期的有效性和长期的有效性之间的矛盾，转型问题便或许可以不再存在了。

另外就是，可能的非市场因素的打断和严重干扰，尤其是政府的“有形的手”。企业进化——包括价值性内容的进化（如技术和产品），包括企业与市场的关系模式的演化，需要有一个连续性的自然过程①。企业需要有自主性和自我成长、自我试错的空间，需要有独立的意识空间（否则，其作为一个独立主体，事实上，已经不存在了）。企业认知需要有一个连续性的自然发展过程。企业的自然进化过程不能被中断，每中断一次，都需要从头再来。所有来自外部的强制性干预，对企业而言，就如“化疗”一般，是对企业机体的归零，是对企业独立意识和进化进程的归零；会降低企业系统的有机性、整体性、个性和种性；会导致企业的机会主义和短期主义的选择（只有在形成稳定的预期的情境下，企业才会进行长期的战略性投资）；尤其不利于需要一个长期连续过程的科技进步与发展。还有就是，政府的参与很容易造成不当的垄断，而垄断不利于企业的进化（因为，进化离不开选择的力量，而垄断则是在阻断这种机制）。

存在的都是有原因的，都是可以自洽的。如果缺乏警醒，如果不能换一个维度、不能站到更高的层次，往往看不出有什么特别的问题，看不出有什么地方不合理，因此，很容易被视为合理的，也很容易接受现实！于是很多有严重问题的存在就这样自然而然地继续存在下去，直到更高维度的系统性的力量显现，存在坍塌——很多企业就这样“合理的”走向困境，走向没落，走向无法挽回的崩溃。没有谁能逃脱得了环境系统的力量，就像我们不可能（须臾）逃脱地心引力，企业每时每刻的现状，都是环境系统的力量参与的结果。

企业总是难以避免上述所有情形，转型，几乎是企业的宿命——在外部环境发生巨大变化时（如全球化，信息技术和互联网使用的普及，革命性技术、产品

① 市场是企业的私域。保持这种私域性非常重要，它是主体自我（尤其是那些至关重要的看不见的东西）成长的前提条件。对私域性的破坏，也即对企业的企业性和自我成长性的破坏。私域神圣不可侵犯与私权神圣不可侵犯，共同铸就一个社会性组织自然进化的微观基础。

和商业模式的出现等），表现得更加明显，因为这些变化可能会从根本上、普遍性地摧毁企业现有系统结构的有效性。只有进化才能应对新的环境，有时候，企业不得不直面转型问题。

不过，任何企业都不是一步跌入深渊的，环境变化不是骤然降临的，优势不是一下子被侵蚀掉的，产品和业务也不会是顿然间失去市场的，相关问题和冲击在过程中一定都或多或少的遭遇过，一定在企业系统中有过映射，只是被企业系统给屏蔽了。转型的需要，是企业在完全有机会对外部变化做出应对但却没有做出有效应对的结果，是企业对外界变化的反应变得迟钝和迟缓的结果。转型，可以说是对企业自我进化不足的补救。既然是补救，就必然要求更剧烈——正如人得了大病，仅靠打针吃药是不行的，必须要动手术。所以，转型是一场人为主导的剧烈的和激进的企业进化，是企业的自救重生，是对企业自身生命周期的再造。如若转型再不能成功，则企业进入主体进化的终极程序：崩溃和消解（倒闭和被并购都是消解的一种），回归商业世界的进化循环大通道。崩溃，是某些企业的归宿；从商业世界整体进化的角度看，也是一种正常的局部现象。

随着沉淀的东西的增多，企业系统会变得“粘稠”。变革和转型，相当于在一条粘稠的道路上行走，必定是异常吃力。企业系统中沉淀的东西（包括知识结构、观念、意识、思维模式和利益干系等）越多，粘稠度越高。企业转型和变革上的一个重要策略就是降低企业系统的这种粘性。转型，还包括企业价值系统的骤变或跃迁，这更是需要巨大的能量，很少有企业能做到，失败率自然也很高。

企业原本是一个实践过程、动态过程，却经常被实践的发展和变化所抛弃。转型本身只是暂时性地消除了企业自我进化不足的“病灶”，但并未解除这种疾病产生的原因，企业还可能会再次犯病——事实上，如曾经的转型成功典范 IBM 和 GE 等公司都已经再次面临转型问题。

转型，包含着变革。变革是管理性的，转型是系统性的。企业转型问题的产生与管理有关，是曾经的管理的结果。管理变革与企业转型相伴，不仅是管理对象变换的必然，也是为克服之前的管理缺陷所必需的。

重建企业的自我进化功能才是根本解决之道。企业原本就是一个战略发展主体，是一种“人为”的结果，却常常不自觉地丢掉其战略发展属性和功能。当企业发展失去其战略性时，生存危机必然接踵而至。企业其实都自带进化功能，关键是要把它激活。转型的完成态，恰恰就是这种激活，转变成为“进化型”

企业，并借以永续企业家精神①，而不只是个一次性的动作和企业家精神的闪回。

一切结构迟早会失去其秩序，除非持续不断地更新它，进化就是这种更新。如果不能把系统中自我批判（批判是认知发展的一种方式）和自我改进能力释放出来，这个系统必然走向枯萎的命运。企业是过程的结果，如果整个过程都不具建设性和进化性，则过程便没有意义；如果过程没有意义，则优秀的企业或者根本不会产生，或者绝对不会长久。企业应该持一种动态的世界观，而不能是一种静止的世界观，因为那不是世界的真相。

秩序与混沌的相互作用成为自然造化万物的潜力所在，企业需要的是有序和混沌的并置，在微观上，具有像细菌一样的适应性变异能力，通过大量突变产生某些有利的性状或功能，并能将其选择出来。企业设计应该被认为永远处于未完成状态。在战略设计上留有空间和保持进取，在组织上保持活性和自由度。保留企业设计上的灰度，对问题和新事物保持适度开放的态度。所谓的战略清晰度和组织清晰度，在工业时代或许是适用的，但是在新商业时代是绝对不适用的；在成熟的具体业务体系的设计上或许是适用的，但在企业整体设计上是不适用的，要始终保有像 Google 公司的 X 部门那样的理念和设计。

同时，进化（以及转型）还包含着增加企业系统的知识和技术含量这一特别含义。经营领域的平行转换和向不具知识含量的服务领域延伸的所谓转型发展价值不大。企业系统的知识含量越来越高，是基本趋势。不具知识创造能力的企业终将被淘汰出局；知识系统属性也是企业作为一类主体具有壁垒性的原因；知识屏障也是企业转型升级的主要障碍。向知识含量更低的领域转型，是向低能量维度世界的滑落，如 IBM 和 GE 公司当年的向服务业务模式转型，只具业务价值，不具战略价值——这也是它们终究需要再次转型的原因。

---

① 企业家精神是“进化型”企业的要件。患上“企业家精神缺失症”的企业注定将不可救药，任何技术性手段都弥补不了这种主观力量的缺失。对于这类企业，首先是要解决它的企业家精神缺失的问题。所有者缺位的企业，是先天性的企业家精神缺失症患者。

企业转型，应从“转型力”问题的解决入手

转型，是对企业这部商业机器的再造和重新设计，是将一个已经“格式化”的系统（包括意识和观念系统）重新格式化，是对企业价值系统的结构性和战略性重构，是关于企业的一次不连续变化，类似于物种进化。转型，不会无缘无故的成败。转型力，是企业转型成败的原因，这有两个含义：其一，本来如此。其二，没有转型力的企业，最好也不要去进行所谓的转型；或者说，不要以转型这种激烈的方式解决问题，因为注定不会成功，而且往往代价巨大。所以，对于拟转型的企业而言，应该首先拷问一下自己是否具备所需的转型力，应该从解决自己的转型力问题入手而不是直接上阵，并将这一原则贯彻始终。

企业转型，是技术、商业知识、资源、人才、管理，及其构成的价值系统和价值能量态的转换，是向一个新的能量态方向的构建和形成。转型具有系统性、跨越性和不连续性等特点，往往自上而下，涉及思维、观念、战略、文化、组织、习惯、人员与能力结构等一系列的转变和新体系建设，是一个系统工程，有相当的复杂性和难度，依赖经验和直觉的方式肯定无法奏效，需要有科学的方法论。

从转型力问题的解决入手，从转型准备入手，是一种程序上的科学性，是企业转型的正确工作思路。下面以我的“转型力评估模型”（见图21）为基础，对一般的和关键的转型力问题及其解决思路做简要说明，帮助实践者建立一个解决企业转型力问题的思考模型、原则体系和工作框架。

（1）转型力问题的主要构成和基本内涵，是主观作用力问题，是关于“人”的问题。转型，完全是“事在人为”。企业是主观的产物，主观作用力是企业发展（包括转型和变革）的引擎。转型，就是经由主观作用力对企业的重塑。从转型的维度，对主观作用力做进一步的细分，再分为领导力、认知、设计能力、

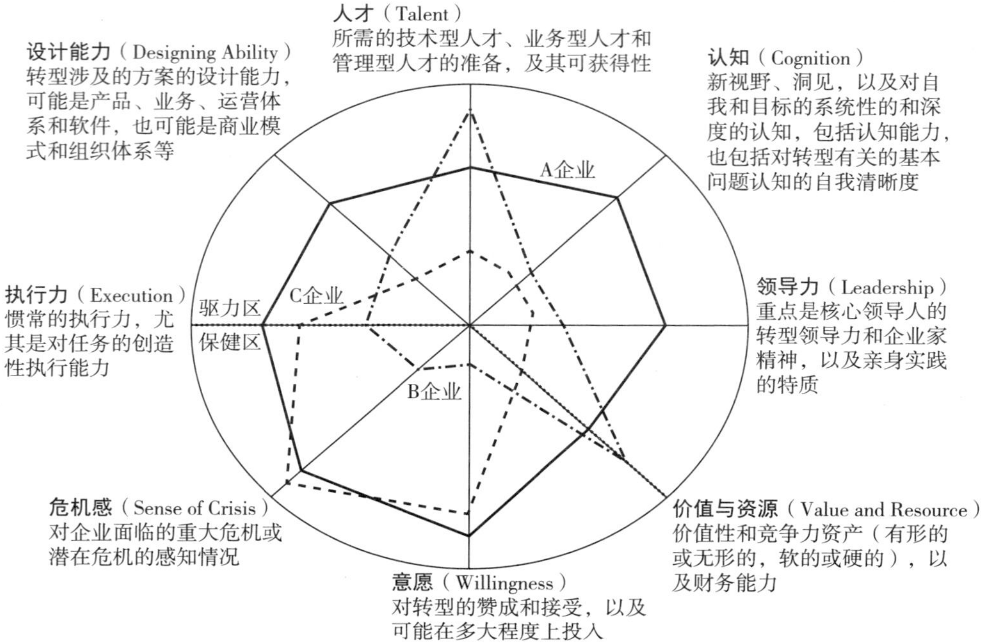

图 21　智栈的企业转型力评估模型

执行力、危机感、意愿和人才等——当然，还可以结合不同企业的特点，从其他维度进行细分。对转型力问题的解决，主要是对主观作用力问题的解决，尤其是对其中的短板因素问题的解决；解决不了，就不要去做。

人的主观作用力和思维模式是经天赋与其经历①编程了的，几乎不可能被再造（至少短时间内如此），主观作用力问题的解决是困难的，所以，企业的转型之路也总是艰难的。企业往往既需要有效激活和集聚内部力量，也需要善于借助和集成外部力量，即内生与外连相结合——分子生物学的研究表明，一个系统不可能进化出它原本就没有的东西，企业也是如此，转型中的企业，必然需要从外部引入新的要素和基因；企业需要走向开放，尽管这可能会带来某种程度的冲击和动荡。既有管理思维和管理层，会是最大的转型障碍，他们总是有意识的或无意识的要把一切都装回原来的框架中。

（2）领导力问题是核心。领导者是企业转型发展的核心，在转型问题上，

---

① 但凡经历，都会对我们的主观产生塑造作用。主观创造了存在，主观又被存在所塑造。人类社会就是一个反身性过程，企业也是。

尤其不能高估组织的作用而忽略领导者的核心价值。领导者在企业的初创阶段是核心价值，承担企业最核心内容的创造和对企业的塑造——转型就是重回这个过程。转型，是毫无疑义的“领导力”工程，是专门留给转型领导者的“作业”，很多东西都需要由其亲自践行。官僚型的“领导者”是不可能带领企业转型成功的。企业转型的领导者，是企业的再创造和再塑造者，其他人是参与者，类似于古斯塔夫·勒庞笔下的“乌合之众”。

领导者是最大的推动力和塑造力，相反，也是最大的障碍和短板。传奇的领导者才能书写传奇，如第二任总经理威廉·麦克奈特之于3M公司100多年前的转型。企业转型需要有新的智识的有效参与，以及其作用力的放大。企业转型的一个必要条件是，找到合适的领导人并赋予其权力，构建以领导者为核心的转型组织和工作体系，否则一切都只是徒劳。领导者可以是外引，如当年的IBM公司引进路易斯·郭士纳担任公司董事长和CEO；也可以是内生，如当年的GE公司晋升杰克·韦尔奇为公司董事长和CEO——很多公司都可以通过改变管理层的权力结构，尤其是赋予适合的人更多权力①的方式，来解决或部分地解决企业转型的领导力问题，并经由新的领导者为系统导入一种新的精神力量。

对管理层而言，企业转型发展，就是塑造一个自己未曾认知的管理对象，管理一个自己未曾认知的实践过程。转型领导力不是可以“学”来的，意识的纯粹自我突破也是困难的，很少有人能克服自身的局限性、能走出自己的意识空间和观念、能摆脱自我认同和自己的思维惯性、能突破自己的认知模式和自设的前提、能轻易转换自己的习惯性视角。走不出自己的主观，便走不出自己的世界，因此，转型多半需要以管理层更新为前提——至少是部分关键人员的更新。企业难以自我进化，企业进化需要有新力量（包括外力）的作用。

（3）认知问题的解决是第一步。认知，是对对象的洞察，是一种主观获得。认知不是简单的“知道”。没有认知，便没有有效的行动。如果不能认知你的管理对象，就不可能有效管理你的管理对象。企业转型犹如荒野求生，在已知和未知的边界地带行走，把事情做正确将决定生死和成败。然而，正确也是这个世界上最难以做到的；正确决策是基于认知的，认知越深刻，越接近真相，才可能越正确。

其中，不能正确地确定转型发展的方向将是灾难性的。当然，有时候大致正确

---

① 个人在系统中的主观作用的产出，与其意识能量的强弱、影响力大小和系统规模有关，用公式表示就是：人的主观作用 = 意识能量 × 影响力 × 系统规模；权力是获得影响力的一种方式。

还是可以做到的，难的是进一步的深入认知，即在某个方向下，自我的具体是什么；难的是对自我的价值和属于自己的价值维度的认知。领导者有时需要能够将自己与企业相对分离，避免认知上的“近视症”，站在第三者的维度对企业进行观察与思考。认知，还要达到支持有效的方案设计的深度，粗略的方案设计是没有多少价值的，更进一步地说，过于粗略的方案设计等于没有设计，自然也不会有任何结果。

有效利用现有的资产和业务关联，更可能取得转型的成功，在现有领域的再造比与过去完全决裂要靠谱得多。换一个维度看待企业现有的资产及其价值，构建以既有资产和业务为关联的新价值体系的有限转型，可以作为转型实践的一个原则（类似于当下所谓的“不换领域，换场景”），在现有的基础上，为企业注入新的洞见和模式，如 2014 年就任 CEO 并领导微软转型的萨蒂亚·纳德拉是将 Windows 视作一种触达更多用户的手段而非目的，当年的 IBM 和 GE 公司的转型都是如此。企业资产中，最有价值的是过程性资产①，即必须经过一个过程才能形成的资产，包括：①知识性资产，如技术、产品知识、商业知识和管理知识；②关系型资产，如品牌、信用、客户资源、合作伙伴、企业文化和人力资源；③平台型资产，指功能性平台，如生产平台、市场平台、线上平台、线下平台和组织平台等——拟转型的企业，需要有这种能力，换一个维度识别和重新认知自己的这些过程性资产及其价值。与企业现有资产和业务基础完全无关的转型，已经不是转型了，而是全然的另行开始。也正是过程性资产的原因，企业的发展总是具有某种程度的路径依赖性。

同时，对于企业为什么会走到需要转型的境地？转型要承载什么使命？转型是一种什么性质的任务？转型成功的前提和关键是什么？怎么转、什么时候转？企业最好在转型之前就能认知清楚——对于转型这种“大事”，这种高难度、高不确定性的复杂性工程，缺乏对这些问题认知的自我的清晰度是很危险的，也很容易在不时产生的自我混乱、自相矛盾、自我怀疑、自我否定，以及重重困难、质疑和阻力中草草收场。认知得越清楚，才能越坚决。

（4）危机感和意愿，是转型的必要条件，但不是驱动性因素；是那种在考试中，答错了要扣分，答对了不加分的题目，可类比于激励理论中的“保健性”

---

① 所以，所谓的行业“痛点”也会成为新进入者的机会，因为在这些地方，在位者恰恰是过程性“负”资产。转型与重新开始相比的优势，就在于过程性资产的存在。相对于直接的产品经营和业务经营而言，包含了过程性资产的经营，是一种更高层次的经营。中国企业在经营上普遍有个缺陷，即没有（明确的）过程性资产意识。

因素。危机感和意愿问题的解决，有时候需要一些策略，比如，可以先做减法，再做加法——即对于与转型目标无关的部分进行削减，包括出售甚至关闭——做减法是最快速也是最有效的企业价值重构方式，而且这样即便不能增加转型的驱力，至少可以减少转型的阻力和已然没有意义的自我消耗，避免企业死在有可能转型成功的路上；再比如，有效的暴露和传递危机——危机感与对危机的感知有关，因此，企业需要（刻意地）有效地暴露和传递自身正遭遇的环境危机和经营危机（尤其在企业内部）①。

同时，人的本能具有顽固性（人们经常在行为上自动地践行着自己在观念上反对的东西，这大概是因为人的主观的理性区域和本能区域的各自独立所致，我们始终面临着理性与本能的冲突，企业也是如此；本能的力量是强大的，理性的力量总是相形见绌，因此，仅有理性是不够的），而危机可能从根本上转变人的内在意愿，激活（但并不是必然的）一个人或一个组织的潜能，制造出“穷则思变”的组织氛围——即在转型时期，我们需要有一种东西作用于人的本能区域，使本能的力量和理性的力量走向一致②。

（5）人才的结构性调整是不可避免的。因为，如果之前企业的人才结构是适配的，恰恰说明对于转型需求而言，现实的人才结构是不适配的。宝洁公司前董事长杜普雷有句名言：“如果你把宝洁的大楼和品牌留下，把员工带走，这家公司一定会死。但是如果你把钱、大楼和品牌带走，但让员工留下来，十年内我们将重建一切。”企业的新能力和新体系，除了收购，都是要由人去创造出来的。没有人才，不可能完成对企业的重建和重塑。转型中的企业，要能获得所需的各类人才，尤其是有创造力、执行力、深刻性和开放性思维品质的人才。企业需要考察所需人才的可获得性及有效的获得方式，有时甚至需要创新企业与人才的关系模式，以及对人才的用工模式和使用模式。

（6）仅在管理能力转型到位的情况下，收购才是有用的。收购是一条可以快速实现转型的捷径，但并非是一条可以很轻松就能到达彼岸的路径。通过收购的外生转型和通过自我重构的内生转型，对条件准备的要求是一样的。前提和相

① 转型，是一场深刻的重建，需要从创造系统的根本性力量上入手。其核心内容不是技术上的，也不是制度上的，而是主观上的和认知上的。仅技术的和制度上的重建是走不通的。现实状态的坍塌有助于其获得所需要的主观和认知。因此，转型，事实上都需要以某种程度的崩溃作为代价。

② 企业的发展既受人的本能和理性的推动，又受其局限；企业需要在对它们的利用和克服这两个方面都下足功夫。

应的管理能力不具备，通过收购实现转型只是想象中的事，实践中要么翻车、翻船，要么无疾而终。

管理能力是企业的框架，是企业系统的引导程序。管理能力不对等，驾驭不了被收购企业，更驱动不了被收购企业。如联想集团收购 IBM 公司 PC 事业部后，无论在产品创新上还是在企业经营上都没能再达到后者曾经有过的高度，而且可以肯定的是再也不可能达到其曾经有过的高度，相反，无论是技术层次还是经营层次都是在走低；而收购摩托罗拉则干脆是没有能力消化，更不说转化了。可以预见，三一重工集团收购德国普茨迈斯特、中联重科收购意大利 CIFA、美的集团收购德国库卡、青岛海尔集团收购三洋电机的白色家电业务和 GE 的家电业务、吉利控股集团收购沃尔沃轿车公司等，如果管理能力上不去，大致都会是类似的结果，待到收购来的资产和无形资产（包括技术）优势耗尽（包括自然消耗）以后，又会恢复成为原来的自己——也就是说，它们是把被收购企业改造成了原来的自己，而不是把自己改造成了被收购企业的样子。

有管理能力，才能整合别人。有认知能力，才能识别被收购企业的价值，相反，则会是买椟还珠，正如无知的人很可能将价值连城的古董当作废品扔掉是一个道理。收购可以使企业一时一地地跃迁至一个新的能量级，成为新的时空（维度）中的一个存在；但是，如果管理不跟进，依然会下滑至原来的能量态，就如同往火堆里加了一把柴，火头会突然旺起来，但随着新柴燃烧殆尽，火堆还是原来的火堆，只是灰烬多了一些、残局扩大了一些而已。

企业的转型力问题并非可以一眼就看清楚。因此，无论是正式的，还是非正式的；无论是结构化的，还是感觉式的，企业都应该在转型实质性启动之前，对自己的转型力进行评估、进行掂量，找出短板。当然，最好是一种结构化的和正式的评估。对企业转型力的评估，也可以理解为，是对转型成功可能性的预评估。其中，对危机感和意愿的评估应该是立体的，因为企业高层和中低层人员在这方面经常很不一致。

评估模型中还应该包括价值和资源因素。价值和资源是企业转型的前提和基础条件，一个已经没有了多少资源剩余和残值的企业，也就在根本上失去了转型的意义（如图 21 中的 C 企业），其中，资金还是企业的可继续的行动能力的构成，没有财务能力的企业则很容易死在转型的路上——因为转型要远比想象的历时更长、更艰难、更波折。

新一代企业的三驱力构造模型

传统企业是由体系支撑和驱动的。通过体系的建立、建设和完善，推动企业发展。体系驱动模式，有其固有的缺陷，比如价值局限和进化缓慢（甚至是反进化的，因为体系总是要维护自身的存在），已经不能再继续适应这个知识化、生态化和快速进化的商业时代——无论我们把体系打造得多么完美，无论我们对其进行怎样的灵活性改造。

传统的企业设计范式，就像老式的建筑风格，虽然让人留恋，但毕竟已经与现实社会格格不入。其基本构造又限制了我们对其进行技术性改造的可能性。企业需要突破旧有的局限，需要一种新的系统架构，去更好地适应当下以及未来。

实践中，企业构造正在被一种新的模型所取代，我对其进行了整理，并称之为“三驱力构造模型”（简称“三驱力模型”，见图22）。构造模型，也是发展模型和运行方式。这是对传统企业构造原理和力学模型的颠覆。从谷歌、苹果、Facebook、亚马逊、阿里、腾讯、Zara等这些全球市值最高的企业和商业新贵，以

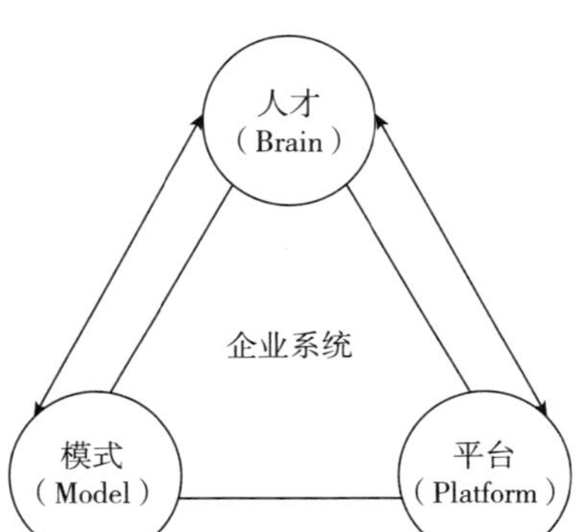

图22　新一代企业的三驱力构造模型（BPM）

及纳拉德领导的微软公司的身上，都能看到这种构造模型的影子——构造不同，即物种不同，它们其实是一类新物种，该类物种更高级，也更具新商业时代的价值创造能力和适应性。传统企业的很多问题和困境，也只有通过进化才能解决，一类物种的局限，是作为这类物种的主体无法克服的。

三驱力分别是：人才（Brain）、平台（Platform）和模式（Model），简称BPM模型。三驱力也是企业系统构造的三要素和三支柱。企业构造进化的选择性力量是：企业系统的重心前移到价值创造环节，而不是传统的商业化经营环节；从更注重执行力到更注重创造力。如果说创造仅来自于人的创造力的现实存在，就不应该以企业的名义否定个人的意志和作用的自主发挥，矮化个人在企业系统中的位置。我们需要把“人”这一最活跃、最具潜能和最具创造力的要素从体系中突出出来，由之前作为体系的附属，提升到至少与平台（由之前的体系的部分演化而来）并列的位置，使其成为体系的组织者和创造者。把人还原为能量态，而不仅仅是作为组织单元（人作为能量态，其可作为的空间是开放的；而人被作为组织单元，其可作为的空间是局限的。能量态的运行空间受限，同时意味着其发展空间受限）。形成人才、平台和模式相互支撑和相互驱动的运行状态：人才驱动平台的构建，平台形成对人才的进一步吸引；人才创造模式，按模式汇聚人才；模式提出平台需求，平台又改变模式的条件，推动模式的进一步演化等。其中：

（1）人才，包括各类人才，如科学家、工程师和管理专家，以及企业家，产品经理，创意精英，生产、运营、营销、资本和建设类人才等。企业从最初的企业家个人（或创业团队）发展到有一定规模的人才队伍。企业需要构建新型人力资源管理模式和体系，包括形成和建立起人才聚集与流动机制。人才，是一类自带能量的参与主体。企业构造的转型的一个设计原则就是：能获得最具能量的人才，并可以将人（包括个体和群体）的能量发挥到极致。

（2）平台。传统企业的结构是线性的，新一代企业的结构是分布式的；在运行上，从基于体系的集成运行到基于平台的集成运行。价值要素和功能的平台化，不仅在于提高其共用性，还在于可以由人才去重新发现其价值。平台应该是一个技术和工程化程度较高的系统，是企业知识的容器。平台经由创造者集成使用和创造性使用，最终实现其价值和意义。企业（包括各次级组织）是一个集成性系统（包括对外部价值和主体的集成），这种集成不应该只是个一次性动作，而应该是一个“流”；这种“流”组织模式的实现离不开集成者智能的发挥和资源的开放性。

（3）模式，包括创新模式、业务模式、生产模式、运营模式、商业合作模式、组织模式、治理模式、人力资源管理模式、经营模式和商业模式等。模式，是一种逻辑模型，进而是结构模型。它为企业设计（包括各子系统和局部设计）提供一个框架和基模。事物本来是一个无限维的存在，模式创新的空间原本就存在着；商业世界的进化，为创新空间的开发创造了条件和需求，也使企业可以进入更高级和更多元的价值维度（见图23）。

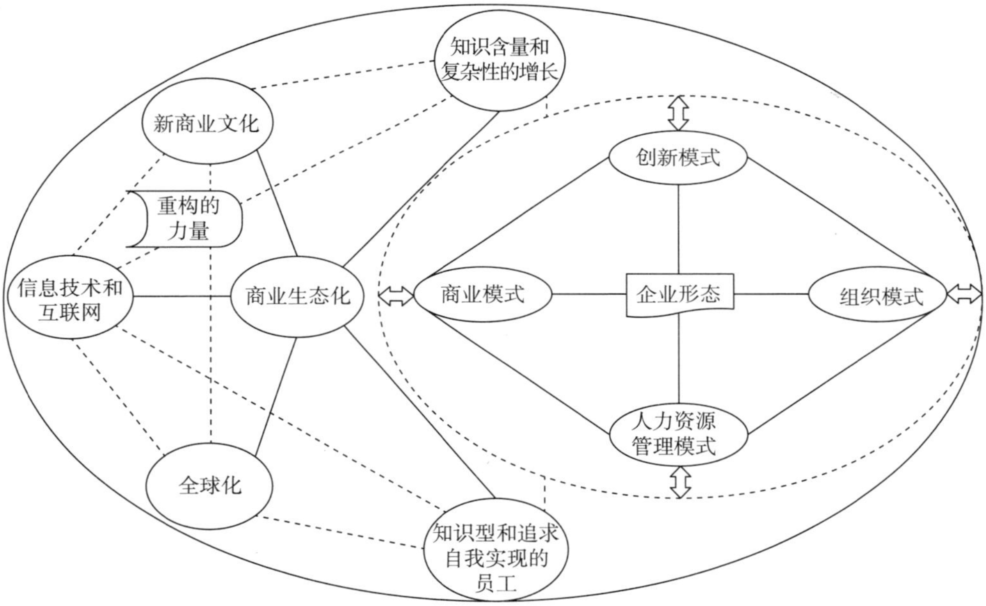

图23　重构的力量与新商业时代

系统因素发生变化，会导致系统结构（包括机制）发生适应性变化，或者说，新的适应性结构的产生（适应，本来就是进化的基本方式，也是对创新需要的有效提示）；反过来，适应性结构的形成，又会使因素的变化深入下去。商业世界和企业正在经历新一轮进化，传统的基础架构正在发生动摇。这是对工业时代人为设计的架构的一次突破，它将去除加在企业身上的曾经的人为设计的束缚，走向一个更本质的商业时代，更接近于自然秩序与法则的商业时代。如果新结构与之前的结构在逻辑上根本不同，这种结构性转换就是所谓的“转型”和

“重构”。

技术、产品和业务，只是企业的表象，它们都是企业这座冰山的水上部分，企业还有其底层架构。新一代企业构造的三驱力也可以理解是：智能（Intelligence）、实力（Strength）和策略（Strategy，具有深刻性认知基础的策略即战略），简称 ISS 模型，见图 24。

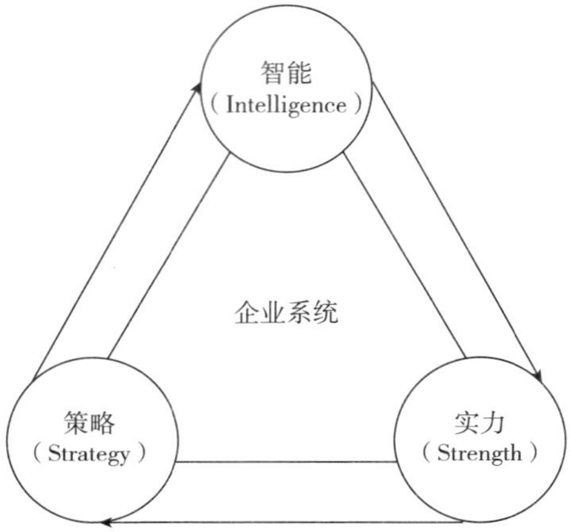

图 24　新一代企业的三驱力构造模型（ISS）

新构造有利于提高企业的进化速度。相对于人来说，体系是死的。对定式的突破是最难的，进化型企业，应该是不让任何东西成为定式。在“唯一不变的就是变化”的时代，我们需要创设出一种可以实现“唯一不变的就是变化”的系统结构和物种，需要将这种理念和价值观落实在企业系统的设计上，而不是总让其悬在空中。在企业设计上，就是将人才从体系中独立出来，并使其成为一级组织者，主要依赖人的智能而不是设定的体系进行运行和问题的应对，使创新总能在线并行和叠加；需要变则变，不需要变则不变，并能兼容流变和骤变，破除传统体系支撑模式下的变与不变的悖论（频繁地变不现实，不变又不行），以及使已然的设计不会成为企业进化的障碍。

对企业而言，唯有人，才是可以创造一切、重塑一切的力量，才具有最大的灵活性。新的可能不会自动呈现，都只能经由人的作用产生。企业，也正是因为有人的因素的存在，才成为一个生物性系统、创造性系统，而不仅仅是一个技术性系统、机械性系统。在创新型商业时代，人才的因素再怎么强调都不为过。能动性是企业（发展）之源。作为管理的企业设计，不能建立在对人的能动性的否定之上，不能建立在对人的主观作用的排斥之上。没有天才，就不可能有伟大的产品和伟大的企业。我们终将聚焦到对人的意识能量的管理和发掘上来（日本企业在这方面已经先行了一步，这也将是企业管理研究的下一个重要领域）。对（作为能量体的）人的管理，将成为未来企业管理的重中之重，其次是系统设计。

三驱力中的第一驱动力和根本驱动力是人才。BPM 模型也是一种创造者主导、创新者主导和人才主导的系统架构，是一种最具智能性的系统构造。使企业智能接近于人的智能，而不是将人的智能埋没在企业系统之中。在企业与人的关系上，由传统的“做事用人”转向“用人做事”。

微软在 2014 年 CEO 由鲍尔默换成纳拉德后，公司市值从 2000 多亿美元上升到 2019 年 8 月的 10000 亿美元，并重获新生。所以，一个组织的根本问题，总是在位者问题，人的问题。相反，如果人本身已被局限，则他做得越多越糟糕。更换在位者，有时是唯一正确的解决方案。领导者决定论、人才决定论，在创新经营的商业场景下，必然会是这样。

在新商业时代，我们需要在设计上对企业的创造性、灵活性和进化速度等的需求的增长做出回应；尤其是，要充分发挥人才的创造性和经营性才能，或者说，企业家精神。BPM 结构就属于这种回应。企业家精神是企业的灵魂，没有企业家精神的企业充其量是一个技术性装置；但是，企业要为企业家精神的发挥提供空间和条件，否则它就会暗淡和消退。

中国企业的差距到底有多大？

与美日欧等发达国家和地区的企业相比，中国企业的差距到底有多大？现在，正是需要厘清这个问题的时候。但是，在目前的中国，想要准确地回答这个问题，既需要专业，也需要勇气。在长期与深度研究的基础上，我构建了一个企业评级模型。这里以该模型为基础，给出对这个问题的回答。

1. 企业评级模型

经营层次的差距，最能体现企业之间的差距。经营指企业经营，包括“创新”和“商业化经营”两大项内容；层次，这里简单区分为“单体”和“生态”两个层次。将层次与内容进行匹配，得到企业评级的两个维度和四个指标（见表1）。

表1　企业评级的维度及指标

层次＼内容	创新	商业化经营
生态	A	C
单体	B	D

其中：A的含义是，以企业自身的创新力为核心，连接和组织一个开放的创值圈进行新价值的开发；B的含义是，仅以自身创新力为限进行创新；C的含义是，以本企业为引擎和价值基础平台，打造并基于某个维度的商业生态系统开展

自身的商业化经营；D 的含义是，商业化的单体经营。

为了更加的简洁清晰和接近中国企业的实践真实，再对该四个指标做进一步的技术性处理和区分：用技术创新代表创新；将 B 再区分出 B 和 B－两个层次；增设指标 0（零），含义是企业自身没有技术创新；将 C 再区分出 C＋和 C 两个层次；将 D 再区分出 D＋和 D 两个层次。其中，B 表示原创和应用基础类技术创新；B－表示跟创和仿创，以及工程化技术创新或通过转移承接获得相对落后的技术，即比 B 低一个层次的技术与创新；C＋表示引擎和驱动一个商业化经营的全球生态系统；C 表示引擎和驱动一个商业化经营的本土生态系统；D＋表示，凭借企业自身的市场化经营能力，以出口或通过在海外建立生产及服务基地的方式，开展全球化运营；D 表示仅在本土市场开展商业化经营。

两个维度及其各自的四个指标，组成一个评级矩阵，被命名为“智栈企业评级矩阵”。再按技术创新和商业化经营各 50% 的权重，将不同经营形态的企业粗略划分为 7 个等级（见图 25）。其中，B－C＋、0 C＋和 0 C 三种类型的企业在理论上是不存在的，图中用 X 标识，其理论含义是：没有相应技术创新和价值基础的企业不可能驱动一个商业化经营（全球）生态——太阳之所以能吸引和驱动几大行星形成太阳“系”，是因为其自身质量占太阳系的 99%。当然，还可以对各指标做进一步的细分，建立起更加精细的企业评级系统。另外，也可以在此基础上，增加经济性评价维度与指标（如效率和业务规模），发展出更具整体性的企业价值评估模型。

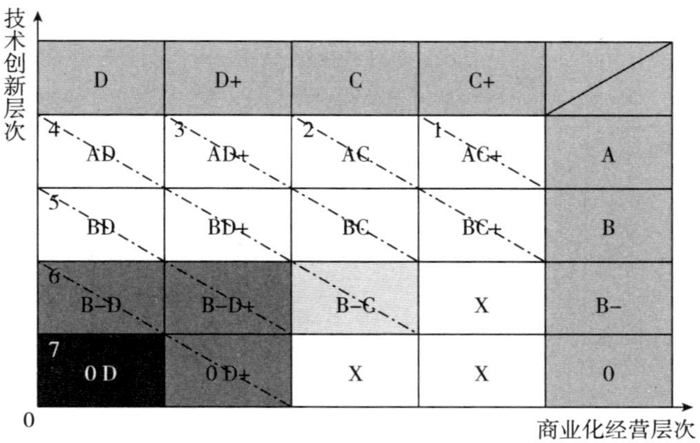

图 25　智栈企业评级矩阵

2. 中国企业的差距巨大

以企业评级矩阵为工具，静态地观察中国企业目前实际的经营形态，可以看到，中国企业经营的层次普遍较低，其中：首先绝大部分是七级企业，即处在评价矩阵的深色区域；其次是屈指可数的六级和五级企业，即处在相对浅一点的灰色区域；够得上四级标准的企业很少（见表2）。当然，分类结果，毫无疑问，一定是金字塔形的，塔尖层级的企业数量少，塔基层级的企业数量多。低端容易过剩，高端总显不足，这是产业发展的规律所致，只是中国企业的这种结构更为极端。

表2　中国企业经营等级

企业等级	经营形态	企业举例
一级	A C+	—
二级	A C/B C+	—
三级	A D+/B C	—
四级	A D/B D+/B－C	阿里巴巴、腾讯
五级	B D/B－D+	华为、小米、海尔、振华重工、福耀玻璃、三一
六级	B－D/0D+	联想、几大军工企业、中国中车、百度、上海电气、格力、美的、中兴通讯、吉利、比亚迪、金蝶、浪潮、中国能源建设集团、中国工商银行
七级	0D	绝大部分企业

从经营形态上看，中国企业的差距是明显的，尤其在技术创新以及生态化和全球化经营方面差距巨大。而且，这些看得见的差距只是中国企业整体差距的一部分。美国著名心理学家麦克利兰于1973年提出冰山素质模型，将人员个体素质的不同表现划分为表面的“冰山以上部分”和深藏的“冰山以下部分”。企业也是如此，中国企业的差距是素质差距和类型差异，经营形态的差距只是看得见的“冰山以上部分”，或者说，是企业差距的外在表现；差距还有看不见的“冰山以下部分”，即内在的深层次原因，包括资源基础和能力结构、企业文化和基

因种类、特质、企业家精神和社会环境等。

只是，现实中，由于一批嗅觉灵敏和碰巧撞上好运的中国企业，抓住上一波从天而降的市场机会，尤其是新兴领域的市场机会，实现了规模上的快速崛起，混淆了中国企业素质上的差距和类型上的差异，才使中国企业的差距看上去没有那么大。

中国企业的差距主要是因为知识创造能力的缺失，尤其是精深层次知识的创造能力和原创能力。严格意义上，跟创和仿创不属于创新：创新是对未知、对不确定性的实现；而跟创和仿创仍是对已知、对确定性的实现。中国的绝大部分企业都是生产型的和学习型的①。当然，这些都是中国企业的表面上的和看得见的差距，是结果上的差距。结果的差距不是差距，原因的差距才是差距。只关注结果而不溯及原因是没有意义的。最值得讨论的是原因而不是表象。消除中国企业的差距，应从解决那些造成差距的原因问题上入手。

---

① “创新型”思维和“学习型”思维是两种迥异的东西。人天生地具有创新型思维。人的这种主观会因“学习”而遭到损坏。学习的过程，是一个主观被格式化的过程。主观被格式化以后，就很难再回到它的原初状态。学习型组织不是创新型组织，而且很难发展成为创新型组织。对个人而言，通过学习不仅很难成为一个创新者，而且可能是会渐行渐远，除非在获得知识的能量的过程中避免了这种格式化的产生。

中国企业：营销驱动的经营模式走到了尽头

目前为止，中国最成功的企业，几乎都是走营销驱动路线的企业。菲利普·科特勒的4P组合营销策略，被中国企业应用到了极致，当然，这里的“产品”是指一般品质的产品，仅解决了“有没有的问题”的产品。用“打概念”和产品包装的方式提升产品价值感；用“性价比”的方式解决产品竞争力问题；拼渠道、拼终端；渠道由线下铺到线上，再由线上铺到线下，从自建到代理，再从代理到直销，从城市到农村，再由公司营销部门延伸到客户企业内部；砸广告、砸地推，电话营销、呼入转营销、大客户营销、高层营销、事件营销、数字营销、病毒营销、关系营销、饥饿营销、明星代言等各种营销术轮番上演。

在企业内部，最庞大的部门是营销部门，最庞大的员工队伍是销售队伍，最大的预算项目是营销费用。华为公司因其狼性营销、大客户营销、与客户利益捆绑营销和数万人的市场军团而大获成功，也大受推崇。市场上，最发达的商业服务是传媒，是广告；最值钱的资源是眼球资源，是流量，是粉丝。飞机和火车上，往来最多的商务类人员是销售人员，是售后工程师。

在企业组织上，对业务部门实行公司化或“类”公司化管理，子公司、事业部是主要的主体类型。划小利益单位，激励各主体做市场的积极性；赋予更多的、更广泛的内部主体（包括骨干技术人员）市场经营的权力与责任，甚至是全员营销模式；权力配置和利益分配向一线部门倾斜；权重最大的业绩指标是销售指标；等等——越来越多的企业，都在转向以营销功能为主体、为主导、为中心——尽管有时被冠以“以客户为中心”的名义。

在上阶段的中国市场，这种营销驱动的经营思维和经营模式是大范围适用的，因为天上掉下来大量的空白市场和超大规模投资带来的需求突增，“抢市场”的效率至关重要，包括利用别人（主要是西方国家企业）的技术、零部件、仪器、设备和基础软件等快速“开发”（即组装）产品，甚至仿制、复制和反向工程国外企业的产品。最成功的（私营）企业家群体中，绝大部分是营销出身。拘泥于价值经营思维的企业，反而显得与现实格格不入并且进展缓慢。

营销驱动的经营模式，也是机会主义模式。而目前，这种模式正在趋于失效，原因是环境不同了：空白市场普遍被填补、长期虚假营销和产品伪劣导致的消费者对中国企业的产品的普遍不信任、消费者选择和理性增加、社会一般技术含量的产品和业务无法阻止恶性竞争的到来、中国市场的进一步对外开放等。营销驱动的企业经营模式似乎走到了尽头；而且，“走到尽头”的可能还不仅是这种模式本身，而是整个企业——在长期的营销驱动的经营模式（包括文化）下，中国企业已经严重的技术空心化、价值空心化（2018 年美国限售令下的“中兴事件”，将这种状况直观地呈现了出来）和品牌泡沫化，企业家精神普遍缺失，中国企业战略发展的基础功能（尤其是价值创造和价值竞争功能）缺乏发育，许多中国企业也因此似乎走到了生命的尽头。

继续在营销驱动的基本模式下精进和比拼，就如德鲁克所说的是“在洞里打洞”。中国企业将会进入一个经营思维和经营模式的转换期。中国企业经营的重心，整体上，需要从价值生命周期的后段向前段迁移，从价值应用向价值创造的方向迁移，从商业化经营环节向产品创新和竞争环节迁移，从产业低端向产业高端迁移，从生态系统中的外围主体向核心主体的位置提升。价值生命周期前段的经营，是一种智能性活动，重在有效性；后段的经营，是一种技术性活动，重在效率。价值生命周期的后段是商业世界的“红海”区域。

换个角度说，中国企业的主要问题，一直都是价值基础问题，还不是商业策略（包括营销策略）问题①；只是出于市场机会的原因，这个问题在这些年被掩盖和后延了，但并未被消除，而且可能相对更严重了，换句话说，这种短暂的成功掩盖了长期的竞争力的缺失。价值基础问题，即战略问题。没有强大的价值基础，就没有自主性和自我的空间，就谈不上战略发展，只有机会型发展和策略型发展。没有战略发展而只有策略型发展的企业，总是艰难的，总是会面临极大的不确定性。

绝大多数的中国企业，都还只是一桩“生意”而不是“事业”。价值基础和

---

① 不能将企业战略等同于商业策略。战略以价值为主要管理对象。战略与策略的等同容易导致企业的策略主义和对真正具有战略价值的问题的忽视。

价值创造能力薄弱，是中国企业一直以来的战略性缺陷。事实上，中国只有两类企业：工厂和营销公司。策略上的成功，无论如何都弥补不了战略发展上的不足。企业，是自我创造的社会性存在，这种存在是经由其创造的社会性价值承载和实现的。无论是新生企业，还是有可能存续的现有企业，都必须转向新的经营模式，转向价值驱动的经营模式和事业模式，而营销则回归其正常的功能位置，作为企业必需的和重要的功能之一发挥作用。中国的企业家群体的构成，应该转变为以工程师和科学家型企业家为主体。

有些路，迟早是要走的。中国企业无法回避从外生性发展向内生性发展转型，以及从策略型发展向战略型发展转型这个艰巨的任务，这是无法绕开的坎儿。中国企业需要重构其功能结构和价值秩序，并对企业系统（包括企业与市场的关系系统）进行再造，实现从营销能力为中心到以产品能力为中心的结构性发展，实现企业经营重心向价值创造过程的前端迁移，尤其是要构建那个最具企业属性的能力——创造市场的能力，并最终获得其作为一类存在的意义，而不仅是一个赚钱的技术性工具——中国企业需要二次“企业化”（相对于上一轮的管理方法的“企业化”而言）。市场创造能力，是企业战略发展的引擎（也是一个经济体内生发展的引擎）。

降维容易，升维难。价值驱动的经营模式是更高级和更高维的经营模式；战略发展是一种更高能量层次的发展。认知层次的差距看不见、穿不透。没有谁能站在比自己更高的层次，自我认知和自我超越总是困难的，因此，中国企业当下要做的事恐非中国企业自我能力所及；同时，企业的转型升级又只能是由企业自己来领导，这就是一个矛盾。我们需要为企业个体的升级进化找到现实有效的解决方案。同时，考虑到很多企业已经完全丧失转型升级的价值性和可能性这一基本事实，让老企业大批死亡，为新企业提供空间和养料，以新旧企业更迭和新陈代谢的方式实现，或许才是中国企业整体转型升级的有效逻辑——把企业做活是一种正确，把企业做死也是一种正确，管理的正确性，取决于你站在哪个维度。

第三部分

创新与组织

打造企业发展的创新引擎

创新，是企业价值型增长的引擎和竞争力的主要来源；同时，对企业而言也只有具有这种引擎作用的创新，才是有意义的。创新，来自于企业的系统禀赋和特质。那么，该如何打造企业发展的创新引擎系统？可能没有、也不会有确切的具体方案，但有一些基本遵循。

面对事物的复杂性，可以遵循的只有原则，而不是定式；面对事物的根本复杂性，原则也会显得苍白，只有去继续探求事物的真相。企业的创新，即是一类复杂性、甚至根本复杂性活动。本文将简述适用于企业创新体系构建的若干原则，并力求将其建立在对真相的考察之上。

1. 获得人才

真正的创新总是在我们的意识之外，但又要通过意识活动实现。创新，必须、也只有仰仗于人的创造性潜能的现实存在。创新，是对认知和意识边界的突破，是对未知领域的人为干预。干预需要能量，即意识能量（所谓的“企业家精神”，就是这样一种能量）。对意识边界的突破，唯有意识能量的活动这一条路径。企业的创新引擎建设，首先是一个意识能量工程。创新主体，首先要是个意识能量主体。人的主观世界是唯一类型的创新“工厂”。人才的品质，决定创新的品质。有时候，某个人不出现，某个发现或某个设计就是不会产生。存在，产生于对时空的撕裂；创造一个新的存在，需要巨大的能量，而且还要有基因的耦合。

创新，是一类复杂性活动，只能交由更具复杂性的系统（人的思维意识系统）去从事。唯有无意识束缚的意识能量才可以突破意识的边界，意识本身不可能引导意识突破自身；意识的突破总是产生于意识（间或）脱离了意识的瞬间，产生于意识能量（某种程度）的自运行状态之下，产生于意识对出现在意识之外的某些东西和信号的捕捉与感应。创新，需要用人的纯粹的意识①去感知和作用于某个对象。自我是意识本身和存在形式，自我是能量的载体，自我又是意识的屏障。排除自我才能突破自我。也因此，创新常常从意外、失败和意识能量的投射互动（如思维和观点碰撞）中诞生。真正的创新，都不是"刻意"的结果。创新，在微观上，在其真实自然过程中，只与人（群）有关，与意识能量准备有关（见图 26）。企业创新能力，取决于其思维模式资源的丰厚性和员工的创新的意识能量的强弱。

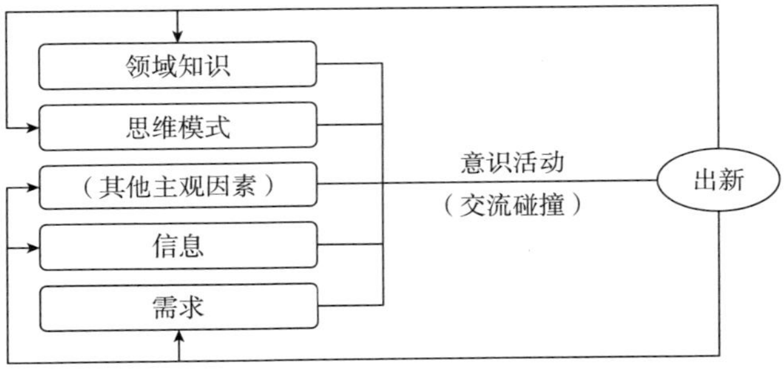

图 26　创新的微观过程解构

创新引擎的基本构成是人，其功率一般是随着人才的聚散而潮涨潮落。人，是创新引擎这个能量系统的能量因子。抛开人的因素谈创新引擎，一点现实意义都没有；不包含对人的问题的解决的创新引擎的设计，都是空谈②。起点上，当企业只有一个人或一个创新团队时，这个人和这个团队就是创新引擎的全部；过程中，平台和体系逐渐形成，并对创新者产生增强作用——这时，人，从作为创新引擎的全部，到作为引擎系统的核心——这个变化过程，也是企业级创新体系的形成和功能化的过程，是从个人级创新能量态到体系级创新能量态的跃迁过

① 如感性与直觉。知识创造本身，来自于直觉而不是逻辑，逻辑是在知识的确认上起作用。发现，更是产生于人的感知力而不是一般理性。

② 企业创新的终点是业务化。从人到业务的过程漫长而复杂，影响因素众多，充满着不确定性，因此，一个企业的创新引擎中，除了有对单纯的人的问题的解决之外，还要有很多的其他的部分。

程。存在的意义，还在于因其的存在而架构起来的系统态；存在的坍塌，同时是其所构成的关系和系统的坍塌；系统态的内含丰富而无形。

不同类型的创新，对人才的要求有所不同。创新，可简单地划分为原始创新和应用与迭代创新——这可类比于采煤过程中的“掘进”与“回采”（其中，回采是对掘进创造的价值内涵和价值空间的实现，与企业的商业属性更相一致）。原创是最难的，也是最具不确定性的，谁也不知道它会在什么时候、什么地方出现；应用创新，难度下降，确定性增加——比如，香农定理和摩尔定律的提出是掘进，是完全的从未知到已知，是对新的价值空间的发现和定义；而在香农定理给出的信道信息传送速率的上限和信道信噪比及带宽的关系下，以及在摩尔定律揭示的信息技术进步的速度和芯片制造工艺升级的物理极限下的开发，就像是回采，虽然有具体的不确定性，但并非完全的不确定，因为可为空间和方向已经是确定的了。掘进，是天才人物的事情①；回采，则会有更多的人可以胜任。掘进与回采，也是创新的两个基本方向：开创与深耕。

创新，首先是一类“烧人”的活动，需要有人才，需要能获得人才。创新不是任何人都行的，也不是任何人都全行的。人与人之间的主观作用力的差距要远远地大于劳动力的差距②。同时，由于人的主观容易固化，企业应保持人才的流动性（流水不腐），以及注重吸引年轻人才；企业还应适当拓宽人才的专业领域分布，甚至引入一些“外行”人才，利用他们没有先入观念、无拘于既成的习惯和惯例，以及可以更自由发想的优点去向新事物挑战。在创新引擎的打造上，必须正视人的强大的“内在”对企业而言的意义，企业创始人和管理层在创新管理上的唯一的重要使命就是获得最好的人才和团队，以及创造人才集聚效应，包括对既有人才的创新潜能进行极限挖掘和释放，包括创建一个适合人才修炼（如被许多日本企业强调的心性修炼）和发挥意识能量的环境。

2. 充分利用人才的“出新”能力

无论是哪个领域的创新，也无论是突破性创新还是精益创新（介于改进和创

① 没有掘进，就不可能有空间的拓展，系统将最终走向它的热力学平衡态。一个经济系统中，需要有一些有“掘进”能力的主体，他们是整个系统发展的引擎。掘进，也是对整个系统做熵减。

② 因此，企业的发展越来越取决于创新的时代，企业世界会趋于更加显著的两极分化。

新之间的一类活动，或可称之为“微创新”），在创新的完整过程中，在从创意到业务的诸多活动之中，出新（无论对与错）都是最难的，当然也是最关键的，如发现、创意、开发、设计、迭代和改进建议等；同时，在整个链条中，并非所有的活动都是创新性的和不确定性的，多半是有些部分或成分是需要创新的，而有些则是按既有的方式操作即可（如验证、软件测试、药物评价、样机制造、试用试销和推广等），两种成分叠加在一起；100%的创新几乎是不存在的。

正所谓“好钢用在刀刃上”，创新的意识能量资源是珍贵的和稀缺的，不应该让非创新性的事情耗散创新者的精力，应将创新者的主观作用力更集中地用在出新上；同时，出新，需要被尽快验证和向商业化经营环节转化，包括尽早扼杀那些不成功的项目，否则，出新会被阻滞，创新资源会被无谓地消磨。这首先需要企业在创新体系的组织架构的设计上做出安排。

设计的基本方向之一是尽可能地减少创新者的工作任务组合，使其工作更多地向创新领域、环节和活动（点）上聚焦，向需要出新的部位聚焦①。这逻辑性地导向一种“团队＋平台”的组织架构——应将其作为创新引擎的基本组织范式和组织发展的方向；并进一步走向“小团队＋大平台”的更精益的组织架构。像丰田公司鼓励员工提合理化建议的微创新模式，可以理解为一种“个人＋平台”的组织架构和系统组合。

同时，小而精的团队还有其他好处，诸如有利于创造最优质的工作，因为每个成员都热衷于他们的工作，而如果团队变得更大，流程变得更复杂，官僚甚至企业政治出现，工作就不再有趣了；人手的稀缺可以增加创新的专注度，因为不可能面面俱到，所以必须做出取舍，并不得不专注于真正重要的事情；让人产生主人意识和责任感，让团队协同效率更高；对于整个公司来说，团队小意味着试错成本不会太高，时间和方向也可以及时调整和转变，对战机的把握更加敏捷，可通过小规模试错获得洞见（很多时候，我们唯有通过参与和投身其中才能获得洞见），这既可避免盲目的和自以为是的豪赌，又能满足高速变化的市场需要，即一旦发现正确目标，可以再全力投入去扩大战果；团队越小，结果与个人价值贡献的相关度越高，对个人的激励越强等。

设计的基本方向之二是保护和尊重人的思维模式的多元性与独特性，并赋予每位员工创新的责任与权利。思维模式，是经天生赋予和后天经历编写的智能性

① 这也是在创新上，大企业优于小的创业公司的地方，它可以做到这一点。

程序，每个人都不同，而且这种不同是好事，因为不同才有创新的可能性。没有多样性和差异性的主观的存在，我们就不可能实现对无限维世界的无限维开垦。创新型企业，更加依赖于人的自然人属性。做企业，需要讲求企业主义，也需要讲求个人主义，需要整合企业主义和个人主义。创新，来自于那些与众不同的人。企业需要更多地关注那些特别的人，尊重和保护他们各自的思维模式，赋予他们创新的自由度①（自由，就是解除对意识能量的束缚）；否则，他们将难有作为，并可能会寻找机会从系统中出走。

同时，还应该看到，很难预判谁更具创新力，比如你不能肯定，“苹果”砸在一个博士头上就一定能出创新，而砸在一个硕士头上就一定不能出创新。创新型人才的边界是不清晰的。所以，在运行层面上，不是去设定创新主体，而是建立创新的涌现机制。我们不能预知创新会来自于哪个人，只能假设它可能来自于任何人。一个或几个大脑的能量，无论如何也比不过无数个大脑的能量。事实上，每位员工都有可能孕育出创新；而且，在系统的复杂性增长以后，每个人都可以和需要在创新过程中发挥作用，全员创新将变得更合乎逻辑，如松下公司的精益创新，每年可收到来自员工的几十万条的合理化建议，这在非全员模式下是不可想象的。换个角度说就是，可创新的地方无处不在，唯有调动尽可能多的主体参与其中，才能最大程度地开发这一原本无穷的潜在价值领域。

设计的基本方向之三是要能宽容失败。在创新上，成功与失败总是相伴相生的。而且大量的创新构想中，经过构想筛选、实验验证、技术开发、市场试销等阶段，最终成为技术成功和市场成功之新产品的，只占极少比例。美国学者斯蒂文等在《3000个构想=1个商业成功》（1997年）一文中指出，对所有产业而言，大约3000个产品构想中才有一个最终转变为成功的新产品；在制药业，这一比例大约为6000～8000∶1。如果对失败进行惩罚和责难，那也就意味着避免尝试新想法，创新的热情随之消失。对自我的突破，需要来自于被鼓励。但是，宽容失败，并非无原则的，否则，企业会被混同为正常的失败的个人机会主义拖进深渊。宽容错误，应该是像3M公司那样“宽容诚实的错误”。企业尤其需要通过机制的设计，避免创新者把个人的机会主义与正常的错误和失败混同。

---

① 如3M公司的经营管理哲学是：“重视员工自己的想象空间和思考方式，而且管理经营层绝对不加以抑制。”公司创办人之一的威廉·麦克奈特曾表示，“经营者的独裁和员工自主性的丧失，是最可怕的事情”。3M实行的是“无需任何策略的迈向未来策略”。

3. 以自我管理为基础

A要想对B实施有效的管理，必须以对称性为基础，包括信息、知识或认知上的对称性。可对创新而言，这些都不可能具备，因为一切都还没有产生，“他管理”是无效的。人与人之间的主观世界的不对称，是人类社会系统中的最大的不对称，而创新，需要在创新者的主观世界里展开，是一个隐形的过程。创新的“生产车间”是一个黑箱，外人无法窥视，更不可能对其行使有效的管理；同时，面对未知，更加需要由最具判断力的主体做出决策，这个主体，毫无疑问，就是创新者本人，没有谁比创新者本人更接近他所从事的事情的真相。每个人都应该在其所专长的地方处于决策的塔尖地位。还一个就是，创新的过程中，充满了不确定、反复、变化、变动、调整，甚至不断地推倒重来，在“他管理”模式下，运行效率将会低到让人难以想象，对创意的消磨会是让人难以忍受。所以，创新，在运行上，只能也需要由创新者自我管理。从企业的角度看就是，要将任务管理，以及项目管理等权力交由创新者（团队）行使，或者说，权力下放；也可以说，没有管理能力，就不要去行使管理，而是让创新者自管理[①]。

人，都是主观近视的。在创新上，最大的谬误是替别人思考和设计。自我管理，包括任务的自发和自我决策。创新方向的捕捉，包括科研方向、技术方向或产品方向，需要动用人的感觉、直觉、逻辑思维和意识的自运行，任何人都应该被允许可以（在企业战略与目标框架内）发起、组织和推动一个项目，（相对）自主地设计任务目标和阶段性结果；可自由组建和组织项目团队。权力来自于对权力的剥夺，权力是对自由的限制，权力是反创新的；权力摧毁的是一个组织的创新发展的微观基础，而且这还是一种净损失[②]。项目组织应是自发形成的和动

---

① 对于一个简单系统，靠权力维持其秩序是可能的；而对于复杂系统，这既不可能，也不会创造复杂性本身。所以，权力型组织，总是停滞在组织的低级形态上。企业发展最大的阻碍，是不当的权力。

② 人际间本无权力关系；权力产生于无中生有；权力，须经由权力对象的授予才是正当的；权力的正当性与其内容和大小无关，只与其获得方式有关；不正当的权力，对系统的作用是负面的；在缺乏正当性的情况下，根本不会再有什么设计的合理性。权力，是一个魔咒。不过，应避免将权力与基于职责和义务的行为混淆、混同；事实上，应追求的是一种基于职责与角色的工作秩序和关系模式，而不是基于权力。

态的，对于创新而言，每次任务都是新的，或者说，任务是变动的，所以，每次都需要重新进行匹配，这种复杂性和专业性系统的组织匹配过程，唯有通过自组织和动态集成的方式才能有效实现①。自由度越大，人才施展的机会越多，人才被埋没的机会越少。自组织，也是对人才连接能力的释放，每个人都是社会人才网络中的一个节点，应该有效发挥企业内部人才对这种社会人才的连接能力。自组织，还是开放型人力资源模式得以实现的微观组织方法。

管控，是加诸在系统身上的枷锁，它在获得简单的秩序的同时，也严重地束缚了系统的能量。创新力，不可能来自于一个“管控型系统”。创新，需要的是一种“非权力型组织”。权力的浓度与企业的创新力成反比。企业须避免对创新活动和主体施加不必要的外在的束缚。去除束缚，有助于人回归纯能量态和自由态，而纯能量态是没有方向的。因此，更有可能突破意识边界（所谓的“急中生智”也是这个道理，人在危急和困境下，更容易抛弃一切观念上的束缚）。我们不能预知创新会从哪里产生，只能假设它可能从任何地方产生。员工创新的可能性，就是企业创新的可能性，而这种可能性与员工的自由度相关。自由才是第一创造力，每个组织都需要有一批自由的灵魂。你不给别人留空间，结果到最后自己的空间也没了，这句话用在创新管理领域是再适合不过了。

任何外力的强制，都是在预设创新的结果，都是反创新的。误导也是一种强制，是一种隐性的意识上的先入为主，缺乏洞见的规划尤其容易造成这种误导。创新型企业应该将规章制度降到最小。仅就创新而言，失控是一种必需的状态，所有的制度都是画地为牢。没有自由，就没有原创。自由，是对创新的自然属性的遵循；当然，不是完全的自由，而是有管理的自由，或者说，框架下的自由，包括或多或少的固化的部分和成分。如果我们让一切都处在把控的状态，就不可能产生新的突破；一个控制型企业本身的发展，在趋势上，一定是收敛的。在自由与干预之间的摇摆（或说，结合），实则是因为人类理性与理性有限性的共同存在，它是人类社会行为的正确姿态。

以自我管理为基础，是为了确保创新活动的决策和管理权始终配置在最具创造力的人手里。权力体系设计，关乎系统的秩序和意识能量；对创新而言，意识能量重于秩序（对生产则相反）。权力是对权力对象的自由度的限制；对自由度

---

① 实现人与任务的最佳匹配，以及达到人与人之间的主体认同（彼此认同和彼此不认同的人在一起工作，效果是很不同的），是任务组织应遵循的一项基本原则。

的限制，也是对对象的意识能量的限制。现实中，权力者很容易越过权力的边界，所以对创新型企业而言，尤其要小心权力这个东西，对权力边界的界定必须明确，对权力的约束必须具有刚性①。企业，作为一个价值系统，应该是围绕价值展开，而不能是围绕权力展开；换句话说，价值而不是权力维度的理解更接近于企业的本质。

创新，就是一遍遍重走主体创造客体的过程；就是以人为中心、以团队为中心，重走企业产生的自然过程的过程；就是以人的主观作用力去塑造一个存在的过程。创新者的主观作用力的品质造就企业创新结果的品质；其主观作用力的上限，就是企业创新力的上限，只有创新者本人才能达到这种品质和上限。创新者是走在最前面的人。而且，真正的人才，都是自驱动型的和有自管理能力的。创新，在微观上，在其真实过程和组织上，适用“创新者领导”模式。桥水公司的“创意择优”原则，谷歌公司的以创意精英为核心，3M公司的“创新小组”模式，曾在硅谷盛行的“合弄制”，以及以色列的有些创新型公司执行的“底层CEO”模式和创新种子公司模式等，都是符合这一运行模式的具体组织模式设计。

对于一个尚未可知的东西，人们是不可能解构出它的“生产”流程，也不可能建立起关于它的有效的评价标准的②，在管理上，只能是将创新的完整过程“打包”配置给创新者，交由创新者（团队）在大脑和意识能量系统中完成这个过程。以自我管理为基础，并非是没有企业层级的管理。企业的管理是在创新者自我管理和项目管理的基础上的管理，或者说，是“对项目的管理”（包括对项目经理的管理）。它也是一种自我管理——企业作为一个主体根据自己的需要而行使的管理，是一种基于框架和结果的评价、决策与行为。代表企业行使管理的管理者，需要能理解创新的本质，这要求他们必须首先是创新者出身。人无法真正理解自己没有体验过的东西，没有过创新体验的人无法真正地理解创新——所以无论在微观层级，还是在宏观层级，创新都需要创新者领导和驱动。企业创新

---

① 权力，亦满足某种人性需求，尤其是低层次的人性需求。低层次的人性需求与人的本能相关。人的层次越低，其人性的需求层次越低。因此，对权力型组织的革命，既不可能由权力者完成，也不可能由低层次的人完成。

② 关于它的秩序和标准是由创造者一并创造出来的。在我们尚不具有秩序的设计能力的地方，应该是让秩序自发形成，创新型企业总是处在某种程度的失控状态；也许是因为本能的对失控的担忧，经常使我们忘记了还有这种的秩序的形成方式——也即秩序的最原初的和基础性的形成方式。创新是处在事物开始的地方的一类活动，对它的管理应回到那个点上进行思考。

体系的运行管理架构，也是一种以“人治”为主的管理架构。在尚不能规划化的地方，以及规则之外，只能交付于“人治”。不能让不懂的管理懂的，不能让庸才管理天才，更不能让外行管理内行。企业创新管理制度设计的原则之一是，即便不能促进创新，至少不能成为扼杀创新的东西，正如3M公司的第十一诫：切勿随便扼杀任何新的构想。

4. 构筑平台

平台，是“团队+平台”的组织架构的构成（这种架构尤其适用于那些多项目企业和创新型企业）。构筑平台，是对“团队+平台”的组织模式的实现，使企业的创新体系从最初的完全一体化的项目组织模式一路升迁过来。但平台的作用不仅是有利于减少创新者们的工作任务组合。平台化，可以使企业在创新上实现大组织的实力与小组织（即团队）的活力这两个优势兼得。

平台，包括价值要素平台和功能平台两类，是指将创新过程中的共用部分、共性部分及已有成果的合并构建和开放使用，使其可以共用、共享，可以重用。不同企业的创新平台种类，与其对创新过程的解构有关，它们可能是：要素平台、技术平台、产品平台、测试平台、中试平台、业务平台、交流平台、合作平台及其他功能平台。企业还可以根据其创新领域、模式和体系特点的不同，生出各自的特色性的创新要素或功能平台。

其中，要素平台，指产品要素平台，如以色列的Supercell公司，将游戏开发过程中公共和通用的游戏素材和算法整合起来，为创新团队提供开发的工具和框架；技术平台，如3M公司有47个核心技术平台；产品平台，如手机、汽车、飞机制造商和软件服务商的产品开发平台，可以在其基础上开发多种车/机型和应用，以及进行迭代开发等——每家企业都至少应该形成自己的产品平台；业务平台，有两种含义，一种是为创新成果的业务化发展而建设的业务管道，另一种是以现有业务为基础开展创新——这也可以作为传统企业向创新发展模式转型、汇聚创新能量和打造创新引擎的一种切入方式；交流平台，如3M公司的技术论坛、专题共享网络和俱乐部等。

平台，为个人和团队的创新活动提供支持，既有利于其快速出新和试错，也有利于其快速验证和转化；又像是台阶，使创新者可以站在更高的起点上进行创新；同时，由于提高了要素和功能的共用性，也就提高了引擎系统组织的整体效率；还有就是，有利于引擎系统的有序演进——非创新型企业是一个静态的价值系统，创新型企业是一个动态的价值系统，如果再没有如平台这样一类相对稳定和确定性的部分的存在，系统很容易走向彻底的失序和无序，要么，停滞在小综合型的封闭一体化的缓慢的、低水平与低效的创新实践状态。

平台，来自于过程中的构造与沉淀，是企业的一类过程性资产。平台，也是企业创新过程中的知识、能力和资源的蓄水池（否则，这些会在过程中流失，或者仅留存在个人身上，最后再随人员流失而流失）。在这些东西在平台不断沉淀的过程中，企业创新的土壤越来越肥沃，台阶和基准越来越提高；同时，创新者又因此总是处在被“归零”的状态，唯有继续创新，才能成为其任务和使命，才是其继续存在的价值——平台，又是驱动创新的“棘轮”和机制。平台，形成企业创新体系的底蕴。构筑平台，就是构筑相对于竞争对手的创新壁垒。平台的迭代升级，也是创新引擎的迭代升级。平台版本的等级，差不多等同于企业创新体系版本的等级。

平台，是企业创新环境的主要构成，是创新引擎的引力所在。企业也是一个力学系统（力学系统是一个隐形系统），价值是引力；在一个开放的系统中，没有价值引力，秩序将无法维持，系统将分崩离析，聚集效应（如对人才的吸引）更是原本就不会产生。价值引力，决定企业所处的维度，决定企业可以驱动（或整合）的社会资源的类型和多少。在企业的创新体系中，平台越强大，团队就可以越小，团队对平台的依赖也越大；平台越强大，越有利于企业实现对创新者及团队的吸附和调动，也越可以更加的开放。平台，也是那些创新巨头公司可以轻易碾压，以及收编那些小的创新型创业公司的所在和原因。创新型商业时代，是一个“A 级小组 + 平台”的时代。

5. 开放

开放，即以开放型管理思维，构建开放型的创新体系，包括开放的内部创新系统，以及有效利用社会创新资源与能力，把整个社会都变成企业创新体系的组成部分——“封闭的圈子再大也是渺小的”，对创新而言，这一点尤为重要。任何主体的创新力都是有边界的、有限的和有上限的。开放，就是尽可能地突破这种有限性。封闭的系统进化缓慢①。人类在信息技术领域之所以进化得如此之快，是因为信息技术内在包含了开放这种属性。开放，主要是通过消除边界、共享、流动、生态化和自组织实现的。

创新，是对企业价值体系的拓展，本来就只属于开放性质的系统。开放，也是对主体的量子态属性的还原。企业创新体系，应该是一个复杂性工场。向创新型企业转型，就是把企业工场化，把合作生态工场化。有意义的是内在的秩序和内心的秩序，而不是外在的秩序和表面的秩序。企业须保持人才的可流动性，包括流动、流进和流出，构建开放的人力资源管理体系。人类尤其容易遭受自己创造的东西的桎梏，自我的突破总是困难的，人才的流动还有利于突破企业作为一个系统的意识边界。

对于那些沿袭传统组织模式的企业而言，开放，意味着首先要拆除部门墙，解耦传统的个人与岗位的关系，将人从组织中解放出来。项目组织从封闭式集成到开放式集成——可能是完全开放，也可能是有限开放，实践中，一般会是某种程度的有限开放。系统的网格化组织是对意识能量的束缚。更进一步地说，任何固定的组织都是对能量的束缚，理论上，对于一个创新系统而言，应该消除这种组织；不过，实践中，又不能完全这样去做，因为我们还需要秩序——至少是最起码的秩序。

开放，包括构建创新生态，尤其是对那些从事复杂产品经营的企业而言，如手机、飞机、汽车、光刻机等。生态，是一个半开放与半市场的组织。随着产品复杂性和知识含量的提高，这种创新生态甚至会出现在每一个领域。那些行业巨头更应该利用其强大的能量，成为创新生态的培育者和受益者。

开放，也是企业创新体系的维度提升，以及对框架缺陷性问题的一种解决——对创新性体系而言，任何框架都不可能是完美的，都是有问题的和阶段性的；开放更有利于问题的暴露和促进框架的自我完善与自我演进。开放式纠错和开放式进化，是最有效的系统纠错和进化方式，是对“大道”的遵循，是在利用自然演化不断寻找那个最佳的人为秩序。

---

① 家族型企业，要解决的一个问题就是，如何突破家族这种圈子属性的局限。

6. 自我所有权原则

企业可以买到一个人的时间，可以雇到一个人到指定的工作岗位，可以买到按时或按件计算的技术操作，但你买不到创造性，买不到一个人的全身心的投入。创新，是一种意识行为，只能靠“意识”的自我投入的方式实现。创新，是天然的自我所有权。自我所有权原则，是创新的第一机制。这一机制性问题不解决，其他问题的解决的作用都是有限的，甚至是无效的。当核心资产主要是知识资产的时候，传统的所有制制度自然崩塌①。

如果我“拥有它”，就会真心投入，这就是人性，人性是一种自然力。组织设计，不应脱离自然人基础；乌托邦式的设计思想和组织类型，注定以失败告终。人性，就在那，我们不能假设人性是什么或不是什么。人性，是个人能量的构成，我们无法将其从个人这种能量态中去除。同样一件事情，用打工的心态和用创业的心态做，情形完全不一样。所有权与企业家精神是天然地联系在一起的。创新不能是一份“工作”，它只能是一项“事业”。创新型组织的一个特点就是让每一位员工“拥有自己的工作”，且以自己独特的方式做出贡献。人的潜能只有经由鼓励才能被更充分地发掘和发挥。创新型企业，必须是一个“鼓励型系统”。

创新，本就是企业家精神的核心内涵。毫无疑问，拥有自己的成果才可以最大限度地激发人的创造潜能和积极性。当创造力成为发展的关键因素时，唯有私有制经济体才会繁荣。私有企业制度只激活了企业所有者的企业家精神，还要将这种制度进一步下沉，激活所有员工的企业家精神，使企业成为一个“私有的集体”。创新型企业一定是创造者所有，因此，我们也看到了股权激励制度和利润分享计划在员工层次的普遍运用的趋势。

激励机制的核心是个人与公司之间的关系模式。遵循自我所有权原则（“拜

---

① 工业革命以来，极权主义就愈益陷入它的危机。工业革命重塑了人类创造社会的模式和历史，创造力日益成为参与者的竞争力和命运的决定性力量。人的创造力的发挥以自由和对个人权利的尊重为前提，极权组织显然不能提供这样的环境。所以极权组织即便不被终结于个体意识的觉醒和力量的崛起，也要终结于它的创造力的不足。自我所有权原则，也是稳定的和有创造力的社会性系统的基石，及其系统规则演进的一个基本方向。

杜法案”原则与此相通），创新者与企业之间的基本关系模式，应该是一种类似市场性质的关系模式（交易与合作），至少在心理契约上如此。契约型系统是一个（价值与能量的）增强型系统和激励型系统，权力型系统是一个损耗型系统和约束型系统；契约方式在调动对象的能量和强化其责任上更具效力；相对而言，契约型组织的价值创造力要优于权力型组织。创新型组织一定是一种契约型组织，而不是权力型组织。消除权力，有利于提高组织的整体福利与价值创造力。从企业的角度看，则是一种基于价值的类市场化治理模式。与这种激励机制叠加的，是兴趣、自我实现、使命与道德激励，这些要靠人才的选择（机制）实现。

市场机制，是目前为止最有效的激励和约束机制。价值的市场评价可能不是最合理的，但却是最能让各方都认可的，并且也是最符合企业及个人作为商业主体的基本属性的。市场是市场的标准。市场主体，是天经地义的以市场为评判标准的主体。市场，是一种基于结果的选择和交易系统与机制。创新，应有其独特的筛选机制。创新者要想获得公司和市场的认可，需要自我证明。对于一个新东西，我们只有通过将它变成现实来证明它的正确性。用（阶段性）结果证明，既是交易的需要，也是一种筛选机制。从企业的角度，只是去根据结果选择，而不是在尚未发生时进行预判，这当然更有可能做出正确的决策，因为信息更为充分了（一些）。如果无法预判，就不要预判。事实上，有些事物的必然性要到最后才能呈现出来。自然生发、市场选择是有效和最佳实践模式；自然生发创造选择的基础。那些还没有形成创新（管理）能力的企业，更应该利用市场机制去实现自己的创新发展目标，并作为自己向创新发展模式转型的起步，去形成创新体系最初的核心和聚集态。

不确定性，只有用人的方式来解决。自我所有权原则，也是对创新者的自我约束机制。让创新者成为自己的创新性活动的最大投资者，让创新者自己投资于自己的不确定性（不确定性，包括创新者本身的原因，在管理上，应该将这种因素导致的结果内化或部分内化——企业应根据创新类型及自身的管理能力，设计创新性活动的创新者内化程度），让企业价值平台化，个人价值公司化——确保自我管理是有效的。对企业而言，可通过这种机制的作用，使其对微观自然过程的管理成为不必要；同时，也避免陷入对失败宽容还是不宽容的两难。

实践中，该原则可转换为某种对等性质的激励机制的设计。这里的自我所有权，不是法律意义上的所有权，而是指保障创新者拥有与其成果的市场价值相称的权益。其核心是对自我所有权的承认，准确评价和实现还在其次。实践中，可以对其做多种解构和具体设计，可以是完全的市场化方式，也可以是企业自设的诸多方式。这种权益在不同企业经过设计，可能表现为荣誉、具名、待遇、收益、奖励、股权和长期承诺等。在机制的自我设计上，以可以产生内在的自我激励和约束为原则，以激励创新主体实施有效的自我管理为原则等。创新型组织，适用事业型的激励制度和创新性工作的报酬模式（比如由于人与人之间创新能力的巨大差距，收入差距自然是增大的，企业的收入分配机制要能与之匹配，并能包容这种收入上的新的合理差距）。绩效管理，也是对人的价值、作用和潜能的开发方案，是将对人的管理与企业目标连通起来的一种设计。

企业对创新的需求，或许意味着雇佣制模式的终结；雇佣制模式下，收获的更多是“表演式创新”。人，根本上，只忠于自己；人，终究都要回归到对自我价值实现的追求上，企业只不过是这其中的一种工具和平台。创新型经济时代，是一个自雇佣时代，是一个自我经营者时代。创新型企业需要的是真正的事业合伙人、创业合伙人，彼此在利益上相互关联而又相对独立。企业与人才、人才与人才的关系趋于合作。企业与创新者之间的关系，更趋近于一种互相增强和投资的关系。“人才 + 机制”是创新引擎的核心。

7. 建立框架

前几部分内容，是一个强大的创新引擎的实体性构成和微观基础部分。这些设计还需要“合成”一个体系——对企业创新的管理体系。这是一个框架性体系，主体内容包括：战略与文化、目标、模式与策略、方法、组织与机制、治理体系与运行管理架构。框架，不是管制，而是形态的构造与塑造，是系统的架构与规则，是更高层次的系统的秩序①，其中留有大片的创新（管理）者自为和人为的空间，并非细致的、清晰的和具体的，而是概括性的、原则性的和整体性的②。框架，是创新引擎的基础性和总体性设计。创新型企业与量产企业的设计

---

① 企业是一个多层次的系统，必须要有这种层次的秩序，否则一切都是处在原子层次的自由状态；而且，系统越大、越复杂，越需要构建它的整体的和深层次的秩序。框架，还使得系统在底层自治和分散的情况下，仍具有整体性；框架，亦是对系统的整体性的管理。

② 由于管理对象的不确定性、开放性和混沌的属性，体系设计得越细致就越荒谬。

思路正好相反，一个是清晰化、规则化、结构化和格式化；一个是反清晰化、反规则化和反结构化，保持灰色和混沌状态，保持自由态和可能性等。

不同类型的创新，管理体系的框架性应是不同的——从科学研究到效率创新，框架越来越具体并具有硬约束性；相反，框架越来越具原则性和软约束性。同时，框架应该是，也必须是阶段性的；企业应不断改进和深化这个框架，使其更接近于创新的本质，更具有效性、效率和创新管理的知识含量。整体比具体、框架比细节更具确定性和可认知性，对企业而言，尤其是对那些欲向创新发展模式转型的企业而言，框架的建立可以，也应该先行，以发挥其引导功能。

框架，是作为创新的投资者、经营者和系统管理者必需的管理。除了作为整个体系的构成外，框架还有其特殊使命。例如：在创新上，一方面，企业需要员工的主观的无限维自由度的参与；另一方面，这种参与又会导致企业的失序、复杂性和效率问题，以及管理难度的大幅增加——这是一个悖论。既不能限制人的主观能动性，又需要限制人的主观能动性。有效的做法是用一个维度、容器去截取、去规制、去容纳、去汇聚、去引导和整理人的这种主观能动性，将其导向企业需要的方向，并使整体能量态符合某种系统形态。

创新型系统的属性是不稳定性——创新，本来就是出新和再出新，重构和再重构，颠覆和再颠覆，因此，也需要有一个框架和平台，使系统具有相对的稳定性和某种秩序，避免系统走向彻底的无序和碎片化，避免系统走向崩溃和解体。企业创新体系，是自由与框架、有序与无序、开放与固化、自组织与规则、不确定与确定等的统一①。任何秩序，都是一个悖论性存在，否则，将失去其秩序。

威权冲动需要抑制，想象力也同样需要规范；自发是必要的，但未必是完善的；自生自发秩序的呈现需要诸多的外在条件；规则产生有效的自由度。框架，是对创新的企业属性的遵循，并可避免过度自由化导致的无序和冲突（我称之为“自由的冲突”）。框架的设计，最能体现设计者对企业创新的本质和机理的理解与认知，包括：由于知识创造的累积效应，要为企业的创新选择一个领域和方向（赛道），不能过于发散；对创新生态的圈设；对创新体系与业务经营体系的叠加方式设计；对创新需求的设计，等等。

框架，包括对自由的制度性保障和对多样性的构建，包括对制度环境的构

① 创新作为结果是一种不确定性的东西，但是，对于一个组织而言，导致这种不确定性产生的内在原因（尤其是制度上的原因）却必须是确定性的，这一点我称之为“不确定性—确定性”法则。

建。框架，是企业创新的引导程序和场力，以及对系统结构和系统工艺的设计。人的潜能需要被调动，长久的搁置会使其变得“锈蚀”从而失去这种潜能。创造力不是在所有系统空间和区域都能够释放的。企业不可能规划创新的产生与否，只能创设一种有助于创新产生的环境和土壤，创造一种鼓励创新精神并使之得以有效驰骋的企业氛围。

框架，还包括对创新体系和商业化经营体系的关系设计。二者既要融为一体并相互增强，又要相对独立（因为管理属性不同）；同时，二者还要保持平衡，商业化经营体系的比重过大，会使整个企业渐失创新型的组织环境和主体结构——所以，赚钱太容易有时会对企业的创新力造成损伤，因为这会导致其商业化经营体系的扩张和中心化，导致其为扩大市场而在经营层次上逐渐走低等，企业需要在框架设计上对诸如此类的问题都加以解决。

可靠的成功必须建立在确定性的基础之上。创新管理须同时解决这种活动的不确定性与经济性（相当“烧钱”）对企业的影响。创新依然没有违反因果律。创新与结果之间其实也是确定性关系，只不过是另一种类型和更高维度的确定性关系——整体因果性或几率因果性①。就知识而言，从创新成功和失败中得到的东西一样多，一样有价值；单个项目的确定性是没办法追求的，整体的确定性是可以追求的——随着系统的扩大，随着时间维度上的延长，这种确定性、这种无差异性会逐渐产生并显露出来。创新，成功的结果是知识，失败的结果也是知识；证实的结果是知识，证伪的结果也是知识。正与反中内含着相同的真理，而且失败往往能把真理勾勒得更清晰。在一个无限游戏的场景中，它们都是有价值的。这些都是框架设计要解决的问题。框架，又是企业创新的宏观管理体系。

是人的主观的参与，制造了不确定性。主观的参与的增加，导致了不确定性的增加。主观参与与不确定性构成一个不断升级的循环②。创新管理，即对主观

---

① 我称这一类为“大因果关系”。当我们追求更高层次的目标时，我们就是要面对一种大因果关系情境。世界是一个多层级的因果关系系统。不同层次的主体，面对的是不同层次的法则。企业转型升级，必然涉及经营逻辑的转换。用适用低层次管理对象的思维去管理高层次对象，根本就是驴唇不对马嘴。不能因低层次目标而破坏更高层次的机制，如政府对市场的干预，虽然可以取得一些直接的效果，但会破坏市场机制这种更高层次的力量。

② 商业世界的不确定性是与生俱来的，其本身就是不确定性的一种结果。不确定性是商业世界的本质。世界的不确定性不可能被消除，因为不可能排除人的主观的参与。所谓的确定性只在局域范围内存在。创造未来的，才可能拥有未来。企业的唯一的正确应对是，与不确定性共舞，以及基于不确定性假设的企业设计和管理思维。

参与的不确定性过程的设计与管理。不确定性，有程度之分。创新管理，可能是目前为止最具挑战性的管理课题。创新，对于绝大部分企业而言，还是一个“黑箱”，还缺少有效认知和起码的管理能力。创新力是意识能量、意识准备和系统支持的函数，用公式表示为：f(C) = 意识能量 × 意识准备 × 系统支持。向创新型企业转型，首先要围绕创新力的构成培育自己的创新管理能力。传统的以生产和运营为主要管理对象的管理不适用于创新管理，企业之前习得的管理技能不能移植到创新管理上，甚至会成为创新管理思维形成的障碍。

在创新面前，任何曾经的强大都经不起考验。当我们需要将企业建立在知识和人的主观作用力的基础之上时，企业的形态就与之前不同了。对创新的日益强烈的需求，正在引发新一轮的企业相变以及对企业的重新定义。企业（作为主体）本身在趋于平台化、管道化和容器化。

强大的创新引擎不是一天或一次性建成的——无论对新企业还是向创新发展模式转型的传统企业而言，都是如此。阶段的划分，是对条件性问题的解决，也是与实践的真实自然过程的匹配。企业可分为初级版、中级版与高级版的阶段来构建和逐步升级自己的创新体系与创新引擎系统。创新，来自于对人的创造性潜能的开发。企业创新管理，本质上，是关于这种开发的技术工艺和方法设计，以及站在企业角度的系统设计。

企业创新的基本类型

创新，是对新价值域的开发。从价值过程和价值系统的维度，将企业创新区分为四种基本类型：科学发现、技术、产品设计和效率。其中，技术和产品设计是对产品创新的再细分。需要说明的是，实践中的创新并非区分得如此清楚，常常是多种成分的混合型。

1. 科学发现

即对未知或自然法的揭示，主要包括事实的发现和理论的提出，如电子、X射线、放射性和各种基本粒子的发现等；经典物理学理论、相对论、量子力学、进化论、原子结构和原子核理论、香农定理的提出等。科学发现，是人类在对对象的“认知”上的突破，并同时解决人类创造的方向的正确性问题。颠覆式创新的前提是科学发展而不是技术发展，技术不具这种能量。

科学发现是科学研究和理论研究的结果，即科学知识①。科学发现不会经常发生，尤其是重大科学发现；更多时候，人们取得的都是零星的小发现——当然，这些小发现都是有价值的，并与重大发现共同构成一个认知体系②。从价值上看，科学发现就如同煤矿开采中的“掘进”，打开一个个全新的价值领域和价值空间，塑造和再造一个个产业。

---

① 不能把科学知识等同于科学，打个比方，科学是一种“生产线”，科学知识是其下线的“产品”，二者没有任何交叉和含混的地方。

② 相对于构成世界的元素、规则和无限维的先验性存在而言，人类不过是发现和实现了些什么，而从未创造过什么。人类社会（包括商业世界）只是人类行为的一个局域空间，人类通过认知的发展不断拓展这个空间。

在商业世界，只有极少数真正优秀的企业有科学研究的能力。在科学研究上，有效利用社会资源（包括科学家资源）是企业最应该采用的方式——科学研究更需要开放式模式。任何一个领域都存在尚未被认知的东西，都需要科学研究，包括管理学。管理学的科学研究主要是对管理对象的认知和对企业实践的理论解释。

2. 技术

技术，是指关于一种产品的知识和制造方法。产品，可以是不同层级的产品：零件是产品，部件是产品，单体产品是产品，系统也是产品。技术有很多种：电子信息技术、生物技术、制药技术、材料技术、自动化技术、能源与节能技术、环境保护技术、农业技术，以及算法和代码技术，等等。越来越多的产品需要集成多种技术。

任何一个领域的产品技术或任何一种产品的制造技术都可以无限地深入发展下去，技术创新和技术发展也是无止境的。一方面，工业时代以来，产品及其制造的工艺与技术越来越复杂和精深，如芯片制造工艺和技术、燃气轮机的系统设计等，技术创新和竞争的门槛也在不断提高。另一方面，由于技术含量和复杂性的增加，商业世界将合乎逻辑地走向技术创新的生态化和开放式；同时，当技术复杂性达到一定程度时，跟创和仿创模式将变得无效，复杂性本身是一种壁垒（笔者称之为“复杂性壁垒”）——正如2014年6月上海电气集团股份有限公司总裁郑建华在谈到与世界第一梯队在燃气轮机领域的距离时所说的：我们只能按图制造，却不知道为什么这样设计；由于缺乏技术理解，在制造的过程中任何一点修改都要听外方的，没有研发能力。

技术的产生是以科学发展为前提和基础的。技术的创造者，可称之为工程师。不过，技术创新与“认知”发展往往是交织的，优秀的工程师，至少要是半个科学家，离开科学基础，技术创新往往走不开、走不好，甚至会走不下去。技术创新者需要有贯通科学的能力。

3. 产品设计

产品，是关于需求的技术解决方案；产品设计，就是那个“解决方案”本身。产品设计是对产品功能、结构、形式、规格、审美等的开发，以及对价格、社会心理、便利性、场景、运输、体验等等需求的回应，是一种真正的创造性设计。

产品设计可能是基于现有的技术（包括别人的技术），也可能需要通过技术的进一步创新去实现。产品设计创新与技术创新的集成，就是完整的产品创新。产品创新，是一种创造市场的行为，也是一种市场创新。

产品设计创新的经典案例不胜枚举：即时贴、创可贴、速溶咖啡、信用证、信用卡、福特T型车的设计、葛兰素史克公司的干粉吸入剂、真空采血器、牛仔裤、T恤衫、亚马逊的Kindle；Facebook和微信作为一个产品，其设计也是堪称完美；史蒂夫·乔布斯的iPhone的设计更是经典中的经典，尤其是其将手机与互联网连接的设计，更是重新定义了手机及整个手机甚至互联网产业（包括直接导致移动互联网产业的爆发）。

产品设计创新总是与需求联系在一起，卓越的产品设计创新离不开对需求的洞察。产品设计创新最需要贯彻以客户为中心和需求导向的经营理念。也因此，客户参与或与客户共创就成了实践中一种行之有效的产品设计创新方式。

产品设计创新，是产品竞争力的一个重要来源。在某些产业领域，如服装、金融服务业等，产品设计甚至比技术创新更具价值。任何一种产品都需要设计，产品设计创新可以无处不在；任何一种产品设计都有再创新的需要和空间；需求的多维度理解和需求细分，使产品设计空间进一步增大。产品设计创新，是企业创新的一个富矿，也是许多企业都可以有所作为的创新领域。

4. 效率

效率创新有三种。其一，组织创新，即通过组织模式、流程、机制和管理方法创新，提高企业系统或功能体系（如生产体系或创新体系）的效率。福特开创的流水线组织模式、Zara的以设计师为中心的组织模式（大大缩短了新产品上市的时间）、韩都衣舍的平台化组织模式、3M 公司的“创新产品小组”模式和新产品开发精益管理流程（NPI①）、日本企业的“质量小组”模式、丰田公司的看板管理和精益生产模式、晨星西红柿公司的“自管理”模式、Goole 公司的 OKR 项目管理模式等，都是典型的具有效率意义的组织创新。

其二，商业创新，即通过业务模式、商业模式和运营模式的创新，提高企业或业务的商业化经营的效率。如电子银行、互联网银行，EPC 业务模式（通过将工程项目的设计、采购、施工一体化提高项目组织效率）、Zara 的“快模式”、高通的技术许可和商业生态模式、迪士尼的品牌授权模式、平台模式、戴尔的直销模式、电子商务模式、连锁经营模式等，都极大地提高了企业的经营维度和经营效率。

其三，信息化创新，即创新企业运行系统（包括与市场的关系系统）中信息性成分的组织模式与实现方式，有效利用信息技术和互联网的工具作用和管道作用，提高系统效率。信息化创新属于组织创新，是信息维度的组织创新，由于又涉及其他专业的技术，这里将其单列。

企业的创新也可分为科学创新、技术创新、市场创新和管理创新这四种基本类型。创新的机会无处不在，但又只对能发现它的人而存在。企业创新能力的结构，与其人才结构相关，并基本对应。企业人才一般都会是一种金字塔结构，也可根据人力资源金字塔对创新型企业进行分类（见图 27）。反过来说，不同类型的知识，需要不同类型的“生产”能力，适用不同类型的“生产工艺”，所以，不同类型主体的人员结构和创新（管理）体系会有差异。

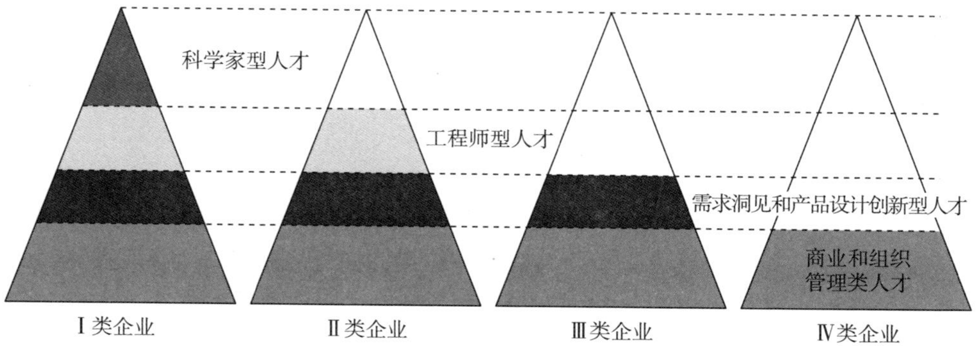

图 27　创新型企业分类

① NPI 包括七个环节：提出创新的想法（Ideation）、形成概念（Concept）、可行性分析（Feasibility）、产品开发（Development）、量化生产（Scale up）、上市（Launch）及上市以后的反省与改良（Post - launch）。通过这个系统化的新产品开发流程，帮助有商业前景的新产品成功进入市场。

企业创新体系的构造与形成

构造在很大程度上决定了系统（包括生物系统，如细菌、动物和人）的性状和性能。每一种系统都有其特有的构造，否则，它就不再是这种系统，而成了另一种类型的系统，呈现另一种类型的性状和能量态——换个角度说则是，其原来的性状和能量态消失、消退或表现得不再明显。物种的不同，主要是它们的构造不同。系统确有类型上的差别，你不可能寄希望于一个生产型系统会具有创新性。

企业创新体系也是系统，也有其特有的构造和结构（结构是构造的外在形态）。实践中，如果不是遵循这种结构，我们其实就不是在构建企业创新体系，而是其他的什么体系（只是有时候我们对此意识不到或不自知罢了）；企业的创新力表现为不强、低下，甚至根本展示不出创新力，是自然的，也是必然的。

对系统构造的研究的意义不言而喻。对系统构造的研究可以有多个维度。本文将对我的关于创新体系构造及其形成过程的研究成果进行分享，试图为企业创新体系的形态管理提供依据，以及为企业创新体系的正确构建和科学设计、实践化设计，为创新管理思维的形成，为向创新型企业转型提供必要的宏观指引。

1. 构造

企业创新体系，逻辑上可划分为三层：创新项目、企业环境和社会环境（见图28）。创新体系中内含着创新管理。创新管理，即对创新实践的管理，包括对创新活动的管理和对创新系统的管理，以及对其中的各级各类主体的管理。对创新系统的管理，表现为系统设计；对创新活动的管理，即项目管理，包括内含于其中的个人的自我管理——因此，创新管理有三个层级的内容：自我管理、项目管理和系统设计（或称之为“企业级管理”）——需要特别说明的是，对创新管理而言，自我管理的作用不容忽略和替代。

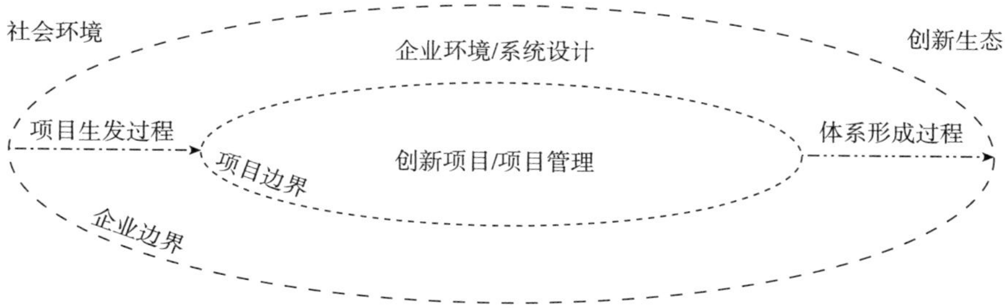

图 28　企业创新与管理体系

其中，之所以把社会环境作为企业创新体系的构成（外围的、隐含的和无限的），是因为企业本就是某种能量的聚集态，社会环境是这种能量的原始来源，对创新体系而言，亦是如此；还因为每个组织的创新能力都是有限的，无论它有多大，企业需要把眼光投向更为广大的社会系统，不断地从中汲取创新能量，尤其是人才和创新成果。99%的创新是发生在企业外部——就连最优秀的企业，面对的也是这种情形，所以，在创新上，自我封闭是一种极具危害性的狭隘。换个角度说，创新是对人的创新潜能的挖掘，挖掘的范围没有理由主动设限在某些个人或企业自身范围，没有理由不包括社会系统这一具有无限潜力的人才“矿藏”——除非企业是非理性的。因此，企业创新体系理应和需要是开放性的，边界是模糊的和可变的、易变的。再者来说，企业，本就是在自然秩序之上建立起来的人为秩序，是在社会系统之中圈设而成的商业性质的价值过程系统；需要使企业这种人为的系统自始至终是融入在自然秩序和社会系统之中的，否则它将失去它自身的来源。

企业环境，指对于创新者和创新项目而言的环境，包括：资源环境（人才、知识、条件和资金）、制度环境、文化环境、平台和功能准备等。就总体而言，创新，是个人驱动的，更是环境驱动的，正如《自下而上》一书中的有句话所说：只要条件合适，新技术将带着自己的节奏，自然而然地在最合它胃口的地方和时间产生。企业环境好比水体，创新成果好比是鱼，什么样的水体生长出什么样的鱼是一定的。相反，与贫乏和不适应创新的环境相伴的，一定是创新本身的匮乏——对一个国家而言，也是如此。

环境中的主体无法脱离环境而存在，难免受到环境的多重因素的支配；环境通过各种方式作用于个人和创新项目，包括形成关于什么是真理的自我的标准；即便是个体的独特性，也会受到企业环境的裹挟与重建。个体与环境相互塑造，但毫无疑问，环境的塑造力相对更为强大一些。每个个体身上都带有环境的成分。对创新而言（其实对任何事情而言都是如此），企业环境（包括企业自身所处的创新生态环境）是个更大的问题；环境的差异和差距，是企业的根本差异和差距；环境的创造与建设，是（作为主体的）企业的基本任务及其存在的价值所在。环境，是企业的基础设施，是企业的战略性经营资产①。

环境是土壤、是保障、是支持，但不是创新的主体和主角；环境是宏观因素，而创新都是在微观上实现的。人，才是真正的创新"生产线"；项目是承载，是创新活动本身，是体系的目的。因此，在运行上，必须不能将个体淹没在系统之中，创新者永远是主角、是主导，要始终将其置于这种位置；也不能因为系统的增大、复杂化和成熟化，而使创新主体的项目管理权受到削弱，项目管理权应被设计为一级管理权。与企业环境相比，个人和项目在创新过程中的角色、地位始终不能被改变、被矮化、被边缘化，更不能被颠倒，否则，将是反创新的——因为那样的话，企业的创新体系事实上已经被变成了一个非创新型的系统，进行的已经是另一种不同的游戏规则了。

这种构造符合创新产生的真实自然过程，是一种对企业创新力而言的有效的结构和秩序。企业创新力来源于个体与环境，以及内含的具有管理性质的引导程序（包括战略与文化、模式与策略、管理方法、组织方法与机制）。社会环境和企业环境构成企业创新的隐态，项目是创新的显态。一个清晰的方向，是在混沌中产生的，是从灰色中脱颖而出的——显态是从隐态中孕育出来的。创新，是清晰与模糊交替出现的过程。创新项目是从企业环境的混沌状态中呈现出来的，更进一步地说，是从社会、创新生态和企业环境的混沌状态中呈现或涌现出来的。从社会环境到企业环境再到项目，是创新的产生和显化过程。项目，是创新产生

① 环境与人的主观作用力，是塑造企业的两种基本力量，即系统的力量和个体的力量。企业管理包括对这两种力量的管理，以及将这两种力量有效结合。个体，是系统中的个体，是作为环境的系统的构成。小组织应将管理的重点放在个体的力量上，大组织则应同时重视对个体和环境力量的管理。环境力量及其作用的复杂性、个体的能量的差异及其主观与对象的作用的不确定性，制造了万千丰富的现实世界。

过程的一个重要节点，是从隐态到显态、从混沌到清晰的拐点，也是管理方式的拐点。项目的产生和定义本身，就是创新的一部分。项目，在企业创新管理体系中有着独特的位置，是创新运行过程中的两个基本管理对象之一（另一个基本管理对象是人或团队）。人、项目、企业环境，是创新管理的三个基本管理对象。

2. 形成

企业创新体系，是经构建和发育而形成的，是一个人、一个团队或一个项目发育和生长的结果。其中，创新管理体系形成的一般路径是，在自我管理的基础上，逐步增加项目管理和企业级管理的成分。在起点上，创新的项目体系就是企业创新体系，过程中，项目与环境体系逐渐分离，即以单个项目为核心和基础，不断汇聚创新的能量（如人才和资源），不断对体系进行扩展和重构——这是一个设计与形成交织的过程，包括过程中的知识沉淀，包括企业文化和氛围的形成，包括技术平台、产品平台和业务平台的形成。在运行上，从封闭的项目管理到集成的项目管理，从自有创新性资源的集成创新到包括对社会创新性资源和主体的集成创新。无论你可以投入多少资金，成形的企业创新体系不是能够一下子建成的。

以企业研发体系的形成为例，简单地描述一下这个过程：开始时，是一个“单元一体化主体”，即一个项目，包含科研、产品开发、小规模经营三种功能；随着技术与产品方向的增加，逐渐趋向于多元一体化模式；过程中，变革的经济合理性和需要开始出现，从分散一体化到专业集成化，从多项目纵向组织向包括多项目横向组织的模式转变；之后，是平台生产体系和规模化经营体系的分化，让可以标准化的部分标准化，向下沉淀和打造规模化生产与业务经营平台，进一步解决创新向商业化经营的转化效率问题，或者说，技术与市场的结合效率问题；同时，项目主体内，技术开发与产品开发趋于分离，向上构建科研平台，并从共性技术（产品和工程化技术为主）研究向应用研究和基础研究的方向走，研发货架技术并形成技术平台，解决多产品线之间的技术关联问题和复杂技术本身的进步效率问题；项目的产品开发部分成为产品部门，在平台技术的基础上，逐渐形成产品开发平台；技术平台、产品平台和业务平台的形成与不断强化，同时意味着企业具有了向生态级创新体发展的条件和价值引力，能以更广泛和可控地集成社会创新资源、能力和主体；与整个过程相伴的是资源（包括技术、人才和管理）和功能的共用性与集成性的增加，是项目管理体系、系统设计，以及战略与文化、方法、组织模式和机制的形成与提升。

实践，总是符合逻辑的；实践，也总是自有其逻辑。企业需将自身的实践（无论是整体的还是专项的）建立在一种事实上有效的实践逻辑之上，否则，成功就是不确定了。那应是一种以自然逻辑为基础，或者说，以事物的真实自然过程为基础的逻辑。企业这部商业机器的建造不能没有“工艺”（包括过程），实践逻辑即是这种“工艺”。企业管理，不能只有方案的纯粹的技术性讨论。对结果进行设计固然重要，但要将其建立在可实现的基础上才有意义。不能实现的设计，都是自谋自划。实践逻辑上“对了”比方案技术上“对了”更重要。世界是人的理性与自然逻辑的结果。有些事情，可能没有现成的答案，但肯定存在着现成的可行动的逻辑。实践方法有时是解决问题的唯一有效方式，尤其是当我们面对未知的时候，面对不确定的时候。实践逻辑，是企业行动方案的天然构成（可是，关于这一点，一直以来很多企业都尚未清醒地意识到①）。

企业创新体系的发育可能会停滞或中断，也可能会被主观选择所改变。并非所有的企业都会走到、都能走到或都需要走到创新体系的完成态。许多企业可能就是一个项目型公司，就是某个细分领域的“隐形冠军”，仅是某个创新的生命周期的承载和完成主体而已。实践中，企业创新体系的形态是多样的。根据形态，可将企业创新体系划分为三种基本类型：个人级/项目级创新体；企业级创新体；生态级创新体。不过，由于人与人之间创新能力的巨大差异，个人/项目级创新体的创新力未必就一定不如企业级创新体；在创新上，一个天才完全有可能抵得过数万人的企业——正如史蒂夫·乔布斯认为的那样：在工业设计或者编写程序方面优秀与糟糕之间的区别非常大，“人要么是天才，要么是笨蛋!”小型的A级工作组要比大量的工程师和设计师更加有效。史蒂夫·乔布斯一直保持苹果公司核心部分相对较小的规模，特别是由精选的设计师、程序员和管理人员组成的“A级小组”。企业要的是能够有效地产出创新的“创新工厂”，企业没有必要，也不应该去刻意地追求“创新工厂”的具体形态和规模，换句话说：

---

① 这也是本书中谈及的关于企业管理的十二个常见的误区和盲区之十一：没有实践逻辑观念。这也是导致许多企业的重大行动，如转型升级、并购和变革等决策失误、失败或未及预期的一个原因，以及有些问题看似找不到一个有效的和可行的方案的一个原因——不可能有个一次性方案，去解决一个需要有一个过程才能解决的问题。

形成什么样的形态就是什么样的形态，有效就好。同时，由于创新的高价值性和不确定性，创新体系的形态选择，应主要以有效性而不是效率为标准——而且，事实上，效率也无从测算和评价，尤其对基础研究和开创性创新而言，没有标准可以对照。

对于向创新型企业转型的企业而言，创新体系的形成过程略有不同。每家企业都具有创新的可能性，这类企业应首先将企业的这种可能性的一面释放出来，即通过增加和叠加创新体系的成分，使创新可以被唤起、被允许、被鼓励和被资助、被增强，进而被更有效的管理。刚开始，体系设计可以是原则性的、粗略的，过程中逐步具体化、个性化和高效化——这样也使企业的创新环境初步具备。同时，并行地解决人才问题和创新项目问题——在尚不完善的情况下，人才和项目可以以例外管理的方式实施管理。转型企业的优势是，有创新潜力可供挖掘；但也有不利的一面，即巨大的企业惯性和"粘性"，因此，许多时候反而不如新生企业那样更具创新的可能性——因此，是在原来的体系上叠加，还是另起炉灶，有时会成为一个问题。

不同企业，创新体系建设上的问题是不同的，一般地，对于处在初始阶段的企业而言，是体系的建立与发展问题；对于已经成形和成熟的企业而言，是系统优化与管理变革问题；而对于转型的企业，则是创新潜力的唤醒和激活的问题，外加从捕捉到的某个起点开始的新建问题。

起始阶段，创新体系的发育是最难的、最缓慢的，很容易聚集不起来，更需要有企业家精神的引擎和推动。同时，要能处理好骤变与渐变的关系，骤变是重要的系统加速的机遇，如对创业型企业和团队的收购等。

从项目级创新体到企业级创新体和生态级创新体的发展，是企业创新能量态的跃迁，形态跃迁需要巨大的能量输入与良好的人为设计。企业级创新体系设计不当（包括推进得过早或过快），会反过来对项目创新造成不利影响，这也是许多企业创新体系走向成熟后，项目管理上出现问题，以及原创性创新力反而消退的原因之一。自然与人为的结合才能创造完美，但尤其要当心"人为"的不当（因为"人为"很容易造成不当），因此，在创新管理和创新体系的设计上，要始终保持一份自然主义精神和成分，更不能搞不切实际的跃进。任何人为的设计都是有缺陷和有局限的，自然主义是我们克服这种缺陷的一种方式，有时也是唯一的方式——实践具有向正确的方向发展和收敛的属性。

一方面，在目标管理上要避免落入"规划陷阱"。未知态相当于量子基态，是一个无限维的存在，创新可能从任意的方向发生。规划，是对人类的理性能力的运用，但在未知和未然（事项）面前，人类的这点理性着实有限，甚至微不足道。对创新而言，要谨防对规划手段的越界和过度使用；实践中，那些过于强调创新规划的企业的结局，事实上，也多是失败的。不过，另一方面，人总是要去进行规划和设想，企业也是如此。因此，如果必须进行规划，也一定要为创新的自然生发和创新体系的自然演进与形成留下足够的空间，尤其是规划不能过于具体。刚性的目标管理不适于创新管理。

构建创新型企业的行动框架

对具体企业而言，该怎样去做，才能自然而有效地实现向创新型企业的形成和转变？本文从可实践及其内在指向的角度，提炼出九种基本做法。这些做法既适用于企业创新力提升，也适用于向创新型企业转型，它们是构建创新型企业的行动框架。

1. 建立、建设和不断优化企业创新体系

创新的产出是知识，包括新发现和新组合（与熊彼特所说的“新函数”同义）。创新体系即企业的“知识生产”体系。“知识生产”的基本属性是不确定性，创新体系与传统的“知识应用”属性的企业系统不通用。走向创新型企业的过程，就是创新管理思维的形成，以及创新体系（见图 29）的建构和功能增强的过程，或者说，创新力的建设、发展和提升过程。创新需要以正式的方式被允许、被接受、被需要、被要求和被激励，员工需要被赋责和赋能，使企业的意识面向创新打开等。3M 公司甚至对创新体系占企业系统的比例进行设计。

创新体系的建构可分成建立、建设和系统优化三个阶段。其中，在建立阶段，战略与文化可以先行，以对整个体系的形成起牵引作用。而且，由于创新面对的是不确定的、没有现成标准的东西，更需要基于原则而不是计划行事，战略与文化就是提供这类原则和评判标准的。

体系是建立在单项内容的基础上的。以下是其中的最为关键的几个单项做法，同理，这些做法的内涵和指向都必须符合“知识生产”这一基本属性和要求。

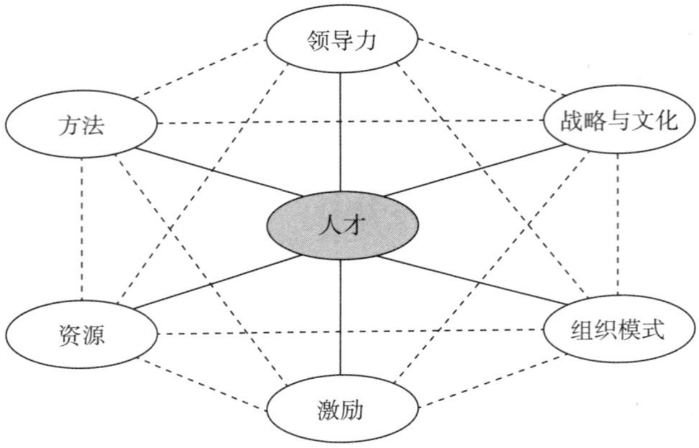

图 29　企业创新体系模型

2. 在提高创新的“内激励”上下足功夫

对于创新，如果员工不热衷或只是表面上热衷，企业可能什么也得不到；即便能得到点东西，也会因成本过高和差强人意而失去意义。创新，需要创新者有发自内心的强烈的意愿和动力。创新者是否尽到最大的心力，最终结果的差异可能不只是十倍、百倍，而是千倍、万倍，提高创新的“内激励”、让员工发挥最大潜力是重中之重。对创新而言，重要的不是管控的问题，而是激活的问题。

提高内激励，需要能更好地满足和利用复杂的人性需求，职业安全与发展、荣誉、内外部价值秩序、环境与氛围、使命和价值观等都具有内激励性，还有就是激动人心的任务本身。当然，没有什么比拥有或能够合理分享创新成果与收益更具内激励性的了，方案包括有效的薪酬制度设计；还有就是私有企业制度及由核心创新人员拥有企业、员工持股、对知识产权的尊重等众所周知的机制。

实践中，还有许多创新性做法，如思科公司的内部创业机制——支持员工成立类似附属公司的小型自主团队，思科以投资者的身份帮助附属公司发展，如果成功，思科有优先权进行收购，使它回归成为内部的产品团队；3M 公司的晋升制度[①]；某家企业的“追溯机制”——三年后回顾三年前某些产生良好效果的创新由谁或哪个团队提出，并给予意想不到的奖励等。对于创造性工作而言，机制比方法更重要。

3. 尽可能地扩大“智连”

人脑是知识的“生产线”，思维模式和意识是工艺。知识生产线有两类：单人生产线和“智连”生产线。单人生产线的数量是既定的，智连生产线的数量则可以很多。复杂性有利于创新的涌现。而且，由于企业创新的复杂性和各专业知识含量的持续提高，以及存在着对效率、经济性和竞争性的要求，“智连”（如小组和团队）模式在许多环节上甚至是必需的。扩大“智连”是挖掘企业创新力的有效途径。

智连，可能是人与人的组合，也可能是人与其他人创造的技术、知识、经验、信息、创意，以及承载这类知识和信息的产品的组合。连接有正式的，有非正式的。创新型企业，应鼓励非正式组织和私人交往的发展。

扩大智连，首先是内部智连，企业需要尽可能地走向开放、平台化和自组织，包括人才和知识、产品资源的开放与平台化，尊重每个人的思维模式，以及创建方便人与人之间进行交流和连接的场景、渠道和公共空间等。自由，有利于形成有意义的智连。每增加一个有价值的连接点，每增加一个连接渠道，智连组合的数量就可能翻倍。再就是外部智连，鼓励与外部专家建立联系、交往和友谊，建立外部人才参与企业创新的管道和机制，打造企业创新的外部生态圈。

---

① 在3M公司，一个人只要参与新产品创新事业的开发工作，他在公司里的职位等级与酬佣类别，自然就会随着产品的营业成长而改变，比如说，他也许一开始只是个生产第一线工程师，领这一职位等级最高或最低的薪水，一旦他的产品打入市场后，就可晋升为“产品工程师”；当产品每年的销售总额达到100万美元时，这个产品成为“具有充分资格”的产品，这时他的职称与支薪等级都有了重大的改变；等到该产品销售额突破500万美元大关的时候，他就可以做到整个产品线的“工程技术经理”了；假如该项产品再进一步破了2000万美元大关，就可以升格为一个独立的产品部门，他若是开发该产品的主要技术人员，这时就自然成为该部门的“工程经理”或是“研究发展主任”了。

4. 自我总结或向最佳实践者学习方法

方法，关乎效率。方法，包括创新本身的方法和管理方法。创新方法，如基于场景的产品创新；3M 公司的迭代、客户参与①和领先用户法等。跟创和仿创也可以算是一类创新方法。管理方法包括组织方法和机制。组织方法，如日本企业的质量小组、IBM 公司开发的 IPD（集成产品开发），以及 3M 公司的创新产品小组、15% 法则（Google 是 20%）和四季管理方法、灰度任务管理②、基于过程的职能管理、NPI（新产品开发精益管理流程）和创新漏斗等。

5. 实施人才工程

福特公司创始人亨利·福特说："我只想雇佣一双手，却不得不跟拥有这双手的脑袋打交道。"但对于创新型企业而言，则正好相反。创新是人才贡献的，伟大的创新是天才贡献的。企业的创新力，根本上，取决于其人才的品质和密度。

创新型人才是稀缺的。作为创新型企业，需要开启一项永不完结的人才工程。人才战略，是创新型企业战略的基础构成。除了创造吸引人才的环境外，还有几点做法也至关重要：选聘有创新特质的人，创新特质不是可以培训出来的，可以培训的只有方法；交由人才选人才，至于公司高层，最主要的工作之一就该是"猎"人，人才选聘不能再交由职能部门代理；建立人才内循环通道，让喜欢创新和创造知识的人才可以留存在创新和知识生产环节；注重对外部人才的使用，因为自有人才总是有限的；创新体系的全球布局，以便可以有效接近和利用全球人才资源。而且，人才进来之后，还要有空间、有条件让他们发挥作用，否

---

① 别人只想要你满足他的需要，而客户恰恰就是那个企业要努力满足其需要的"别人"。企业与客户之间的关系，应该是一种半市场、半企业性质的关系。

② 即容忍任务存在灰色地带，这一点很关键，正如在一次访谈中，隆基股份公司技术总监高松山先生跟我说的："灰色地带更容易出成果，包括运营上，如果一开始就说得很清楚，创新的可能性就降低了。如果只是一个模糊的概念，大家都往上冲，可能有意想不到的效果。"3M 公司甚至将这种灰度管理思想应用到对专业技术边界和企业边界的管理上。

则，他们会再度流走。因为，个人价值如果得不到发挥，得不到变现，对于人才来说，意味着机会成本①，意味着损失——人是有多种需求，但他们加入企业的核心需求是一致的。

6. 向上构造

创新（结果）可分为两类：价值型和效率型。技术和产品属价值型；运营和管理方法属效率型；业务模式和商业模式两种属性兼有。技术和产品创新是最具商业价值的创新，也是业务模式、商业模式等创新的基础。企业创新力的核心与主体部分应该是科学理论、技术和产品。

从效率型走向价值型创新需要“向上构造”，即构造产品和技术研发能力，进而需要基础研究和底层技术开发能力——任何一个领域都足够大，只要能伸得进去；最有价值的发展，是向深度发展。企业的世界的大小，取决于它是站在事物的背后的第几层。从跟创和仿创走向领创和原创，是另一种类型的“向上构造”。向上构造，是转型问题，不单单是技术体系的构造，还包括人才结构、创新体系和管理模式等的相应变化。

7. 保持连续性

“软环境”和“软体系”是创新体系中最多和最重要的成分，氛围、认同、信任②和连接都是软性的；还有最为关键的知识积累③，以及一定规模和适度范围的专业（技术）体系的建立。创新，是个人的创造力与环境相互作用的结果。在创新型商业时代，企业的核心竞争力就是创新体系中的“软体系”和有幸拥

---

① 在一个无效或低效的组织中，越是人才，机会成本越大，所以流失会越严重。

② 社会财富的根本来源有三个：资源、交换、知识。交换，以关系的建立为前提。现代社会是一个主要由关系和知识架构与塑造而成的系统。企业也是一个关系系统，信任是良好关系的前提。创新型企业更是离不开一种信任型企业文化。

③ 由于技术和产品等的复杂性的增加，在IC、医药、航空航天、汽车、生物和工业软件等越来越多的领域，知识创造尤其具有累积效应，没有积累和良好的体系支撑，很难出现什么有品质和竞争力的技术与产品。

有的天才。对创新型企业而言，软环境要远重于硬环境。软环境的形成和软体系的建立需要有一个过程，因此，企业的创新战略不能通过“时行时停”的方式实施，而且，如果不能保持连续性，过去积累的进展就会快速丧失殆尽。同时，就个人而言，只有形成稳定的预期，才会进行长期性的投入。

保持连续性很难单靠意愿实现，因为还有“创新魔咒”的存在：创新越成功、价值越大，越需要（也越可以）建立一个强大的“应用型”组织去进行价值实现和商业化经营，从而“应用型”成分会不断增长，自然而然地渐失“创新型”的本性。惠普、SONY和已经破产的柯达，在其传奇的创始人之后，都经历过这类“退”变，当然还有微软，目前仍在奋力扭转。

如何才能破除“创新魔咒”，如何才可以保持创新的连续性呢？从3M公司的案例中，或许可以找到一些有用的或有暗示性的经验，包括：创新战略的延续和文化的传承；创新型领导人与创新基因的传承；边缘领域经营策略；允许自我竞争，以及自由生发与抽枝剪枝的组织模式等。

8. 围绕最具创新领导力的人组建企业团队

创新管理，是专业管理，即以专业能力为基础的管理。创新管理，需要有组织、机制、方法和文化，但更需要的是领导力，无论在企业层级还是项目层级。创新型企业更像是“工场”而不是“工厂”；而创新团队更像是一个“作坊”。创新型企业会有点“乱”，只有那些有洞见的创新型领导者才能驾驭并创造奇迹。而且，领导者能决定一个团队的能量和活力。通过创新型领导者来管理创新，风险更低，成功的可能性更大。

人，天然地都是自我接受的；这种近距离的自我接受很容易导致自以为是和以自我为标准，它是一种无意识的狭隘和局限。把权力赋予庸才，对于一个组织而言，意味着灾难。创新管理是一类必须由创新专家兼任的管理性工作，在主要由技术驱动的产业领域，则必须由科学家和工程师类型的人才兼任，尤其不能交由职业经理人和职能型管理者领导。

核心领导者对企业和团队的塑造是惊人的，如麦克奈特对3M公司的塑造、休伊特对惠普公司的塑造（体现在“惠普之道”上）、史蒂夫·乔布斯对苹果公司的塑造等。还有就是反例，如联想公司，由于管理层的核心人员并不具备技术和产品创新的领导力，即便把整个 IBM 公司都收购过来，也不会增加多少创新力，而且，被收购者的创新力还会逐渐丧失。在组织氛围、文化上，领导人是什么样，企业基本就是什么样。创新型企业的 CEO 应该是由首席创新官“兼任”；创新是更高能量维度的活动。

9. 构建创新型组织模式

以上是创新体系的“内容”部分，这些内容需要有适用的组织去承载、去实现，内容和组织构成一个完整的、可行动的有机体。同时，组织模式（含组织机制）也是创新体系中可持久、稳定起作用的要素。

创新型组织，肯定不是传统的官僚式和主要由资本所有者所有的组织模式与机制。创新型组织强调以自组织和自我管理为基础，强调以人才为中心和充分尊重个人价值等。当然，创新型企业也强调在自由放任与组织干预之间取得平衡。

另外，任何一个企业都不可能只有创新性成分，知识应用（即业务化）部分也是必需的，知识应用是对创新价值的实现，两者叠加（包括完全叠加和错位叠加）并共同构成一个完整的过程和循环，只是不同企业这两种成分的比例各不相同。知识应用的属性是确定性，强调非黑即白，强调精确，因此，创新型企业需要把两类属性相左的体系统一在一个系统之中，并相得益彰。创新型企业是运营性功能和创新性功能的合体。

理论上，任何一家企业都有创新力，只是创新力的大小和所在领域不同。任何一家企业也都可以通过创新力提升，或构建新的创新力，走向更进一步的创新发展。

谷歌的 OKR，一项具有里程碑意义的管理实践

在企业管理领域，有许多具有里程碑意义的创造性实践，如泰勒的科学管理、福特的流水线生产模式、时任通用汽车公司常务副总经理的斯隆的事业部制改革、惠普之道、霍桑实验、胜家缝纫机公司的连锁经营模式、高通公司开创的靠卖标准和专利挣钱的商业模式、晨星西红柿公司的自我管理模式、Dell 公司的大规模定制模式、思科公司的“把整个硅谷当成自己的实验室”的做法、拜杜法案、洛克希德·马丁公司的臭鼬工厂模式、亚马逊的长尾经营模式、苹果公司创始人史蒂夫·乔布斯的“A 级小组”和 App Store 模式、Facebook 公司的 Hack - A - Month 计划①、桥水公司的极度求真和极度透明的企业文化、迪士尼公司的多轮次经营模式、菲泽尔公司的股票期权计划、潘尼苏拉报纸公司的员工持股计划、源于“曼哈顿计划”和“阿波罗登月计划”的项目管理、Zappos 公司的合弄制、PRTM 公司 IPD（Integrated Product Development）、Gartner Group 公司的 ERP（Enterprise Resource Planning）；日本企业的质量管理、精益管理、综合商业模式、终身雇佣制、阿米巴和稻盛管理学；阿斯麦（ASML）公司的开放式创新模式、Zara 公司的“快时尚”模式、Supercell 公司的中台模式，等等。

这些重大事件，这些开创性实践，也为我们打开和照亮了企业管理的一个又一个“黑箱”与灰色区域，成为我们可以得窥企业管理的真理的窗口，拓展了我们对企业管理的认知维度和空间，架构起企业管理学和管理学知识体系发展的历史过程，并不断地丰富着我们的关于企业的设计元素。实践，是管理创新的一线；企业，是整个管理世界进化中的微观主体。谷歌的 OKR，是又一项具有这

① 就是允许工程师参与到另外一个组的项目之中，为此连续工作一个月。当时这个人的人事关系并未调动，如果一个月后两方都觉得合适，那么这个人就可以完全转去另一个组工作。

种性质的管理实践，它在关于创新的运行管理水平上达到了一个前所未有的高度，这就好比市场上的芯片制程管理水平是 28 纳米，而它已经达到了 5 纳米。要真正理解谷歌 OKR 的价值和意义，首先要搞清楚它到底是什么，要对其进行事后的解释与整理（这也是管理学知识产生和发展的基本模式）。

1. 创造性任务的工作方法和运行管理方法

正如谷歌在《谷歌 OKR 员工手册》开篇讲述的那样，OKR 是谷歌用以“达成远大的宏伟目标”和“决定着谷歌的未来”的“行动”方式，是一个行动层面的东西。谷歌的 OKR，是从个人到组和公司层级的任务管理、计划、组织、沟通、协同、变更、过程管理和评价等的方法，是一种被良好集成的有机工作体系。OKR，首先和主要的内容是谷歌的创造性工作的工作方法和运行管理方法，包括个人的工作方法和集体的工作方法，以及公司对整个运行过程的管理方式；呈现的是谷歌的创造性工作的运行系统和集成工作体系，是谷歌的微观（即任务层面的）运行过程和方式的设计，是谷歌的动态运行系统；也是使谷歌可以实现激进与平稳兼得的行动方案设计。

2. 潜能的开发方法

OKR，是谷歌的创新“动机激励工具”和创新引导程序。谷歌通过指令性和挑战性 OKR 的区分，通过对挑战性 OKR 的定义和设计要求的制定，通过良好的沟通（而不是命令），通过帮助个人进行任务聚焦等，促使个人对任务做进一步的思考和研究，把任务清晰化；运用弹性目标管理，让个人、团队和公司都承担着有足够挑战性的任务（如在 OKR 设置时要避免“出现期限不到就完成目标的情况”），并让它们不断地为任务目标而奋斗，去努力接近各自创造力的边界；让每一个人能够不断地挑战自我，承受压力，通过自我有意识地探索，他的能量平衡不断被自我意识打破而得到提升；让个体间意识能量可以投射互动，让每一个个体都具有积极的意识和良好的心态，帮助其中一些个体打破原来的能量平衡，得到能量提升。OKR，是谷歌驱动个人、组和公司向创造的最大可能迸发的方法，是谷歌对自身的潜能的开发方法，而且是一种接近极限的开发方法，极限到“有些让人不舒服”和感到“压力”状态。

3. 创新“机器”的建造和改进方法

谷歌可以通过OKR对创新系统的运行与每个人的工作进行事后的回顾和回溯，促进个人进行反思和自我完善，帮助管理者发现真正的问题所在，对系统进行不断优化，持续提升团队能力，以便未来更好地完成OKR。通过OKR，谷歌将运行与个人改进和系统改进叠加在一起，使之成为谷歌从早期至今快速扩张以至取得如此大成就的重要因素之一，使之成为谷歌DNA的重要构成。罗马不是一天建成的，可以肯定，谷歌的OKR体系也不是一天建成的，但它终将建成，因为谷歌的OKR具有自建和自我迭代升级的功能，内含着自我建立和改进的方法。OKR，本来就是一个关于从无到有的行动方法，这一点当然也适用于该体系自身——谷歌显然并未忽漏这一点。

4. 个人能力的评价和标识方法

对于创造性任务而言，人才的质量是最重要的，但对其的质量准确识别又是困难的。谷歌利用OKR很好地解决了这个问题，这是一种基于过程的人才质量识别方法，如图30所示，正所谓“路遥知马力”，既然无法判断，那就让它在使用的过程中显现。

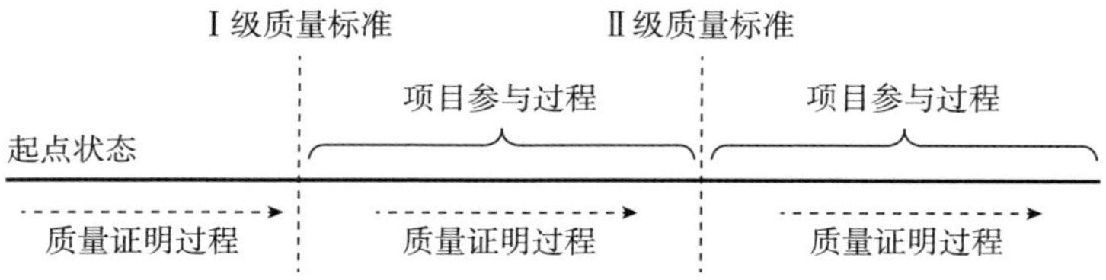

图30　基于过程的人力资源质量识别

同时，将每个人的OKR在全公司透明公开，这也可以看成是对个人特点和能力的标识方法，而且这种方法比抽象的标签（如擅长××）更直观、内涵更丰富，更有利于内部对接和组织。

5. 恰恰不（能）是绩效评价工具

事实上，OKR并不是谷歌绩效评价的工具。OKR体系中包含着对工作的评价，但谷歌并非将OKR的评价结果直接用作对相关主体的绩效评价的结果，只是作为参考。同时，理论上OKR也恰恰不能是绩效评价工具，否则一方面将失去其核心价值和功能——因为，越是挑战性任务，越具不确定性，可以想象一下，如果将OKR的评价结果直接作为对各主体的考核结果，则其承担挑战性任务的动机、意愿、热情和主动性必然下降，实际任务的挑战性必然下降，并最终导致谷歌堕落成为一家平庸的公司；另一方面也不公正——对于创造性活动而言，项目与项目的价值和意义不具横向的可比性，同样得分0.7的项目，其价值和意义可能是天壤之别。

仅从技术的角度看，运行方式要解决两类问题：生产性问题和创造性问题（都包括效率）。历史上，企业的运行方式已经经过了几轮演化，见图31。

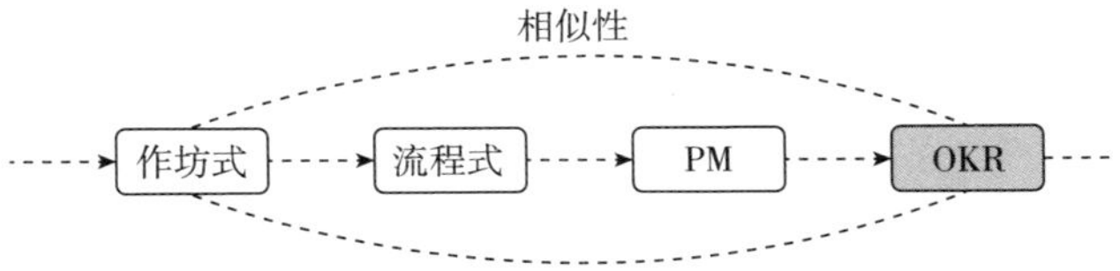

图31　企业运行方式的发展演变

流程式和PM（定制，可以理解为是项目管理模式在制造业领域的具体形式；IBM公司的IPD，其实是新产品开发的项目管理模式，或者说，是项目管理模式在新产品开发领域的具体形式），都是对生产性问题的解决。其中，项目管理，本质是多任务管理，是对多任务的生产效率问题的解决，是适合多任务的运行与管理方式。但是，对于创新型企业而言，其任务不仅具有项目属性，还具有创造属性，因此，我们事实上需要有一种新的运行方式，从而可以从多任务的有效运行走向多创造性任务的有效运行。

谷歌的 OKR，正是这样一种方式，是创造与执行的交织，以及战略与行动的一体化。它是企业运行方式演化进程上的一座新的里程碑。在这个创新型商业时代，这座里程碑的意义更是不言而喻的。谷歌的 OKR，虽然只是可能的诸多具体做法中的一种，但却是目前为止设计得最为完善和精益的一种，可以作为这一类模式的典型和代表。谷歌的 OKR，为创新型企业的运行管理树立了一个实践典范，为企业创新体系的运行设计提供了很多认知上的提示和设计上的元素。

OKR，也为我们的创新型企业的运行方式研究，以及相关知识体系的建立，提供了一个深刻的和价值性内容丰富的研究对象。OKR 是 PM 的发展，可称之为“超 PM”。OKR 又与作坊式模式有几分相像，可以理解为是作坊式运行方式的高级版本；从作坊式到 OKR，企业运行方式完成了一个进化轮次。

需要特别补充的是，谷歌的 OKR 是在谷歌的组织环境中运行的，离开谷歌式的组织环境，谷歌式的 OKR 是无法（有效）运行的。组织环境是项目管理运行的基础，不同的运行方式需要以不同的组织环境为条件，正如我们不可能让火车在公路上跑起来。因此，这里的 OKR 可称之为“狭义 OKR”；广义 OKR，或者说，完整的 OKR 模式还应包括相应的组织与人力资源管理等环境与制度，以至于创新战略的设计。

以创造力为对象的企业人力资源管理

不同时代企业人力资源管理的对象看似不变，其实一直在变；不同类型企业人力资源管理的对象看似相同，其实可能根本不同。企业人力资源管理的对象是“人力”，但这个“人力”需作进一步的区分——这里将其简单区分为：劳动力、技能和创造力，并据此，将企业人力资源管理分为三种版本（见图32）。对工业时代的企业而言（以下称“传统企业”），人力资源管理的对象是劳动力和技能；对创新型企业而言，管理的对象则是创造力。当然，实践的真实是混合态，区别其实是以对哪一种类型（或成分）的人力管理为主。

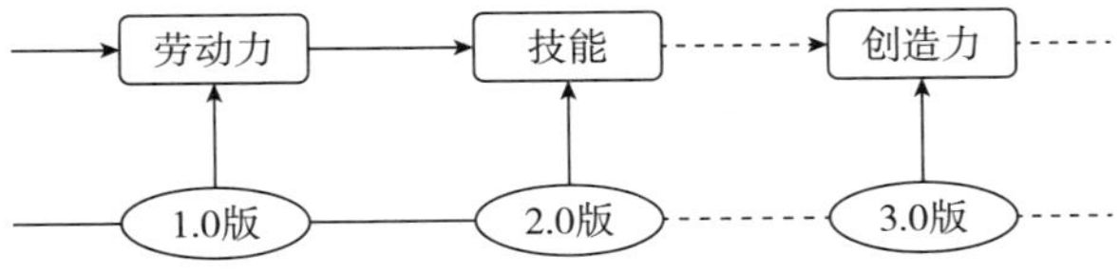

图32　企业人力资源管理的演进

以创造力为对象的人力资源管理与传统管理有很大的不同，这种不同（包括思维和体系）虽然尚未完整清晰地呈现出来，但已经可以感知和逻辑地推导出一二，比如：

1. 量子思维

创造，包括创新，以及将其转化为现实的一系列努力。创造，来源于人的意识能量。人是意识与能量的结合体，这也是人之所以具有创造力的原因。意识为能量提供投射的目标和方向，能量则为意识活动提供动力。以创造力为对象的人力资源管理，应将人视为一个个有意识的量子和能量态，而不是经典物理理论思维下的会做工的工具和机器。企业人力资源管理，从 1.0 版到 2.0 版是一个连续性的演进；但从 2.0 版到 3.0 版是一个不连续性的演进。关注人的创造的意识和潜能，并以此作为人才的标准。人力资源管理的总体思路是，获得最有能量的人，给他自由，并让他承担创造的责任；管理的核心，是对人的意识能量的开发——这又必将导致回归并走向人性化、人本化和人文化。将所有人的能量（包括潜能）都最大程度地发挥和开发出来，是 3.0 版的人力资源管理成功的标准。

2. 选择人，而不是改造人

对创造性工作而言，人才的质量和能量级非常重要；让不具创造能力的人在那倒腾，永远是原地踏步，永远是徒费时日和资源。量子跃迁需要巨大的能量，人的能量层级的提升相当于量子跃迁，不容易实现；同时，人一旦进入一个意识通道，就很难再转入另一通道，对人的主观的改造和回撤比登天还难。技能可以培训，创造力则难以培训。所以，“选择人，而不是改造人”，应作为以创造力为对象的人力资源管理的一条原则。在创造力人才获得方面，选择总是远比培养更重要。Google 公司“招聘最聪明的人”、宁缺毋滥，微软公司创始人比尔·盖茨的“与聪明人一起工作”，特斯拉公司创始人埃隆·马斯克的“与顶尖人才共事”，苹果公司创始人史蒂夫·乔布斯的“A 级小组”等，都是在以各自的方式阐释他们对这个问题的洞见与直觉。所有未曾有人走过的路，都肯定不会好走，创造型人才必然是具有某些特质。

3. 企业文化不可或缺

劳动力、技能和创造力的作用的发挥，都受主观与意识的牵引，而且，能量的性质取决于意识的性质（所以，企业对员工的主观能动性总是爱恨交加）。企业需要对员工的意识施加影响。企业文化，即是对企业（包括个人）的主观和意识的一种引导程序，是企业意识层次的场力。场力的强弱，即其对员工的主观作用和意识引导力的强弱。企业本身即是一种文化，企业文化也是把人从“自然人”变成“企业人”的一种塑造力。

企业文化，是一种“软”制度、原则性制度和尚未制度化的制度。企业文化与制度一样，都是为了建立起某种遵循①。一般地，制度作用于人的主观上的理性区域，文化作用于人的主观上的本能区域。企业文化是一种“场力”和共享的观念空间。企业文化管理，便是关于这种场力的设计与建设。越是面对着不确定性的企业，越是以智力为主和需要发挥人的主观作用力的企业，越是需要这种场力。对创新型企业而言，企业文化不仅是需要，而且是必须的，因为人们做的是复杂性的、不确定性的和未然的事情，不可能，也不能通过事前的详细的制度设计加以规定，需要赋予个人很大的自主性，其结果将不可避免地受个人的主观和意识的巨大影响。

企业文化是企业的处世原则和“宗教”。企业需要有信仰，需要有一种好的“宗教”，信仰和强大的企业文化是一种引导程序，对个人的意识能量的引导程序。文化是管理品质和企业品质的构成，是企业作为一个系统的输出结果（如产品）的重要影响因素。企业文化须达至认同（包括通过人才选择实现）。来自内心真实世界的意识和来自外部假象世界的意识是截然不同的，前者会增强人的意识能量，后者则会削减人的意识能量。文化的认同会增强人的意识能量，反之，则会削减人的意识能量。对于创新型企业而言，不经个人认同的企业文化是没有意义的。当然，不一定是完全的一致，但不能存大异。认同度决定企业文化的强弱，因此，有强企业文化和弱企业文化之分。文化的类型和文化的强弱同等重要。文化冲突，也是一种意识能量冲突，会造成企业和个人的意识能量的无意义的损耗。企业文化，是企业的主观的基础设施；创造，需要发挥人的主观作用力，因此，需要这种基础设施。

文化与制度交织着向前发展，它们互为架构并相互生成。制度和文化不能相互冲突，否则，文化会落空。对人的主观起塑造作用的主要是事实与观念。企业文化，是一类过程性资产，需要在过程中形成和建立，包括过程中的人为的专门设计和宣贯。企业还应该将它的企业文化明确出来，并为公众知晓，以发挥其在

---

① 制度、价值观和科学，是企业系统的三项构成。价值观是企业文化的核心。

招聘时对人的（双向）选择的作用。

4. 自组织运行

组织运行的基础从基于“指标和职能”变为基于“项目和任务”；从以岗位为基础的人力资源组织模式，转变为人与任务的动态匹配，以及人随任务的流动和聚散。传统的岗位标签被能力标签所取代，以“人”为基本单位的组织方式过渡到以“能力”为基本单位的组织方式。组织的职能不再是分派任务和监工，更多的是让个人的专长、兴趣与任务有更好的匹配。个人在任务管理和任务组织上更具自主性，人员的流动性更高，对人员的组织更灵活、更开放。更像是个人在集成使用组织资源，而不是组织雇用了个人。法律层面上的雇佣关系也趋于弱化，个人与企业之间的关系模式趋于多元，组织边界变得模糊。每个人都是有创造力的，组织方法和机制设计的任务之一，就是将其有效地发挥出来。

5. 价值治理

企业主要根据个人的价值贡献，确定其在组织中的地位和收益，而且，这种价值贡献（即人才的价值）是以一种接近于市场的方式确定的。如果以“工资”指代员工的收益，则对生产性工作者应执行“计件工资”，而对创造性工作者应执行“计价（价值）工资”。在激励上，让创造者共享价值，以价值创造者为本。在对创造者的管理上，机制的作用要大于方法。从个人的角度看，企业是其价值实现的方式和管道；个人与企业之间是价值交换关系和价值合作关系；每个人都是其自身资源和能力的CEO，根据自己的目标进行自我提升和自我加压。企业，是一个价值经营主体，组织整个价值创造和商业化经营过程，以及承担个人创造的价值的再经营。价值治理，也是一种接近于市场性质的治理模式，是一种“类”市场机制。

在这个加速进化的商业时代，创造力的贫乏将使一家企业很快地走向湮灭。很多企业正面临的困境，其实是创造力不足的困境。创造力被排在企业能力的首位，而且对其中的个人的这种要求，也从之前的企业家层面向核心层和全员范围扩大。我们事实上也在走向一个以创造力为对象的企业人力资源管理时代。同时，这种人力资源管理越来越具有战略意义，而不再仅仅是一项常规的职能。须将人力资源管理本身置于企业的战略位置，而不是单单从企业战略发展实现的需要去实施人力资源管理——人力资源管理不再是单纯的从属性的，人开始成为企业战略和组织的另一个平行维度，人力资源管理日益成为企业家的主要职责。

从技术到产品，从产品到业务

有了技术不等于有产品，有了产品不等于有业务。产品是技术的价值实现“管道”，业务是产品的价值实现“管道”，业务经营体系（资源、结构、规则和基础设施）又是业务的价值实现“管道”。从技术到业务经营是一个复杂的连续创造和集成设计的过程。

1. 集成设计

（1）产品设计。技术只是产品的构成要素之一，见图33。产品是技术与需求洞见、设计，以及资源的集成。技术，包括产品技术及其商业化制造技术，如新药分子结构及其合成工艺技术①。没有相应的商业化制造技术（包括工艺和装备），产品技术就难以进入商业化应用，所谓的产品也只是实验室产品。

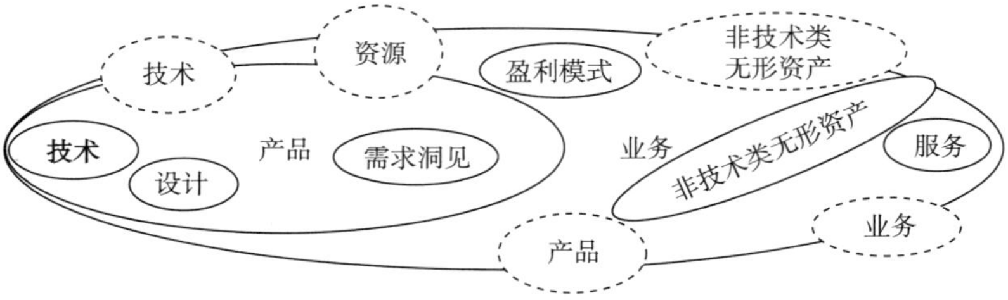

图33　产品和业务的设计模型

① 产品，也是对技术的封装，是避免技术流失的一种方式。

需求洞见，即对需求的洞悉和根本性认知。满足需求是产品的目的。以客户为中心的经营，首先是以客户需求为中心的产品开发——这里的客户不能是想象中的，而要是现实中的具体对象，有丰富的现实内涵和主体特征。需求与产品创新之间总是相互纠缠、互相孕育、互相引导、相向发展，呈聚集态。与现实需求相距太远的、孤立的产品创新多半难以取得商业上的成功。没有需求指向的“产品”，其实还只是技术，是一种技术装置，遭遇商业上的失败几乎是必然的。需求洞见能力是一个产品经理的必备素质。与用户共同开发（设计），是使产品契合需求的一种解决方式。产品与需求的契合度，还在根本上决定与客户关系的强弱。

设计是对产品功能、结构、形态（如药物，是片剂、粉剂还是注射剂）、审美等的开发，以及对价格、社会心理、体验等需求的回应。同时，许多领域产品的设计本身也都是技术性质的，如飞机、船舶、机器人、发动机、手机、中成药配方、药物制剂、超高层建筑等复杂产品的设计，都是有很高的技术和知识含量，需要设计者有相应的技术和知识准备。

资源是产品可能的构成要素，也可以说，产品是由知识和资源构成的。可以简单地将产品区分为资源型产品（如原油、矿石、煤炭、贷款）、知识型产品（如芯片、软件、音乐）和混合型产品三大类。许多情况下，资源是作为产品知识的载体，二者结合成具体的实体产品。商业世界的基本趋势是，知识型产品越来越占主导，或者说，产品越来越知识化。

不同领域产品的各要素比重有一般性差异，如医药产品的主体成分是技术、时装产品的主体成分是设计、商业保险的主体成分可能是对需求的理解等。在同一个领域，要素构成不同（组合不同或成分不同），就是不同的产品，在同一个技术等要素“篮子”下，企业可以通过改变要素构成设计出多个产品，指向不同细分市场、解决需求的差异性问题，形成所谓的“产品组合”。

（2）业务设计。业务设计是在产品基础上的进一步集成，见图33。产品设计和业务设计不是阶段性关系，而是包融（包含与融合）性关系。业务设计是产品、服务和盈利模式，以及其要素（如品牌）的集成设计。业务，是企业的完整的价值表达式，产品是业务价值的基础构成，技术是产品价值的基础构成，技术和产品的竞争力决定业务的竞争力。业务创新的价值，根本上，要小于产品和技术创新的价值。产品和业务是企业价值的形式和载体，知识是企业价值的内涵。

服务，诸如咨询、销售、技术支持、培训、售后服务、运维、配送、金融服务、项目管理、支付、过程信息、客户端（实现客户自助服务）等，其功能是：①构建产品向需求者的转移通道。②解决产品交易实现的条件性问题，包括配套条件（如个人征信体系对于私人信用贷款业务而言）、经济条件（如融资对于房地产业务而言）、消费者知识，以及交易风险等。微软公司是通过鼓励盗版引导用户自我培训，解决了消费者知识问题。③提升客户的消费体验，亚马逊公司是这方面的早期实践者和现实标杆。不同行业的业务中，服务所占的比重不同，因此，有主产品型（如医药）业务模式、主服务型（如旅游、电子商务、贸易、工程建设、广告、投资等）业务模式。如果说，对产品的需求是客户的核心需求，则对服务的需求是客户的衍生性需求，以客户为中心的经营，还包括对客户衍生性需求的满足——这种满足是通过服务实现的。

找不到盈利模式，就不能成为业务。现实的有效需求是产品业务化的前提条件，需求的有效性可以用需求刚性表示。有效的盈利模式是针对刚性需求（点）的设计。在需求的刚性不足的情况下（如互联网企业常遇到的“一收费，客户就流失了”的情况），盈利模式和业务设计就成了挑战。

不同要素组合形成不同类型的业务，如工程公司可以组合出咨询、产品、产品代理、设计、项目管理、施工承包、采购、EPC、BOT、PPP 等多种类型的业务。业务中组合的要素越少，业务形式就越简单；组合的要素越多，业务形式就越复杂。主服务型业务的组合种类可以更多，因此，所谓的“服务业”的业务创新空间更大、业态更丰富、企业数量更多、行业集中度也更低。

企业的产品和业务中，可能集成有其他企业的价值性内容（图 33 中虚线标识的要素），例如：经许可集成其他企业的专利技术；电商的电子商务业务中，集成使用了银行的支付产品、物流公司的物流业务；信用卡业务中，使用其他公司的国际结算通道；等等——这就是商业世界的合作。商业世界有诸多层面的合作：产品层面、业务层面、业务体系层面，以及更前端的技术开发层面。当然，产品和业务的构成要素中，自有的竞争力要素所占比重越大，盈利能力就越强；在别人的技术和价值要素的基础上“搭积木”，则往往是可以赚到业务量但赚不到多少利润。

（3）竞争力来源。产品和业务的构成要素的竞争力，是其竞争力来源。单要素的竞争力和多要素竞争力组合决定了产品和业务竞争优势的大小。简单产品和业务主要凭借单要素竞争力，复杂产品和业务还可以凭借综合竞争力获取优势。企业可通过不断地获取价值性要素，并将其添加到产品和业务之中而不断地提升竞争力。

不同行业，产品或业务的关键竞争力要素是不同的，如医药业的关键竞争力要素是技术、广告业的关键竞争力要素是眼球资源、金融业的关键竞争力要素是信用和规模、奢侈品业的关键竞争力要素是品牌、投资领域的关键竞争力要素是价值认知等。因此，企业拥有的价值要素与有效的产品和业务创新之间存在着一种对应关系。同时，把自身所有优势和竞争力都整合进产品和业务之中是企业所能实现的最佳设计，而且，唯有如此才能获得仅属于自己的产品和业务优势与竞争力。

在无形资产是关键竞争力要素和核心价值的情况下，也可以直接以要素为主体性价值内容进行业务设计，如专利许可、品牌许可、（以信用和实力为基础的）担保、（以平台为基础的）许可与代理、（以价值认知为核心的）投资、（以政府信用和资本为基础的）PPP 等，沃伦·巴菲特甚至基于其声誉和投资知识与经验搞出“午餐拍卖”业务。对于无形资产丰富的企业而言，这些业务机会已然是存在的，但需要将其识别、设计并实现出来——在有形产品经营的定式思维下，这就成了业务创新。在知识化和深度分工与合作的商业世界，以无形资产为基础的业务越来越成为趋势和潮流，并反过来，推动商业世界向知识化、深度分工与合作发展。

2. 并行工程

并行工程，是从技术到业务这个创造和创新过程的最佳工作思路与工作模式（见图 34），最有可能满足当前企业在创新时间和效率竞争上的需要。

（1）需求开发并行。即从技术研发、产品和业务设计的较早时期开始，就通过各种方式进行市场介入或直接把最终用户纳入进来，而且力度逐渐加大。3M 公司更是倡导以需求为起点的产品创新，它的许多新产品都是把客户需求带回实验室的结果。与市场和客户的早期互动有助于更准确地找到客户的需求点和提高体验的有效做法，同时达到需求开发和营销的目的。

可通过诸如“用户评测”“众创”，以及各种早期的试用、试销和商业合作等方式，获得更准确的客户、市场和合作企业的反馈，从而可以对产品与业务设计、用户体验，以及设想的商业模式、竞争力和竞争策略、合作模式、经营思路等进行有效评价与实践验证，以便不断地形成和优化，而那些注定不能成功的创意也可以“死”在早期——与把所有工作完成，并把产品和业务推向市场时才发现问题、再进行调整或取消相比，有效性和效率是不言而喻的。

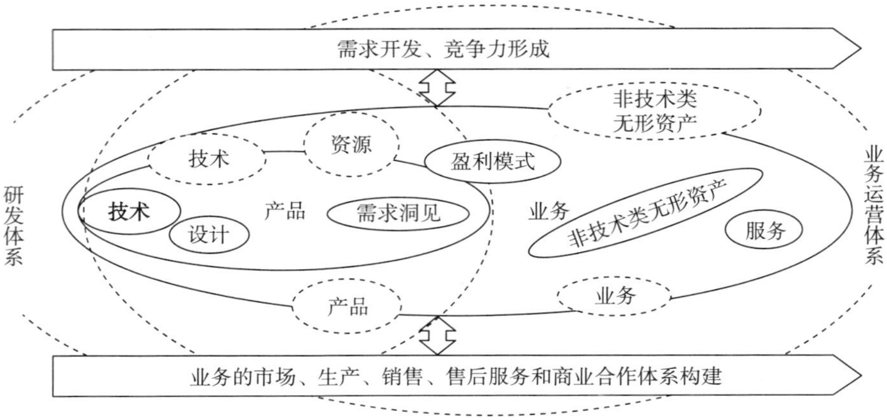

图34　从技术到业务的同步创造

（2）竞争力形成并行。即并行地进行竞争力要素的开发，并能尽快地将竞争力要素融入产品和业务设计之中，如高通公司通过专利许可协议中的“捕获期”条款，使其新申请的核心专利都能被许可企业立即应用。同时，在市场上建立起有效的竞争优势和竞争壁垒，如将技术和产品设计申请专利等。

（3）体系构建并行。包括市场体系、生产体系和销售体系，以及产能、设备、原材料、供应链等外部合作体系。尤其是在关键设备供应商少、供货周期长；一些工艺设备需要全新设计和制造，且过程可能有反复；能提供配套生产的合格供应商少，需要花时间培育；对生产人员要求高，需要较长时间的专业培训；原材料特殊，稳定供应缺乏保障等的情况下，相关工作更需要提早并行，否则，容易导致产品进入市场和业务大规模经营的时间一拖再拖。

同时，业务经营总是一个从小规模到大规模的过程，从不成熟到逐渐成熟的过程，这需要构建与各阶段相匹配的业务经营体系和体系建设模式。业务经营体系构建上的一步到位的思路和做法，既不经济，也无效，是因为缺少必要的设计要素；不经济，是因为会造成系统的冗余；无效，是因为可能增加不必要的复杂性和抹杀有效创造的可能性等。

（4）科研并行。也可以说成是，企业的技术面和商业面的并行，有两个含义：一个是在产品和业务的设计与形成过程中，还是有许多的科研性工作；另一个是商业企业的科研本来就是以产品和业务为目的，无论是基础研究、应用研究、工程化研究，还是企业的技术定位和专业设置，其实都是与产品、业务和商业模式的构想或设计交织在一起。当然，越是基础研究，其与商业化的并行看似越不明显；模创和跟创，则可以做成一个完美、显见的并行工程。

而且，业务成熟阶段的经营亦需如此，这便是产品和业务的持续改进与提升。需要不断地将“微创新”、沉积型无形资产和过程性知识等融入产品、业务、市场开发方法和业务经营体系设计之中，实现产品、业务和经营体系的迭代。

3. 集成组织

并行工程的实现需要集成性的组织设计，有了科学的组织集成，才会有创新项目上良好的工作集成。跨部门团队，是在研发和业务创新领域的早期组织集成模式，是一种初级的组织集成模式，是工业企业向创新型企业方向迈出的一小步，不能满足当下阶段高质量、高效率、快速、竞争激烈的产品和业务创新的需要。现代企业正在走向“技术分层、一体化独立组织”的分布式集成创新组织模式①。

这里给出一种这样的集成创新组织模式，见图 35。其中，“X 体”是一个多功能组合体，是与产品和业务直接相关的创新和创造性工作的承载主体。在产品和业务创新的不同阶段，其功能及功能组合会有变化，初期以科研性功能为主，依次是产品和业务设计功能、市场开发和经营体系构建功能，最后是业务经营功能。X 体的组织形式，可能是科研团队、项目团队、产品公司，或如苹果公司 App Store 上的开发者、高通公司专利许可下的手机品牌商等，在主体演进过程中伴随着人力资源的结构变化和流动，如到业务成熟经营阶段，其中的科研人员

① 知识创造与知识应用的一体化组织模式，是最有效的和有效率的创新组织模式，尤其是在应用研究上（包括应用基础研究和工程发展研究），这也是斯坦福模式成功之所在。

可能会再度回流到企业的科研体系或新的创新团队中去，3M 公司就是这样。对 X 体而言，科研平台、商务平台、生产平台可能都是虚拟化（包括在企业内部的模拟市场组织）组织的，或有很大的虚拟化组织的成分。

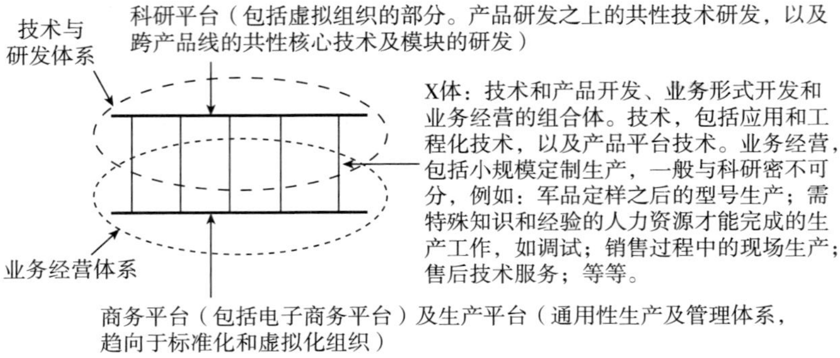

图 35　最佳的集成创新组织模式

从初创企业到成熟的创新型企业的过程，就是从“X 体”状态发展到最佳的集成创新组织模式的状态，或者说是从图 34 的状态发展到图 35 的状态——这是从一个价值元点到一家成熟的创新型企业的组织发展过程。

组织与组织设计

组织，是对组织对象的组织[①]。对企业而言，这个对象就是任务，以及多任务构成的复杂的价值经营体系（包含意图）。组织，是对任务的组织，对系统的组织，进而延伸到对人的组织和对信息的组织。组织设计是一类工程技术性质的工作。组织设计是企业运行功能构建的关键一环，构建满足任务和经营体系实现与运行所需的功能（体系）。组织，是企业功能中的结构和机制成分。

组织是手段，组织本身不能成为组织设计的目的——任务及企业目标（企业目标即企业级任务）的实现才是目的。组织设计，应抛却所有形式上的束缚，直指目的——尤其是在信息技术手段及互联网基础设施的加持下。组织效能是组织设计好坏的评价标准。组织管理，等于组织效能管理。组织效能，不单单与组织设计有关。就目前实践阶段而言，组织效能，是组织设计、领导力、人力资源管理、企业文化和管理信息化的合力（见图36）；组织设计，是这个合力系统中的基础性构成，也是对整个系统的总集成设计。组织效能有广义和狭义之分，广义的组织效能是指作为主体的组织的有某种指向的能力和效率；狭义的组织效能是指组织设计的有效性及其内含的效率。

组织变革，也是组织设计，是组织的再设计，目的也是提高组织效能。以任务（结构）转变为目的的组织变革，是战略性变革；以运行效率为目的的组织变革，是技术性变革。组织变革，会带来混乱和阵痛，严重的可能导致失败，企业的组织变革必须适度并有策略。组织设计本身虽不是目的，但设计不好反而会

① 实践中，“组织”这个概念有三个意思：一个是作为方法的组织，一个是作为组织设计结果的组织体系，一个是作为主体的组织（差不多与“企业”同义）。很多人在谈论组织时，他们的关于组织的意思是含混的。其中，对组织与企业的概念上的混同，是对组织的范畴的随意性的扩大，这不仅会导致语义上的混乱和企业管理的框架上的不清晰，也非常不利于对组织问题进行专门性研究。本书中的“组织”都无关于第三个意思。

生出许多行动的障碍（比如，科层制组织的诸多问题，都是因为我们设计了这种类型的组织，并非因为这些问题先天存在）；组织，不设计是不行的，但设计得不好反而更糟；组织设计是一个“技术”活。以所谓的“全球最佳实践”为参照，以及以某种所谓的组织模式为参照，都是误导，都是不懂组织设计。任何以外在的东西作为参照的组织设计都是错误的，组织设计的参照是内生的。组织，不能独立于任务与目的而自我发展和自我演化。

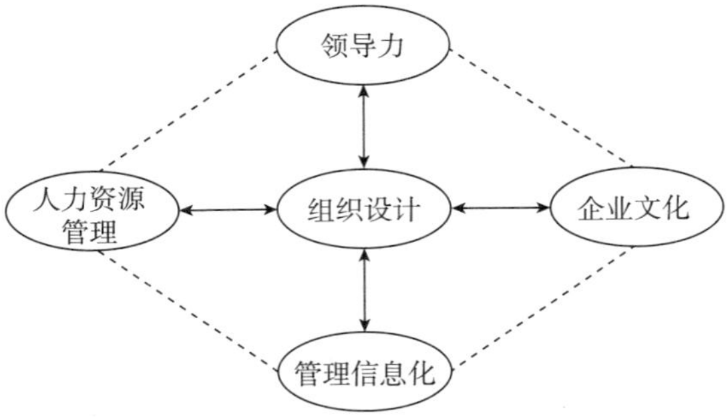

图 36　组织效能解析模型

组织，可区分为系统的组织和任务的组织两个层次，其中，任务的组织是基础。企业越大、越复杂，系统的组织设计的成分越多、越重要，否则就会陷入混乱和低效；相反，系统的组织设计的成分越少。初创企业和小微企业可能就是一个任务完全一体化的团队（甚至个人），一个小综合组织体，过程中，随着任务规模和复杂性的增长，小综合组织体被拉伸，并随任务被不断解构和重构，形成一个更复杂的大型组织。组织，是企业的运行基础设施和操作系统；在组织设计上，厘清组织的底层逻辑和系统架构至关重要。

企业是一个“集成”经营系统（任何系统都是集成）。“集成设计”是企业管理的关键技术和主体性内容之一。越具复杂性和关联性的系统，越需要集成设计，或者说，集成设计越有价值；相反，则应该是一种独立分散的系统架构。组织设计是其中的一个典型的“集成设计”，组织设计技术即组织集成设计技术，组织模式是一种组织的集成方式、方法或工艺①。不同的组织对象和任务，适用

① 所谓的直线制、直线职能制、科层制、事业部制、矩阵制、阿米巴模式、合弄制、自组织、合伙人模式、开放式组织模式、平台化组织模式，以及基于流程、项目、人才和团队的组织模式，等等，都各自是一种关于组织的集成方式。

不同的集成工艺；反过来，改变集成工艺，则可以拓展组织的对象和实现不同的任务。组织的本质是集成，任务导向的集成，包括纵向集成和横向集成。现代企业，正在从基于内部资源和能力的集成，走向基于全社会资源和能力的集成，即所谓的开放式组织。模式——任何性质的关系都是一种关系；凡是构成一种系统的关系模式，都是一种关于系统的组织模式。

组织能力，是企业事实上的边界。组织体系是由组织逻辑、关系模式、管理架构、资源配置、绩效管理、信息系统和工具等多种成分构成的一个复杂系统，每一种成分可再细分出诸多要素。每一种要素的变化都可视为一种新模式，组织设计的空间其实是无限的。打开组织设计的空间，才能有效地应对各式各样的实践情境，才可以做到真正有效的“定制化”，也才能实现组织变革“过程化”和“潜移默化”。

组织设计不能脱离设计对象本身，对象不同，设计自然不同。生产型企业与创新性型企业、军队与大学的组织设计，理当不同。当然，其中有共性成分，但关键不在共性部分，而是在于个性部分。基于对象的务实创新与定制才是正确的组织设计之道。尤其是，如果没有对企业经营和业务经营等的理解和认知，就很难进行组织设计。没有经营属性的组织，是没有意义的组织。就组织设计而论组织设计，就组织发展而论组织发展，就组织变革而论组织变革，是妄谈。单纯的组织研究，要么是学术研究，要么是技术研究，不能直接应用于实践。组织维度的组织设计，是一个谬误。不存在一般意义上所谓的最佳组织模式。

对人和信息的组织，是组织的固有成分。组织，总是与人力资源管理联系在一起，也开始与信息化联系在一起（在信息技术时代，这一点越来越凸显）。组织问题，说到底，是关于任务与人这类能力载体的关系问题，是人的能量态与任务的匹配问题。组织设计，自然包括对人力资源特点的因应和对人性缺陷的克服。人力资源环境和企业人力资源结构的改变会影响组织选择，信息化也是。信息化，是系统中信息性成分的再组织，必然伴随着系统组织逻辑和架构的改变，组织重构与信息化是互动关系。

对组织的设计需求源于系统的复杂性和人性。组织，作为一种方法，解决的是一个复杂系统的集成运行效率问题；作为一种机制，解决的是“人”的问题。方法是人创造的，理论上，组织机制更重于组织方法；在机制缺失或不到位的情况下，任何方法性的东西都难保有效；机制，是更具基础意义的管理成分和手段——在未来创新、多变和不确定性的场景下，更是如此。组织设计应遵循事物的微观结构与机理，以及系统的宏观结构与机理，这种结构与机理是一种自然力。组织，就像电子产品的芯片，所有的操作都需要通过其实现。组织的进化，可能会像芯片一样，体积相对越来越小，功能相对越来越大，效率相对越来越高。

组织，是对企业系统的结构和规则的人为设计。关于组织正式的设计，即为制度。制度化显然是必需的，我们需要对一种“好”的设计进行固化；同时，基于规则的系统是可以改进的，无论起点怎样，总能到达一个理想的状态，否则，将总是在一种低水平上重复。不过，制度化也意味着排除其他的可能性，并可能导致设计的僵化，以及对一种“坏的”设计的通行和固化。制度的价值与其设计的科学性和技术性相关。老子的无为而治，虽不失道，但缺乏技术力，应归于初级。对系统的认知不可能一蹴而就或一锤定音，制度化应是一个过程，在制度化上应持一种保守主义的态度，换句话说，建制化不能过度。

组织，是任务的集成工作体系

在企业系统中，组织体系，是为任务而存在的；组织，是面向行动的。组织设计，是企业行动能力打造的一部分。组织设计应是强任务导向的；组织设计好坏的评价标准，仅在于其对任务实现而言的有效性和效率。但一人企业，不存在组织问题；真正的无人工厂，也不存在组织问题，只有工艺设计和工程性方法等纯技术性问题。组织，一定是涉及多人的，是任务的集成工作体系。组织设计的目的就是建立这类体系。企业的任务组织体系，外在的表现为一个企业的组织结构和规则体系（见图 37）。组织体系与资源体系（包括对资源体系的设计）结合，构成企业的功能体系。

集成的含义是：结构、连接、增强、协同、集约性与完整性。集成包括，对人的实体性能力（如科研、创新、设计和生产等）的集成，对人的管理能力的集成；对劳力的集成，对智力的集成；对任务完成所需的显性知识的集成，对隐性知识的集成①。集成，包括对个人本身的集成，也包括对其社会关系资源的集成，是对个人能量态的集成。集成，不是根据是否控制或拥有来定义的，而是根据是否能有效连接适合的人，并使之在任务过程中发挥功用来定义的。

工作体系，就好比是任务的“生产线”；如果工艺、过程、人与系统的关系等没设计好，生产线必然是混乱的、低效的。任务解构与重构、组织架构与管理架构（多层级）、主体设置、管理权配置、运行方式、信息平台与管理软件、人力资源配置、专项管理制度、激励约束机制和信息组织模式等，是组织集成设计的维度和构成（未来还可能进一步进化出新的维度）。广义的组织集成设计，还

① 任务工作体系，也是一个任务工作的知识体系。任务组织的相对固化的需要，与组织成本和隐性知识因素有关；固化，包括结构固化、规则固化和人员固化。

可以包括战略与愿景、企业文化和人力资源管理等。

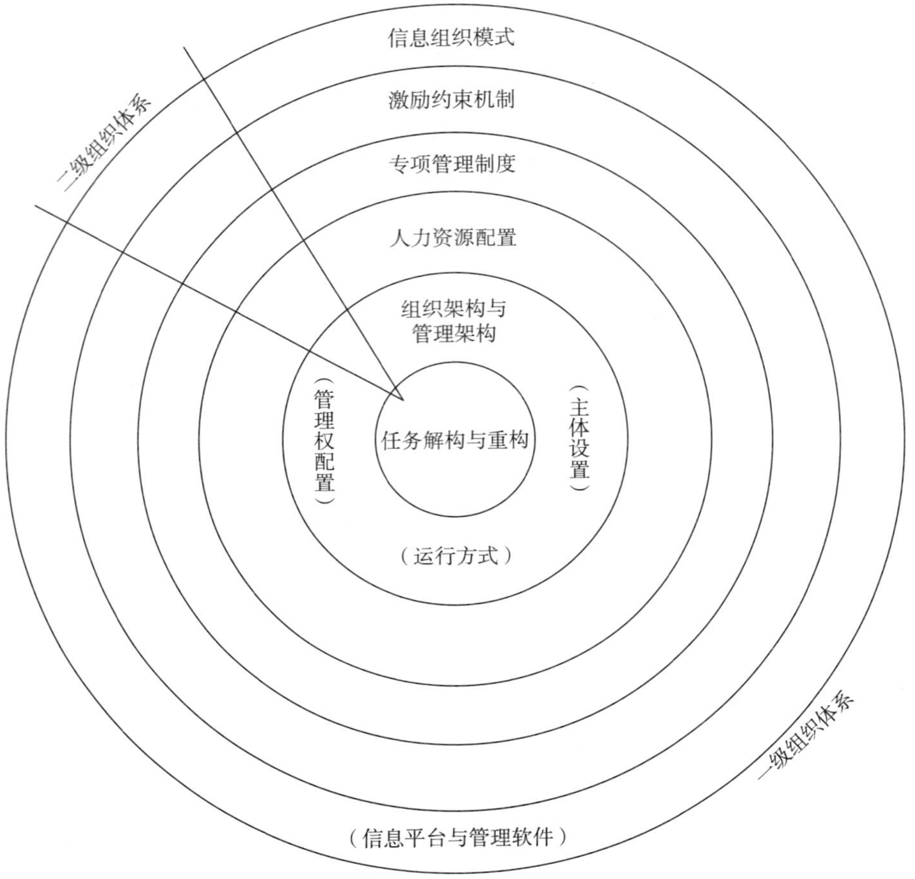

图 37　组织体系的一种解构

组织设计的核心问题，是人与任务的关系模式问题。一个企业的组织能力，主要取决于它能有效集成多少人的才智和能量。组织管理，天然地与人力资源管理关联在一起——工作体系对人力资源管理提出要求，这种要求生成企业的人力资源管理任务和框架。企业的任务与工作体系不同，对人力资源管理的要求自然不同，苹果公司和富士康公司的人力资源管理体系肯定是不同的。把任务放在社会人力资源环境中实现，在更高的资源维度和更大的资源范围内构建企业的任务工作体系，而不仅仅是在企业自身的组织范围和资源存量下实现，是一个趋势；

同时，企业走向一种相对开放的人力资源模式、弹性人力资源模式和轻人力资源模式。

专项管理，是在基本过程之上的专业提取与进一步集成设计，是专业维度的组织设计。专项管理制度，可理解为专项工作体系，是对专项组织体系、工作模式、管理流程、方法、工具、机制和相关规定等的专门性设计。不同企业可以根据需要从不同维度分类设计，比如进度、质量、安全、环境和经济管理制度；市场、销售、品牌、客户体验和财务管理制度；知识产权、工艺和设备管理制度；科研、创新、生产、运营、采购和平台管理制度；等等。不同领域企业任务要求的侧重不同，专项管理制度体系也会有一般性差异，如核电生产企业会更强调安全生产管理，进而强调安全生产管理制度的建设；食药品生产企业需要更加注重卫生管理，进而注重卫生管理制度的建设等。

所有的管理工具（如管理流程、制度、机制、方法和软件等）都是集成工作体系的“构件”和单元模块，都是为了实现这种集成所做的专门性设计；也是企业（作为主体）的管理能力的重要构成，与个人管理能力互补。同时，企业管理能力的增强，也可降低对个人管理能力的要求，或者可以使管理者能够管理更多的管理对象。管理工具，必须以集成“工艺”（或者说，组织模式）的实现为导向进行设计，而不能以所谓的专业化原则为导向进行设计——比如，不能仅从信息技术维度设计特定企业的信息化管理系统。

激励约束机制（包括企业与个人的关系模式的设计），是专项管理制度的一种，是为了解决人的“主观能动性”问题而进行的方案设计。实现集成，不仅要有方法，还要有机制。实践中有一个误区，就是把企业和任务绩效管理（绩效，是对任务目标的实现程度）等同于对主体（包括部门和个人）的绩效考核，而忽略了有效的工作体系的建立——工作体系才是可以确保任务绩效的基础；绩效，仅靠考核是“考”不出来的；实践中，全球那些优秀企业和高绩效企业，都有设计得非常科学与完善的任务工作体系作为支撑。

多任务（包括项目）企业，应构建综合集成的组织体系，或者说，集约型的组织体系：若每个项目都是独立的组织体系，则不利于对人力资源等的集约性使用，企业整体看，组织效率不高①。因此，对多任务企业而言，要在单个任务组织的有效性和企业整体运行效率之间取得平衡。组织效率提升的一种方法是提

① 组织效率由三个层次的内容构成：个人效率、任务组织效率和系统组织效率。

高集成度，是划小组织单元与集成度提高的双向发展，包括任务组织的集成度和多任务综合组织的集成度。实践中，基于项目管理的组织模式，是一种典型的综合集成型组织模式。集成，不仅关乎系统的效率，还关乎系统的能量态，可以使得企业总是以整体的能量因应每一项具体的任务，使得企业呈一种群体能量的集成态而不是集合态。

项目管理，是对多任务或任务差异性的一种解决方式，是一个管理“中间件”。项目管理，并非指某种特定的形式，从组织表现上看，有从项目协调员到项目公司的丰富多样的具体形式，单一任务的企业也可以理解为是一个固化的项目公司。而复杂项目（如航天项目，可能涉及几十个专业，并可能跨越从基础研究到小规模定制的若干阶段；飞机制造，可能包含几十万个零部件等）的企业，则需要构建多层级的任务集成组织体系。

任务的解构与重构，是组织设计的一个基础性工作。任务解构与重构有维度之分，除传统的产品、职能和市场维度之外，还有许多其他维度，如创新与生产、共性与个性、确定性与不确定性、平台与运行、活动与信息，以及以客户为中心或客户导向[①]维度等。任务解构与重构的维度的改变，是组织模式转型的一种（即企业宏观组织模式的转型）。同时，任务解构与重构还有层次之分，如项目层次、环节层次、部件层次、工序层次及活动层次等，以满足不同深度的组织体系设计的需要。企业管理能力的强弱，是影响解构与重构的维度和层次的一个因素，解构得过细，会增加任务组织体系中的工作接口和管理的复杂性，因此，管理能力不强的企业的任务解构与重构应相对综合一些、一体化一些和整体一些。

同时，任务解构与重构还应是一个动态变化的过程，越是发展变化快的企业（如创业阶段的企业），越需要频繁的组织迭代。

组织设计要达到一定的深度，过于粗略和空泛的组织体系（包括制度）设计，其有效性和效率是要打折扣的。组织设计深度包括主体深度、专业化、细化和具体化。其中，主体深度最大是到个人层次；细化最大是到活动层次；而具体化则可以是无穷无尽的。专业化、细化和具体化，是组织体系设计的知识化与个性化的结果和表现，它的实现往往需要有一个认知发展过程，并需要以行业和任

---

① 任何企业都是为客户而存在的，都是客户导向的，但不同企业经营的客户导向度不同；提高企业经营的客户导向度，是提高经营有效性和效率的一种途径。

务专业知识为基础。组织设计深度的发展，是组织发展的一种。

战略、目标和经营目的是企业的总任务，具体任务都是总任务的构成或子任务。组织，是对企业经营的实现，是对战略的实现。任务改变，如转型与业务延伸等，则需要重建或扩建企业的工作体系。没有组织的支撑和实现，一切都是空谈。

同时，也应该看到，组织与战略的关系并不是单向的，而是双向的。战略首先是被创造出来的，是在过程中形成的，而创造行动同样是由组织承载和完成的——企业的创建也是一类任务。组织既从属于战略又先于战略，既是企业的躯干又是企业的母体，是创造与执行相叠加的功能复合体。战略的生成与战略的执行在行动层面、在组织上是合为一体的。组织问题其实不仅是组织问题，同时也是战略问题——在创新型商业时代，在企业的初创阶段和转型阶段，这一重关系和属性会愈加明显，也愈加重要。战略与经营意图需要被“注入”到组织设计之中。如果说一切都是行动的结果，则组织设计的意义就不单是战略实现那么简单了。这也是我们另外需要并行开展组织构造和组织进化视角的企业研究的原因及其意义。

企业家们需要一个功能强大（而不是规模强大）和高效的组织去实现目标，去创赢未来；传统企业，则需要通过组织重整、组织变革、组织再造和组织效能的提升等最终实现对自身继续生存和发展问题的解决。组织设计问题，因此也是企业始终要面对的一个重大管理课题。

任务组织设计的基模和复杂性

企业组织，包括对任务的组织和对企业（多任务系统）的组织——也可称之为企业的微观组织和宏观组织，或动态组织和静态组织。任务组织是微观组织和动态组织；企业常设组织是宏观组织和静态组织。当然，要看到这种区分并不容易，因为两种组织成分是融合的，甚至是合而为一的（单一任务企业典型如此）；但同时，这种区分又意义重大，否则，我们可能根本理不出或理不清企业组织设计的头绪。如果说组织是任务的集成工作体系，则企业组织系统中包含着两个维度的集成：任务维度的集成和企业（或多任务）维度的集成。

其中，任务组织，是组织设计的关键，因为完成任务才是目的，任务过程才是企业运行的真实过程；微观组织模式从根本上决定着企业组织的有效性。任务组织，也是企业组织设计的基础——如果连单一任务的组织方式都没弄清楚，如何能进行多任务系统的组织设计？那么，对于任务，该如何去组织？

1. 两种基模

任务组织，即对任务实现的微观过程的组织，必须符合这个过程的自然属性——这是原理。任何结果，不是被“生产”出来的，就是被“创造”出来的。商业世界中的任务/活动，在性质上，只有两种：生产性任务/活动和创造性任务/活动。任务完成的微观自然过程只有两种：生产性过程和创造性过程（见图38）。因此，适用的任务组织模式（或者说，组织工艺）也只有两种：生产型组织模式和创造型组织模式。这里的“生产”的含义是，按确定的方法、程序、要求和标准操作，而非特指（但包括）那种工厂里的生产式活动。生产性过程的结果是确定的，创造性过程的结果是不确定的。

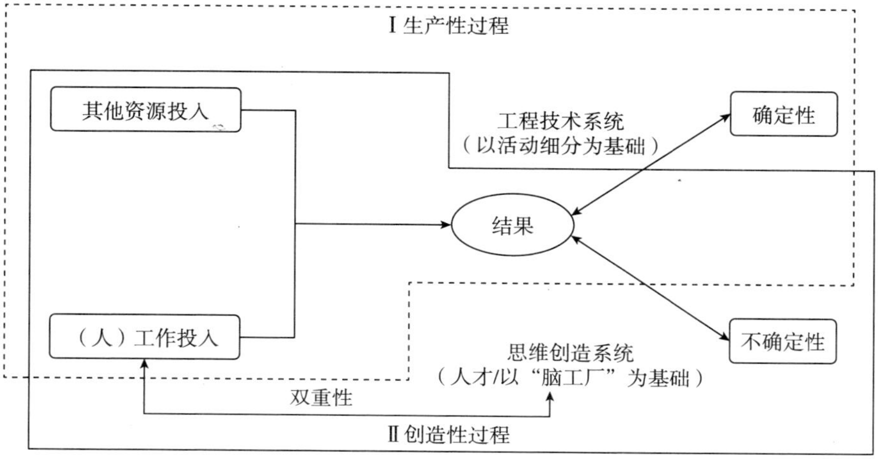

图 38　任务完成的微观自然过程

组织（作为结果），是价值创造和价值生产的功能的载体；任何组织都是两种功能成分的叠加；可根据两种成分的多少和主次，将企业组织模式简单区分为生产型和创造型（或说“创新型”）两种。适用于生产型任务的组织方式，是以流程为基础的组织方式；适用于创造型任务的组织方式，是以人才（或人才的复合型能力单元，即团队①）为中心的组织方式。以流程为基础的组织方式生产力强，以人才为中心的组织方式创造力强。以流程为基础的组织方式是对劳动力的集成组织工艺；以人才为中心的组织方式是对智能的集成组织工艺——集成人的“手”和集成人的“脑”适用两种不同的工艺。其中，以人才为中心的组织方式，也可以理解为，是将创造性任务（或活动包）建立在人才的“脑工厂”之上。生产性系统，最好是一个技术型系统；创新性系统，唯有是一个智能型系统。

如果任务是混沌的，任务组织也只能是混沌的，只能靠个人的主观作用力去呈现出某种清晰的结果（所以，越高端的企业，越是能看到人的价值，越是依赖

① 团队，是对个人能力的增强和有限性问题的解决，随着任务的复杂性和难度的增加，团队逐渐代替个人成为任务组织的基本单元。

于人的作用的发挥)。因而，创新型企业，或企业的创新型部分（如研发体系），更应该像是一个“工场”；向创新型企业转型，必然走向组织的混沌化或“工场”化，必然需要从马克斯·韦伯的科层制组织模式上回撤。

人与任务，是企业的两个基本组织与管理单元，也是企业运行管理的两个基本抓手。组织设计的关键，是对这两个基本单元的关系模式设计。组织管理，要解决的是“任务/组织（模式）/人”的匹配问题。其中，人是企业系统中的一类特殊主体，是一类具有自我组织和管理能力的智能单元，很多事情（尤其是具有不确定性属性的事情）可以或只能通过人的方式加以解决和实现，组织设计中不能忽视，更不能排除对这一特殊工具的有效运用；人也是削减复杂性的复杂系统，离开对这一组织工具的运用，当面对复杂性任务和组织时，我们可能会变得束手无策。

以流程为基础的组织方式和以人才为中心的组织方式，是任务组织的两种基本模式，是任务组织设计的两种底层结构和原型。任何任务的实际组织体系都是以这两种基本模式搭建和组合而成，都是在这两个原型基础上的定制。一种工艺类型（或者说，原型）之下，可能又有多种组织逻辑和组织维度。比如，活动与活动之间的关系构成流程，而任务的活动细分（或者分工）可以是无限维的，我们熟悉的以工艺和工序为基础的活动分解只是划分维度之一，以流程为基础的组织模式有多种实践情形，包括先按部件，再按流程等；在实践中，以人才为中心还有它的增强型——以团队为中心等。

2. 实践的复杂性

以人才为中心讲求的是灰度和自由度，以流程为中心讲求的则是清晰度和准确性。以生产型组织思维去管理创新性工作，无疑是荒谬的，自然也是无效的；而用创造型组织工艺去做生产性工作，则是低效的（典型的例子是作坊）。什么性质的任务适用什么类型的任务组织模式，是确定的——这不是一个可以任意选择的问题，而是一个必须对号入座的问题。不过，任务组织的实际设计远非匹配一下那么简单：

其一，原型，并非具体式样。对特定任务而言还有很多具体设计和具体问题，比如：从哪个维度进行活动的解构和流程的重构？怎样设计和配置全流程的组织架构和管理权？团队的构成和规模怎样？团队内部的结构怎样？核心人员和团队的管理权边界是什么？等等。

其二，生产型组织模式的系统秩序与创新型组织模式的系统秩序是不同的，是不通用的。但并非所有的任务都是单纯的一种属性，有些任务是兼具两种属性的（既有创造性成分，又有生产性成分；或者，既有创造性活动环节，又有生产性活动环节），相应地，这类任务的微观组织方式应该是两种工艺的融合。但是该怎样融合？是连接、包含、叠加，还是交织？

其三，任务属性是创造性还是生产性，是相对于特定企业而言的。如 180 架的民航大飞机的制造，对于美国波音公司而言可能更接近一种生产性质的任务，而对于目前的中国商用飞机公司而言，则显而易见是一个“研制”性任务。任何任务的第一次，都是创造性的。以人才为中心的组织是以流程为中心的组织的前期模式。

其四，原则上，可以定型的应尽量定型，可以标准化的应尽量标准化，可以明确的应尽量明确——要避免“重复性的创造”；更要避免用创造型组织模式做生产性质的工作——这是非常低效的，这也是作坊模式竞争不过工厂化模式的原因。把可以定型的定型化、程序化，甚至自动化，也有利于把人才的精力解放出来，投入到真正需要创造的活动中；同时，流程化还有利于持续改进，有利于任务过程的工程化、技术化和知识化。因此，即便是创造性工作，也应该尽量识别其中的确定性构成和维度，并进行流程化的组织与管理。初创型企业和创业型企业，更多的是以人才和团队为中心；成熟型企业，更多的是以流程为基础。对特定任务而言，从以人才为中心走向以流程为中心，是一种成熟化和组织发展；组织设计中，应包含一种机制，促进和实现这种演进。

但另一方面，没有任何一种任务的完成过程已经绝对清晰化或再无改进可能——换句话说，任何一种任务都仍有创造的空间和需要，因此，即便是显而易见的生产性任务的组织，也应保留以人才为中心的组织成分。

其五，以人才为中心的组织成分不可或缺。即便是生产性任务，也是被创造出来的，是从创造性任务发展而来。以人才为中心的组织，是企业的原生组织，是企业的胚胎，是企业进化的来源。任何企业都是从以能人为中心起步的。

其六，任何一家企业都不可能，也不应该只有一种性质的任务。如何在多种任务的企业环境中，进行单任务的集成工作体系设计？如何通过项目管理模式的引入，将各类任务的组织统一起来，并走向集约？

其七，如何设计任务的信息组织模式，以及相应地，该对任务的组织进行怎样的重构？

其八，任务组织的设计是否，以及如何因人而异？一方面，如果个人能力很强，则应让其承担更大范围的任务片段，反之，则需要缩小其任务片段；另一方面，要避免以“人才”为中心异化为以“人”为中心——如此，等于可能是在将该任务片段交由不胜任的“脑工厂”生产——对于创造性任务而言，如果没有相应的人才，组织（包括激励机制）无论怎么设计其实都将是无效的。

……

目前为止，我们尚未正式将微观组织作为一个问题加以认知和研究。长期以来，人们理解的组织差不多就是系统结构。微观组织问题，似乎被主流的经验主义的管理者和研究者有意无意地忽视了（其实是看不见，因为经验主义者永远只能是在宏观层次，进入不了微观世界）。目前为止的组织管理，可称之为宏观组织管理；我们缺少组织管理上的最有价值的部分——微观组织管理。微观组织还是一个认识上的盲区。任务组织的研究比宏观组织模式的研究更具基础意义和价值，因为它是目的，也是宏观组织体系的设计导向和基础。

任何系统都是建立在微观基础之上的，没有微观基础的系统只是一个空架子。微观（即个人与任务组织）的价值创造能力及其提升，是企业价值的真实来源。宏观组织管理走不出几种基本模式的圈圈；而微观组织管理可作为的空间是无限的。如果看不到任务完成的微观自然过程，所有的设计都是粗陋的，并难以避免错误的产生；没有对微观组织模式的定义和澄清，宏观组织模式的设计也就失去了依据；没有微观组织的设计，企业组织设计即缺失了最要紧的部分。答案和空间都在微观，可我们却把更多的关注力放在了宏观上[①]。组织问题，差不多是一种“收敛性问题”，即可以找到“精确答案”的问题，但要实现企业组织设计的科学性和精益化，必须走到微观组织层次。

---

① 这也是本书中谈及的关于企业管理的十二个常见的误区和盲区之十二：缺失微观管理学。人类科技发展的主方向是微观，企业管理领域也是如此。

平台化组织模式时代

组织模式的进化同样适用适者生存的法则，传统模式已是明日黄花。适应新商业时代的组织模式正经由实践或完整、或局部地呈现出来。暂且将这种组织模式命名为“平台化组织模式”，下面从专业角度对这种模式进行解析和说明：

1. “平台+”的组织逻辑与系统架构

整个价值系统（即企业）以共性与个性、客户与专业、创新与守成、平台能力与个人能力的维度进行解构和重构，按“平台+产品经营体”的基本模型进行组织（见图39）。其中，产品，指针对特定需求和细分市场的产品，服务产品也是产品；产品，还是相对特定主体而言的产品，每类主体都有其“产品”，产品是提供给其用户的特定价值。

产品经营体承载产品经营管理的完整功能——从需求到需求、用户到用户、端到端的闭环，以需求为中心，一般由跨职能人员组成；同时，承载产品经营系统中的创造性、个性化和不确定性的实体性功能部分，如产品创新与开发，以及市场推广、小规模定制生产、调试、销售过程中的现场生产、售后的专门技术服务等。产品经营体的功能较为综合，是相对独立的经营单元。共性技术和共用功能、资源、基础设施则是往平台类主体上配置和沉淀。平台是价值或功能模块，产品经营体是集成和任务责任主体，企业实际运行的组织简化为“集成经营者+平台”一个维度。平台为产品经营体的体系搭建和运行提供模块化的价值要素和功能支持（即所谓的“赋能”）。

各产品经营体和平台内遵循相同的组织逻辑，生成各层级系统和各单元系统的“平台+产品经营体”结构，直至微观层级的“平台+项目组、团队，甚至个人（产品经理、客户经理）”结构，如腾讯的“大三层金字塔”和“小三层金字塔”结构。尤其是在包括技术平台的企业研发创新体系下，项目组、团队，甚至如3M公司的“创新斗士”成为常见的次级及微观组织形式。

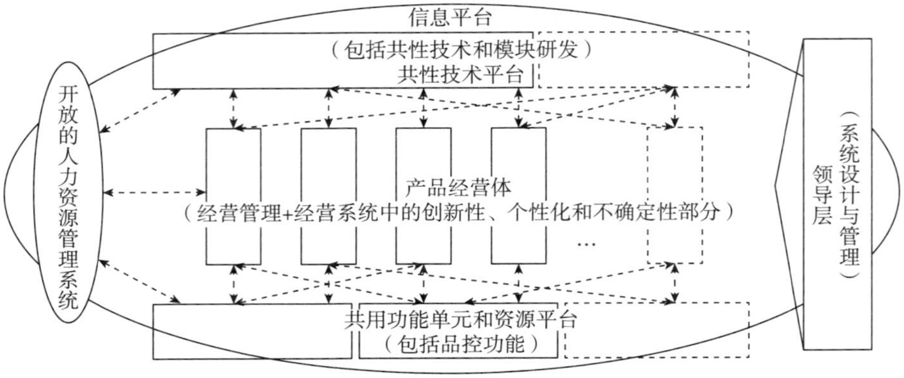

图39　平台化组织模式架构

实践中，产品经营体的种类丰富多样，可能是实体性功能较完整的产品子公司，也可能是实体性功能较单一的开发项目组；可能是内部创业团队，也可能是成熟产品的区域销售机构；可能是承载某款产品的“产品组”，也可能是承载产品大类的“产品事业群”；等等。

产品经营体是经营过程的“前端”，即与需求、用户和市场的界面端。在平台的作用下，前端主体得以保持最小化、专注度、创新性、灵活性，以及个人的自由度与活力，企业系统呈一种“大平台+小前端”的整体形态。

2. “类”市场关系与组织机制

主体之间是一种“类”市场性质的关系①，分布式的管理权配置，有三个含义：其一，各主体被赋予自主权，也承担全部或部分盈亏，是相当程度的自我经

① 市场，作为一种机制和关系模式，同样可以被企业集成使用。罗纳德·哈里·科斯（Ronald H. Coase）的“企业是对市场的替代”的观点，是一种关于企业与市场的关系的过于简单化的认知。这种观点的流行，容易造成、并事实上已经造成企业就是一个完全的管控型系统的误导，以及管理就是由一个权力中心进行的主导和控制的误导。市场性质的关系模式，甚至是一种更具价值创造力（包括创新力、能量和效率）的关系模式。

营、自我管理和自组织单元。其中，平台类主体可以理解为共性技术和功能服务的经营者，其价值经由被产品经营体“采购”而得以应用和实现，而是否被采购取决于其与外部市场主体之间的价值和优势比较，所有主体的收入都来自于其“客户”。其二，主体之间的关系处理，以直接的双边业务协调而不是中心行政协调为主，以任务流程为关系主线。其三，系统是开放的，包括主体关系的开放性和人力资源组织的开放性，企业边界趋于模糊，企业从价值系统走向价值生态。生态化也赋予了企业极大的可拓展性、自然进化以及外部资源链接能力，支持各类主体的快速繁衍和进一步发展为新的平台与商业生态系统，如腾讯的微信团队，2014 年 5 月成为微信事业群，使微信由一支产品升级为战略级的业务体系。

“类”市场关系也意味着对各主体的强激励和强约束，自我管理、自我激励、自我驱动，以及自我提升、主动协同成为内需和常态；企业对各主体的考核和业绩管理变得简单、有效，主要是对其最终经营结果的考核和管理，或说是企业与各类主体根据结果进行的“结算”和关系管理。其中，企业与个人之间更像是合作而不是雇佣关系。与传统组织模式相比，决策与实践、管理与价值性活动、价值创造与价值评价和价值实现融为一体；“管能”和管理效率都得到极大的提升。“类”市场关系还意味着不排除经营体之间的（直接）竞争性关系，反而是可以利用这种竞争而实现优选，避免由于中心预判不准（既然是预判，就有可能不准）而导致的选择性和决策性错误①。

平台化组织架构和机制能够更好地吸引人才并为人才提供激励，实现了对“人”的能动性和价值的最大可能的激活与发挥。人才发展也不再按部就班，个人能力的提升也不再是组织的责任，不同类型人才自身的发展路径和速度由人才本身与平台联合制定，通过人才的自驱动及其市场表现实现，同时绩效与其市场表现结合，每位员工都可以理解为是其个人能力的经营者。这种“平台 + 个人”的模式更好地满足了个人以及组织各自的需要，并良性互动。激活了个体、底层和微观，并能使过程中创造的东西得到很好的沉淀，这也是一类建设性组织模式和进化型系统架构。

与传统模式下只见“组织”不见“个人”不同，平台化组织模式将个人的

① 竞争是促使进化的一种基本力量，企业的组建不应使这种力量在系统内部被消除。竞争，包括横向之间的竞争和纵向之间的竞争。

创造性、领导力和企业家精神作为系统的常规的和同等重要的组成部分，这将有利于个体力量的崛起和作用的发挥①。当然，仍有一部分员工是作为流程和平台的组成部分而存在，从事确定性、程序性和标准化性质的工作，传统的个人与组织的关系模式和管理模式仍然对其适用。

3. 模式的9大体系组件

组织架构、组织机制与必不可少的系统组件，构成组织体系。平台化组织体系的关键组件有9个：

（1）授权与协调机制。创建对各主体，尤其是各级产品经营体的授权体系，把管理权往前端配置，让最贴近任务和对任务理解最深刻的人做决策。充分授权不是简单的100%授权。是授予20%、50%还是90%的权限？是统一授权还是分类授权？都需要事前设计。同时设计各主体之间的协调机制，包括横向协调和纵向协调，尤其是要建立P2P的横向直接沟通与协调机制，确保前端即时寻找到合适的人员提供支持与协作。

领导层的职责不再是事无巨细地进行具体管理，而主要是对组织系统或企业生态的设计、构造与优化，以及关键价值、资源和人才的获取，同时承担战略投资者和终极协调人的角色，即回归《基业长青》中柯林斯笔下的“造钟人”的角色。整个系统在领导层这个部位实现战略与组织的统一，以及战略发展与自然发展的结合，这也是对领导层的洞见力和专业智识的巨大挑战，领导层本身也需要是一个开放的组织。平台化组织模式是一类去权力中心的组织模式，这有利于避免企业被最高层管理者的个人的局限所限。避免企业被个别人的局限所局限，以及解决“经理人封顶”问题的唯一方法，就是不让其完全被一个人所主宰。

（2）平台强化与价值管理。平台既是共用价值和功能，又是系统的引力，还是企业对产品经营体及个人赋能、凝聚与管控的基础。平台决定所能维系的系统的大小。要成为驾驭系统的高手，首先要有这种实力。平台（尤其是技术平台）深度将企业区分为普通、优秀、卓越等三六九等。强平台/强个人组合，是

① 企业是对个人的能量进行的有目的的组织的工具。组织创新的一个基本方向是实现对个人能量的最大程度地挖潜与发挥；另一个基本方向是提高系统效率。同时，不能隔断组织行为的自然人关联，否则，组织得到的将更多的是自然人的负面的东西。

卓越企业的标配。平台强化与价值管理包括：平台基础建设、模块化和标准化、数字化，构建有稳定输出的功能模块，形成资源池和简洁易用的关系界面；根据前端发展需求，形成新特色及新能力；营建能促进和方便信息、知识、经验及创意的流动的场景和平台；建立过程性资产和资源向平台沉淀的体制与机制；走向以更底层技术为主的价值组合等。

（3）“三合一”的任务运行体系。即“以流程为中心”“以项目部为中心”和“以能人为中心”的任务组织相互融合与横向拉通，包括流程优化、工具化和随需随取的界面模式。这里的“中心”是指“管理中心”。平台化组织模式在运行层面是流程式、项目式和能人式的结合。

（4）开放的人力资源管理体系。如腾讯在初期的时候就提出了“内部人才市场”战略，即普通员工如果愿意申请调动业务部门，原业务部门只能同意不能驳回。开放的人力资源管理体系包括：从面向岗位转为面向个人的管理；从基于自有人力资源转向基于全社会人力资源；人力资源与组织机构相对分离，建立专业人力资源库和匹配机制，实现人力资源与任务直接、动态匹配，人员随任务流动和聚散。开放的人力资源管理模式才能适应各类主体不断变化的人才需求，满足人才与任务匹配的需要，满足各类主体对更具领导力和企业家精神的人才、专业人才，以及人才共享和自组织的需要，并实现对低效主体的瓦解和对高效主体的加强。

（5）内部资源定价与独立核算体系。构建内部（虚拟）市场，为前端对平台提供的要素、资源和服务进行定价；建立涵盖各级各类主体的价值贡献、成本和业绩核算体系，奠定“类”市场机制有效和高效运行的经济计量基础。

（6）基准管理体系。基准管理与对系统的经营和定义有关，也是对自治主体的底线管理。绝对自由需要与绝对管控并存。基准管理是作为企业主体的管理，主要涉及品质、人才和绩效三个方面。具体内容如：集中化的人才战略，构建人力资源素质模型；集中的品质管控功能平台；设置最低业绩标准，那些考核中等的主体，部分决策需要经过审批才能被执行，而表现差劲的主体则需重新制订相应的整改计划等。

（7）信息平台。包括流程信息化，以及沟通与信息网络。信息是事物的另一种存在形式。信息平台是系统信息性成分的功能平台。云技术、开放的 IT 架构和社交技术，以及第三方平台等都可能被具体企业整合使用。

（8）股权设计。从根本上解决创值者对其工作结果的所有权问题，包括平台价值的创造者。事业合伙人制、内部公司制等都可以组合使用。员工进一步从被雇佣走向“自雇佣”：在企业对员工的基本素质管理和准入上是雇佣制模式，在价值创造、过程管理和价值分享上是自雇佣模式。

（9）价值观治理。在市场代替组织，及以项目部和能人为权力中心的组织逻辑上升成为企业任务组织的主逻辑的情境下，须用价值观去规制企业系统中诸多至关重要的“自治”部分，有助于汇聚有共同价值观的人才。

相同的组织逻辑下，不同行业企业的基本架构会表现出一般性差异，如：在由技术驱动的主要产业领域，技术平台相较功能平台要更强一些，而服务业则相反；银行、电信运营商、石化企业的平台部分比重相对更大，而军工、互联网企业的产品经营体部分可能会是主体；有些行业需要（也可以）赋予前端更多的自主权，有些行业则需要保留领导层审批权以控制风险，等等。

不同起点和战略取向的企业，组织形态和组织发展路径也看似不同：创业型企业是从小的综合一体化模式，即■形态起步，过程中通过“向下沉淀、向上构造”，走向⌶⌶⌶形态，而且企业和产品经营体系越成熟，平台部分占比越大，也越强；创新型企业会选择将更多的运营性功能单元外包，整体呈⊤⊤⊤这种高级形态；传统工业企业的形态可以说是▬，应通过构造和培育产品经营体，走向形态⊥⊥⊥，进而形态⌶⌶⌶及⊤⊤⊤。

同时，从能力的维度上看：技术平台是科学能力和技术能力的主要承载，功能单元是工程能力（生产能力是工程能力的一种）的主要承载，产品经营体是市场能力的主要承载。一家企业很难专长于所有类型的能力，因此，需要借助别人的能力，或将自己不擅长的外包出去，这便是商业世界的生态化和企业的虚拟化发展的内在合理性。在商业世界中，事实上是各种形态的企业交错并存，合作竞争。市场竞争越激烈，商业世界越具复杂性；知识化程度越高，这种趋势越明显。

平台化组织模式，也是关于企业组织的生态型模式。平台化组织模式是对新商业时代机遇和挑战的有效应对，也最符合人性和企业的商业属性。这将是一个平台化组织模式时代，也是个人经营者、团队经营者和企业生态经营者共生的时代。趋势是明确的，但过程是渐进的：传统组织模式与平台化组织模式并存，同时平台化组织模式的成分越来越大。传统组织的很多问题、困境和不适应性，也只有通过组织进化才能解决，因为一类物种的局限，是作为这类物种的主体无法克服的。企业家们需要学会用新组织思维去赢得未来。

部门革命

——新组织革命的关键

形成于工业时代的组织范式已经严重地不适用于当今的企业，更不适用于未来的企业，也无法面向未来。修修补补是没有用的，我们需要一次组织革命。这次组织革命可称为“部门革命”，即必须革传统的以部门为基础的组织范式的命，并让企业常设组织体系（以部门为代表）回归其本来的角色和功能——这次组织革命是发展，但首先是还原——还原回以任务组织模式为基础和导向的组织思维和组织逻辑。唯有如此，才能从根本上解决问题，也才能步入企业组织模式向更高效率和更高维度发展与进化的有效通道。与上一个时代相比，组织进化的基本方向，一方面是高级化和智能化，一方面是还原，即向价值创造的真实自然过程和事物的本然回归。

1. 企业对常设组织体系的需要本来就只是平台和容器

如果任务都可以通过自组织实现，则企业的常设组织体系原本可以不需要。企业都是从个人、团队或单一任务组织起步的。随着任务的增多，企业从一个单一任务组织体系发展成一个多任务集成组织体系，同时，发展出一个可容纳复杂、高级和多任务运行的宏观组织体系（即企业常设组织体系，我们经常用组织机构图表达的组织部分）——笔者称之为“组织容器”。只有一项任务的企业，如项目公司，就是一个临时的项目组织，没有常设组织体系；当然，也可以理解为，宏微观组织是一体的，即任务组织与企业常设组织体系是一体的。

常设组织体系本来就是源于企业对组织容器和组织平台的需要，源于企业持续经营和多任务发展的需要，是为了满足临时性的任务的组织需要的一种派生物和经常性准备。组织平台和组织容器才是企业常设组织体系的真正使命，是企业对常设组织体系的本来需要。组织平台，即为具体任务组织的实现提供制度准备（必须是完整的），以及资源准备和功能单元准备（不必须是完整的，而是基础性的），能够支持任务组织的实现，使任务主体可以快速、模块化地搭建起任务集成工作体系，并能因应任务的发展和变化；同时，承载过程性知识（包括组织知识）和资源的沉淀与积累，使之不至于随任务结束而流失。组织容器，即要具有足够的容量和体量，能够容纳（不是承载）企业所有任务的运行，能够满足企业目标实现的需要（见图40）。

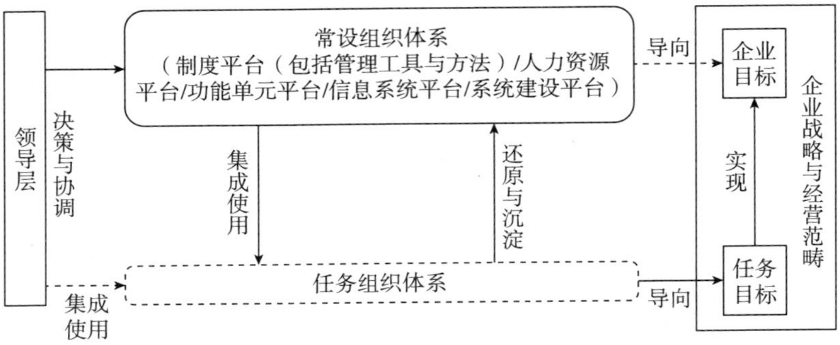

图40　企业常设组织与任务组织的关系模型

任务组织体系的设计导向是任务目标；组织平台与组织容器的建设导向是企业目标。任务目标因任务不同而不同；企业目标则具有相对的稳定性。企业目标和任务由战略与经营模式决定，所以说，企业组织是对企业战略和经营模式的实现。图40中，任务组织体系用虚线框表达，有两个含义：其一，相对于常设组织体系而言，具有临时性，其存续时间仅等于任务周期（重复的任务，可以理解为是同一个任务），而不是企业生命周期；其二，任务组织包括可能的对外部资源和功能单元的集成使用，即一种所谓的开放式组织——开放式组织是通过任务组织实现的，常设组织体系不存在组织开放问题（只有功能开放，属企业经营范畴）——这也确保了企业组织架构和系统的基本的稳定性和确定性，以及企业组织的稳定性和开放性、适应性的统一。

2. 对以部门为基础的组织思维的默认是一个误区

任务的实现才是目的。因此，企业组织设计应以任务组织的有效实现为原则。任务导向和以任务组织模式为基础的组织设计思维才是正确的。但不知从什么时候开始，以部门为基础成了实践中一种默认的组织设计思维——目前为止，只有少数企业（如 3M 公司和近些年一些成功的互联网企业）没有落入这种窠臼。

这种对以部门（包括岗位）为基础的组织思维的默认其实是一个错误，也是一个误区，更是传统组织模式下诸多问题的根源，比如：

任务本来是一个自然过程，该自然过程却被基于部门的组织设计给“肢解”了。任务分工（早期的劳动分工是任务分工的一种）和管理分工，被异化为部门分工。“分”的时候或许还比较容易，“合”（包括合作）的时候问题就来了。为了在肢解后再实现对任务管理的统一，又设置各层级的协调主体和机构。任务自然过程的横向协调被纵向的组织协调所替代，部门之上有跨部门的各级协调主体，部门之下还有二级部门和岗位，组织层级自然就被拉长了。任务（包括任务管理权）被肢解得越细，部门接口就越多，“合”的问题也就越多，再加上各部门之间的权力竞争，协调的难度还很大。协调关系越来越复杂，最后协调本身又成了问题。权力像是一堵墙，除非它不存在——我们在对部门进行权力配置的同时，已经是在对企业资源和任务管理权进行肢解了。在部门模式下，任务管理权难以统一，任务完成效率自然不可能很高——部门间的协调效率再高也不如管理权统一的协调效率高，如果再加上系统效应，整体效率就可能更低了。

又比如，部门化带来了部门职能的垄断，对某项任务即便不能胜任，也只能交由对应的部门和岗位去做，其他主体即便能做也不能去做。垄断，是对自然秩序的粗暴扭曲。任务自组织的集成作用和能力受限，不仅人的胜任力与任务的匹配难以实现，而且限制了与外部主体广泛而自由的连接与合作，局限了企业的能力，非常不利于企业的创新。以部门为基础，其实是以行政管理权为基础，以部门领导一人的视野和能力为基础。部门领导是那个拥有最后决策权的人，无论他胜任还是不胜任（对具体任务的正确决策而言）。对权力的垄断，容易导致价值秩序的扭曲，并反过来伤害价值系统本身。部门权力，成为企业发展和进化的障碍；而且，部门体制是集权和“他管理”模式，由于不能有效利用任务主体的管理能力，任务管理能力总是相对不足（集权与管理不足，是一种像“量子纠缠”式的关系，会同步产生），任务越多，任务差异越大，任务的专业知识含量越高，任务管能的相对不足就越严重，并最终导致多任务和知识含量高的任务（如创新）难以有效开展，进而难以有所发展。

再比如，平台和任务主体的角色混同，必然导致部门重任务而轻建设，因为任务总是显得更为紧迫和重要；导致人力资源被封闭在各部门而难以共用和充分发挥作用；导致对任务组织的研究和设计的忽视（往往是按部门设置一肢解了事），阻碍了对组织设计的微观基础的关注。站在部门和岗位的角度总难免落入部门基础型组织模式的范式和陷阱，组织设计的科学化和工程化发展遥遥无期，企业管理的信息化也缺乏“施工图”般细化和科学化的组织（比如流程）设计前提等。

项目管理的兴起，曾一度让人们看到了凿穿部门之墙的希望，即通过在常设组织的基础上，发展出一个临时性组织（某种程度的任务组织），对项目实施专门性管理——但在以部门为基础的组织环境下，项目管理终究不能彻底，因为在项目管理权之争中，部门总是处于优势地位，常设部门对参与人员的利益的影响是长期的，而项目管理主体（比如项目经理）对参与主体的利益的影响只是一次性的，所以，最终还是行政管理权覆盖了项目管理权。基于部门的组织体系是一个牢笼，设计精致的这种组织体系是一个精致的牢笼。

以部门为基础的组织模式，可以理解为是任务组织体系与组织平台合二为一；对于长周期、单一任务企业而言基本上是适用的，所以在标准化产品大规模经营的典型工业时代，这种组织设计本身的问题并不明显；也许正是因为如此，导致部门虽然本是客串（或说“代理”）任务管理者的角色，却长期反客为主，并习惯成自然，而且难以自拔①。

---

① 事情总是要走向自洽的和自适应的，因此，如果一开始就是错的，就很容易一直错下去，而且，整个过程会适应性地朝着符合这种自洽的方向演化，直至这种系统被外部竞争所淘汰或其本身再难维系，这种现象，我称之为“起点陷阱”。

3. 从部门到平台，拥抱企业组织的范式转换

传统的组织问题产生于传统组织模式本身，产生于组织平台与任务组织的混同，在以部门为基础的组织架构下是不可能有效解决的。在传统组织模式下，痼疾将永远是痼疾，看不到解决的可能，包括官僚主义、本位主义、机构臃肿、无意义的复杂性、决策质量低下、企业政治、推诿扯皮、部门墙、各自为政、人才流失、低效、反应迟钝、任务责任主体缺位、组织僵化和大企业病等；“新愿”也将永远是心愿，看不到实现的希望，如激活个体、灵活性、弹性、开放性、创新力、速度、提高对外部人才和资源的集成使用能力、增强管理能力、扁平化和云端化等。

企业的组织思维和组织设计需要一次范式转换，或者说，革命。平台化组织模式，是这次组织革命的基本方向。“平台 + X”的组织架构是原型，“平台 +”是企业组织体系中的常设组织体系和静态组织体系部分；“X”体是企业组织体系中的任务组织体系和动态组织体系部分；“ + ”是平台与任务组织间的“桥接”，它表现为一套规则和方法。X 体随任务形成并与之匹配，随任务变化（包括阶段变化）而变化，随任务结束而消解，其中，人随任务流动、聚散。用任务组织规则代替预先的组织设置。

任务组织，是在规则下的某种程度的自组织，可以集成使用外部人才和资源，任务形成与组织形成并行——对任务组织而言，尤其是对创造性和项目式任务而言，自组织才能达到组织的最佳状态。任何静态的组织架构都不可能匹配一个动态的过程，即无法实现任务与组织的动态匹配。任务管理权配置，基本遵循自然管理权原则（就如孩子的监管权自然地属于父母一样），当然，也包括基于规则的组织监管。任务结束后，资源还原回平台；任务的过程性知识沉淀到平台，不断为平台及整个组织体系（包括规则）的进化贡献素材。自组织与平台是一对组合。任务组织的层级仅来自于任务本身的组织的需要；任务组织模式由任务属性决定。该组织模式可以兼容任务的多样性。在该组织模式下，固化的权力和权力阶层消失了，官僚制组织模式或成分也消失了。常设组织体系平台化以后，源于部门的组织层级不存在了，所谓的组织扁平化自然就实现了。

常设组织是对企业的组织，动态组织是对任务的组织；当企业从单一任务走

向多任务的时候，二者的相对分离就是必须的了。这场组织革命的关键是对传统模式下的部门的角色和职能进行解耦，对传统的平台与任务组织的混同进行解耦，使动态组织与静态组织相对分离；对平台管理权与任务管理权进行区分，对平台建设责任与任务实施责任进行区分，即要消除传统的由于部门和岗位等的设置而造成的对任务实现过程的割裂和阻滞。忘掉部门，忘掉传统的组织结构图。部门（如果还称之为“部门”的话）回归平台和容器的功能和角色，主要职能是平台建设（包括动态组织的规则体系设计、信息系统建设）、对规则的维护和平台管理；而对任务的组织及任务全过程管理职能，则还原给任务主体，发挥人的超级组织者功能和任务（或说，项目）的动态容器功能。

常设组织是任务组织的基础设施。同时，在信息技术的辅助和信息系统（包括软件）的支持下，组织容器的容量可以变大，范围可以拓展。信息技术和互联网可以帮助实现低成本、无边界的连接，可以重构人与任务的连接方式。如果能将企业的组织基础设施数字化、云端化，将制度、规则、工具、资源和功能通过信息技术手段、云端连接，即需即用，则可以最大限度地突破组织的时空限制以及自有资源的限制，使企业经营和任务组织的维度上行——但这一切，都要以对传统组织模式的革命为前提。

自管理，还原被管理者的管理者身份

实践中，管理主体可分为两种：自然管理主体和法定管理主体。其中，法定管理主体与组织制度设计有关，是人为设定的管理者。由自然管理主体实施的管理，是“自管理”；由法定管理主体实施的管理，是“他管理”。以自管理为基础和主要成分的企业管理模式是“自管理模式”；以他管理为基础和主要成分的企业管理模式是“他管理模式”。在他管理模式下，企业人员被划分为管理者和被管理者。

在他管理模式下，被管理者的管理者作用相当于被注销，这是一种显而易见的管能损失；同时，人如果被视为被管理者，则他是机会主义者——而且，越是作为被管理者，越是需要被管理。一家企业里如果都是机会主义者①，则这家企业是无论如何也管理和经营不好的。他管理模式下，企业必然总是处在管理不足的状态。解决这种管理不足则又会导致：管得越来越多，管理系统越来越复杂，管理不足反而越来越严重——企业深陷管理的泥潭，企业越大，这个泥潭越深、越黏稠。而且，管理制度对机会主义者的作用是有限的，因为，一个机械性的东西永远博弈不过一个智能型主体。

管理与被管理关系，是人为制造出来的，并因此成为管理成本、管理冲突和管理错误的来源。关系的建立，需要有对象的有效参与；无论是客户、商业合作还是管理关系的建立，都必须充分考虑“对象”这一因素和这一极力量。形成良性互动，是关系模式的理想状态。在管理与被管理的关系模式下，管理对象的参与往往不仅是被动的，而且还是非良性的。

---

① 我将这种情况称为“集体机会主义综合征”。那些所有者缺位的企业和组织，尤其容易患上这种病症。

截至目前，绝大多数企业都是他管理模式。他管理是对管理对象（包括个人与个人结成的中间型组织）的独立性和自主性的否定。他管理模式的缺陷已是路人皆知，包括：大量的管理缺位、错位（包括时间错位）、不到位；管理者与被管理者的冲突与博弈，而非发自内心的合作①；管理方法、流程、制度和机制等的空洞化，只有形式上的东西，缺少必要的专业知识内涵——管理职业化，导致管理体系设计成了脱离管理对象的概念化演绎；企业自然发展和自我进步的速度迟缓，因为创新与进化不会再自然发生、主动发生，等等。

如果“员工”都能进行良好的自我管理，则管理层就可以不需要了。管理层意味着净管理成本，意味着反应速度更慢（因为反应链条更长了），意味着偏离正确的可能性更大（因为决策者离真相更远了，感知能力更弱了），意味着对被管理者主观作用力的抑制等。而且，同时增加了管理者和被管理者的主观上的负担。与充分的自管理相比，任何模式的他管理都是无效的；有些管理，做了反而比不做更糟糕。理论上，以自管理模式为主的组织，建立在“高水平的自为和自律”的基础上的组织更具效率和创造性，也更具优势、能量和竞争力。

对新商业时代的企业而言，他管理模式更加不具备适用性：不能因应以创新性、复杂性、不确定性、易变性和更激烈竞争等为主要特征的企业的需要；不能因应企业对员工从雇用“手”到雇用“脑”的转变的需要；不能因应人力资源环境的变化等。自管理模式，是企业组织管理模式进化的一个基本方向。

越来越多的工作片段交由自然管理者自行管理，消除不必要的他管理，从组织设计的角度看，可以理解为尽可能地使法定管理主体与自然管理主体重合。对自己的工作任务而言，当事人天然就是管理者，因此，自管理模式，是对被管理者的管理者身份的还原，是法定管理主体向自然管理主体的还原。向自管理模式转型，不过是更多地利用每个人的天然的管理者功能。自然管理主体的专业管理能力不足（能力类型上不具备或精力不够）的情况下，可使用专业管理助理。

如果被作为自管理者，则他就是企业家。在自管理模式下，每个人都是价值单元、价值过程、价值系统或价值生态的事业合伙人。传统模式下的对立变成了合作。企业也从传统的“管理层驱动”的运行模式，走向“全员驱动”的运行模式。而且，由于每个员工都可以与外部资源自由连接，理论上，自管理的企

① 博弈构成的是能量消耗型系统，合作构成的是能量增强型系统。构建一种合作型组织至关重要。企业如果不是一个合作型组织，它就不应该成为一个组织，因为这与组建组织的原因相悖。

业，是一个可以无限拓展（连接）的企业。他管理模式下，一家企业只有一个自管理者（即企业家本人）；自管理模式下，一家企业有 n 个企业家，传统企业与自管理模式企业的竞争等于是一个人与一群人的竞争。

企业系统中，管理对象是多层级的，各个层级都有对应的自然管理主体：有活动级的，有项目级的，有系统级的。自管理单元作为系统的组成部分，又被上一层级的主体管理；但对于上一层级的管理主体而言，他其实也是自管理——管理本属于他的工作任务。自律与他律相结合，自管理与他管理互补[①]，形成完整的企业管理体系。

自管理的部分和成分越多，系统越简单；系统越简单，系统也就可以做得越大。以自管理为基础的组织，是一种分布式结构，不会因系统扩大而变得复杂和低效。自管理，也是对管理能力的放大，也只有自管理模式才能有效支撑更复杂的、更精细化的系统。自管理模式的企业，还可以通过将共用管理流程、工具和知识等平台化、云端化，让自管理者可以即需即取，为自管理者赋能，使自管理模式更为有效和高效。

人只有在为自己工作的时候才不需要监管，自管理的有效实现总是与某种形式的私有企业制度联系在一起的。以自管理模式为基础的企业其实是一个企业生态（或说，生态型企业），是一个由结构和规则架构的共生系统。如果把“管理”边界作为“企业”边界，则自管理模式等于是把“企业”做小；同时，通过把“企业”做小，来把生态做大。

① 每个主体作为一个自我管理单元被管理，他管理是对自管理者的外部性的管理。

公司治理的真正使命应是领导力体系建设

一直以来，我们对“公司治理”（Corporate Governance）使命的认知都是不到位的，这也制约了其在实践中的应用和作用的发挥。目前为止，公司治理被理解为：由于经营权和所有权分离而引生出来的一种制度安排，一种主要在所有权层次上的权力安排，目的是为了制衡。将其使命定义为制衡，是一个显见的谬误。因为，从企业的需要上看，制衡不能成为目的。公司治理，只可能是某个有意义的使命的手段或构成。须对公司治理的功用进行溯源，不能停留在这类把手段视为目的的认知状态。

我认为，公司对治理的需要，源于对领导力的需求。当企业经营对领导力的需求超出原始所有者或创始人个人的领导力边界时，当企业需要扩增和补充进来新的领导力资源时，对治理的制度性安排的需求就同时产生了。所以，公司治理的真正使命，应是领导力体系建设；公司治理体系建设，应与领导力体系建设划等号。

领导力，是对发展的领航力，也是对例外事项的主要管理手段（再完善的管理制度也不构成对企业全部管理问题的解决），包括专业能力和基于这种专业能力的驱动一个组织的管理能力（纯粹的管理能力不构成领导力）。在一个更加不确定性、创新性和加速进化的商业时代，企业愈加需要这种领航力和管理能力。领导者短板，就是一个企业的短板。实践中，企业对领导力的需求必然呈现一种增长的趋势。企业发展只能建立在智能体系之上，领导力是这一体系的核心和精华部分；在不确定性为基本特征的时代，例外将成为常态，对例外的管理成为企业管理的关键和主体性内容之一。个人能量是企业发展的引擎，领导力是引擎中的引擎。领导力体系，属关于企业中的人的主观作用力的组织体系。领导力是企业发展的第一驱动力，没有卓越的领导力，就不会有卓越的企业。在运行层面，组织和制度设计上的缺陷（错误或不足）可以通过领导力加以弥补，反之却不成立，即领导力上的缺陷无法用组织和制度的设计加以弥补。对传统管理模式下的企业而言，则需要学会用治理代替管控，或者说，从管控模式向治理模式转变。

面对未知和未然，我们不可能有正确决策的现实依据，只能交由最具洞见力的人去主导①；相应地，没有领航力的领导者应该把位置让出来。当然，这也要求系统具有这样的属性和机制，使得这种情况总是可以发生。公司治理体系设计，就是要使系统具有这种属性和机制。公司治理体系建设，也是对企业永续经营和基业长青的功能的构建，是对这些经营理念在企业设计上的落实。

公司治理，涉及领导者的产生方式；涉及决策权的安排和授权体系；在从个人领导向团队领导发展的要求和趋势下，还涉及领导力体系的组织模式、工作模式和决策机制（如桥水公司的“可信度加权投票”）。同时，由于领导者的权力行使具有自主性，公司治理必然涉及对领导者的道德风险、能力风险，以及决策与领导力缺陷（如独裁）的应对与解决方案——这些才是公司治理中的制衡的成分。人，都是以自我为标准的，都是站在自己的维度上看问题；即便是圣人，也无法完成对自己的批判和审判，更无法完成对自我的超越；领导力的核心构成包括洞见力和能力，但不包括权力，而且恰恰不能包括权力，权力会因破坏对认知错误的反馈而阻碍权力者的认知的发展，权力赋予权力者一种无须理性和智慧的问题解决方式，而很容易使其走向愚蛮，因此，完善的治理体系，必然是离不开监督制衡机制，离不开外在的评判与强制。

企业，是一个包含人并由人创造的系统。公司治理，是企业管理的最后一块拼图。没有领导力的企业家算不上企业家。企业的竞争，表面上是产品和业务的竞争，背后是企业家的竞争（见图41）。公司治理，是在管理上对企业家问题的解决、对企业的创造者问题的解决，及对企业的“后台”竞争力问题的解决。其中，管理在公司治理层面取得了与企业家同等的地位。这里的“企业家”是指有企业家特质，以及所有被赋予企业家职责的个人。

公司治理体系的设计有其难点，以对领导人的任用与罢免为例：由于没有既存的标准，这事只能交由人去判断，这不仅对参与者（如董事会成员）的能力和品质提出了特别的要求，而且总难免犯错，甚至犯一些重大的和战略性的错误

---

① 对于创造性和创新性任务的管理而言，可资依赖的只有领导力。

（因为是在由相对不具领导力的人去评价最具领导力的人）。公司治理的设计还应因应企业特殊情况的需要，比如在变革期、转型期、成长和创业期，对领导力的需求更强，也应授予领导者更大和更多的决策权——如当年 GE 公司的总裁杰克·韦尔奇和 IBM 公司总裁路易斯·郭士纳就曾被授予这般的权力等。

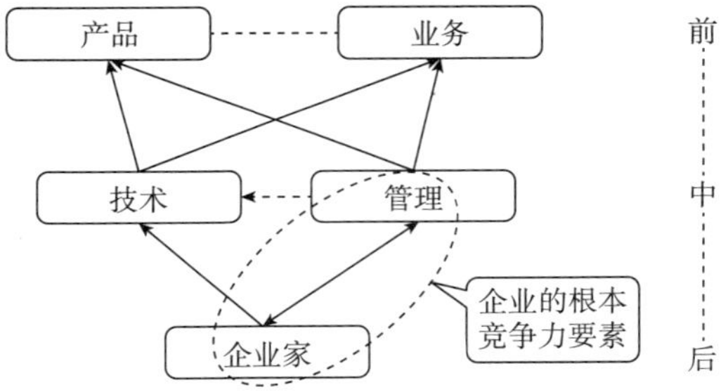

图 41　企业竞争力的来源

如果说公司治理的使命是领导力体系建设，则它就不应仅停留在所有权层面，还应包括业务治理、项目治理和专业治理："经营"有企业经营、业务经营和项目经营之分，更准确地说，有企业层级的经营、业务层级的经营和项目层次的经营之分。公司经营对领导力有需求，业务经营和项目经营也有这种需求，都需要有相应的领导力体系支撑；换个维度来看，企业的创新、生产、运营、职能、生态和平台建设，以及变革与转型等，都需要这种领航力和管理手段。不同维度的治理体系，构成企业的完整治理体系，或者说，领导力体系。

领导力，其作用对象可能是企业、业务、项目、运营或创新性活动等。不同类型的任务需要不同类型的领导力和领导风格。现代社会系统的复杂性和知识化早已今非昔比，单一的领导者体制越来越难以胜任。任何对象都是一个无限维的存在，而每个人只具一个视界（Vision），企业需要构建一种立体的、多维的治理与领导力体系，以及承载它的组织模式（如项目管理、合弄制等）——治理与领导力体系设计，也可以理解为是企业的顶层管理系统及其组织设计。

正向管理

——提升企业发展的源动力

企业是“人为”的结果，需要有人的主观作用力的参与和“正向参与”[①]。人为，包括公司高层领导的人为，精英人才的人为，普通员工的人为，即包括所有成员的人为。对人的问题的解决，不仅是管理的任务内容，还是其他的设计可以实现的前提——在设计时，企业可以要求人们应该这样做、应该那样做，但前提是他们都将会按照“应该”去做，以及有能力按照“应该”去做；否则，设计就会落空。企业的所有问题，都不可避免地涉及或要上溯到人的问题上。对企业管理而言，把对人的问题解决了，其他的问题都只是方法问题。需要把对人的问题的解决置于企业管理的首要位置——当下及未来，企业的兴衰和成败将更加地取决于其在这个问题上取得的成绩。

在关于人的问题的解决上，长期以来，我们的重点是人力资源的质量管理和配置效率，而缺乏对人的正向参与问题的明确的、指向性的和系统性的解决——即缺乏“正向管理”（Positive Management）这一基本构成。人才的预先的有效识别是困难的，我们认为天才的人也可能一事无成，我们不看好的人也可能创造奇迹；配置效率的改进空间也是有限的。正向管理是一个更具价值的管理领域。

事物将呈现出的结果，与参与者的主观状态有关，这是不证自明的。在工作上，主动还是被动、积极还是消极、投入还是敷衍、用心还是不用心、进取还是偷懒、合作还是对立、机会主义还是不机会主义等，结果大不一样，管理成本也大不一样，通过日积月累或群体累加，结果就是天壤之别。被动者，不可能释放出正向的创造力和激情，而差不多所有工作的出色完成都需要这些；为复杂系统

---

① “正向”包括主动、积极、努力、用心、投入、进取、合作，以及符合企业属性和价值方向等含义；而不仅仅是指人的一般性的心态或情绪的状态。

制定详尽的规则和制度，既不现实，而且无效。随着不确定性、复杂性、知识性和创造性任务的增加，需要由个人承担越来越大空间的自创和自决，其正向性问题越发重要。正向管理不是可有可无，而是必须要有。

企业是一个基于每个人能量态的合力态、凝聚态和系统态，是一个演进的系统态过程。在正向性问题完全解决了的前提下，二流人才亦可以做出一流企业，换句话说，一群靠谱的平凡人一样可以做出不平凡的事（如初创阶段的京瓷；日本企业也是在正向管理上取得巨大成功和成就的典范，我认为这也是日本企业全面赶超的一个秘密）；相反，在正向性问题严重的情况下，如国有企业，即便全都是精英也一定会走向失败。

正向管理的对象是人的主观。穷尽方法和技术性手段也不可能完全地解决人的主观的正向性问题，而且，技术性手段的有效性还随着任务的创造性、不确定性和复杂性成分的增加而降低。基本的、核心性的和最有效的正向管理手段是利益机制（要让人去拼搏，总得有让人去拼搏的对等的理由），其次是强企业文化①、组织方法和满足利益机制实现所需的工具支持（见图 42）。机制，是塑造世界（包括商业世界和人类社会）的终极力量。机制，包括企业层面的机制和企业内部机制。企业层面的机制，也即社会层面的关于企业的正向管理机制，其中，有保障的私有企业制度和私有产权制度是必不可少的，它决定一个经济体的整体的参与者正向度，以及为企业内部的相关机制的设计提供条件和空间。市场机制，是作为市场主体的最正向的机制（这也是稻盛和夫的“阿米巴模式”有

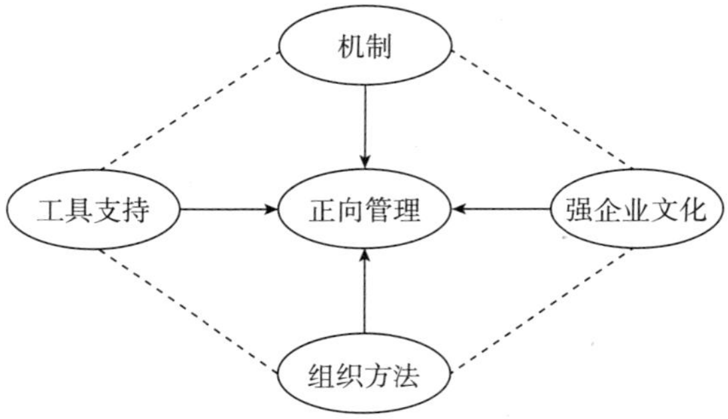

图 42　正向管理体系模型

① 一直以来，我们都没有给企业文化建设找到属于它的意义和目的。企业文化，应属于正向管理的手段。企业文化的内容，可以理解为关于正向的自我定制。

效的一个地方——通过组织划小，以及确立与市场直接挂钩的分部门核算制度等，让市场机制直接作用于每一个“小集体”，甚至员工）。市场机制向内部传导更充分的企业，也会更健康。

企业内部的机制，可以有很多种设计，如日本企业的年功序列制、终身雇用制，美国企业的股权激励制度，新加坡航空公司的与公司业绩挂钩的员工薪酬模式，3M公司的奖励制度，联合利华的定制薪酬方案①等人力资源管理的基本政策等，核心是使个人能拥有自己创造的成果，以及使企业成为“我的公司”和“我们的公司”；同时，如果不承担员工负向参与导致的成本，就企业本身而言，也属于实现了正向管理。各企业可以根据自己的需要和现实做适合自身的设计。人们会主动地维护而不是破坏属于自己的东西，并为其进行投入；反之，则反是。企业，必须是为企业家所有，为创造者所有，为企业的成员所有。作为自己的事情做和作为别人的事情做，其做法及主观上的投入是不一样的。利益有多大，人的能量就有可能有多大。

企业，是一个包含社会系统和技术系统的商业系统②（见图43），其中，人与组织环境共同构成企业的社会系统。对企业的管理可区分为：对商业系统的管理、对技术系统的管理和对社会系统的管理。三者的关系是：①商业系统是目的，技术系统和社会系统是支撑；②如果说，一切都来自于人的创造，则企业系统中的作为社会系统的成分，既是企业系统的构成，又是企业的“母系统”（社会制度对于国家发展具有与此相同的意义），其对企业而言的战略意义超过另外

---

① 联合利华全球薪酬主管彼得·纽豪斯（Peter Newhouse）认为，无法个性化的传统薪酬方案是没有未来的。无论对员工还是对企业，根据需要来量身定制薪酬方案更好。为了验证这个理论，2018年，联合利华在英国、美国和荷兰挑选了约200名员工，其中一些是中层管理者，还有一些不担任主管职务。所有人都被告知可以加入高管股票计划，如果愿意可以改变自己的薪酬平衡，以奖金形式获得更多或更少薪酬。结果是这样的：20%决定把全部奖金投入高管股票计划，20%选择调整固定和浮动薪酬平衡。但与收入较低的员工相比，在收入较高的员工中，选择改变薪资平衡的人数多出一倍，而且所有收入较高的员工都选择拿更多奖金。在选择改变薪酬平衡的收入较低的员工中，有90%选择拿更多固定工资。纽豪斯表示，实验表明，人们希望获得更多的薪酬选择。但这也取决于很多公司缺乏的东西：一套得到信任的绩效评估体系。如果员工不信任管理者会公平评估他们的工作，没人会为了绩效奖金而放弃有保障的工资。

② 但前提和基础是，它是一个价值系统。作为一个价值系统，价值维度是关于企业的认知与管理的基本维度，也是对商业系统、技术系统和社会系统进行评价的重要维度；价值治理，是对企业进行治理的基本构成。对企业管理而言，如果不产生价值，任何设计就都是错的。

两个系统。企业的社会系统战略，也即它的基础战略[①]。

技术引进并不能从根本上解决企业的问题，买了专利技术，买了设备，可能很快就又被市场淘汰掉。任何想做长期经营和战略发展的企业，都终究要回到对其的社会性问题的解决上和对人的问题（包括正向参与问题）的解决上；而且，如果因为有技术可以引进而导致忽视和延缓了其关于社会系统的问题的解决，则技术引进模式实则是一个陷阱——这也是对经济学家沃森提出的“对后来者的诅咒”（curse to the late comer）的理论解释。

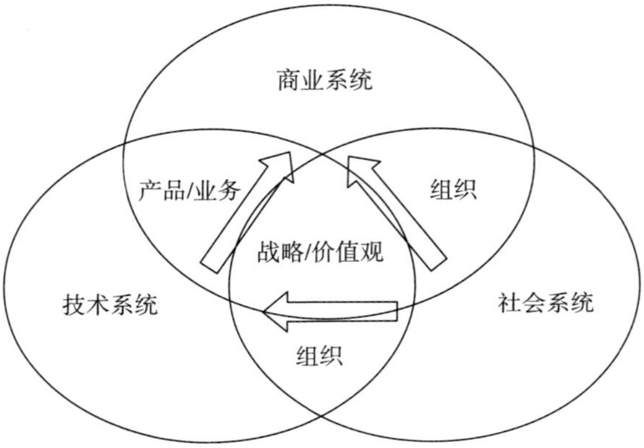

图 43　企业系统模型

① 企业的完整战略由三个层次的内容构成：业务战略、领域战略和基础战略。基础战略是更高层次的战略，而不是另外两种战略的支撑战略，长期以来，我们都搞颠倒了二者之间的关系，或者说，没有基础战略的意识。初创企业和利基型企业，以业务战略为主。企业从小到大，以及从机会主义到长期经营的发展过程，也是其领域战略和基础战略的成分需不断增加的过程。基础战略的核心内容是：与对人的管理、文化，以及人与企业的关系有关的总体设计。

股权激励的功用

股权激励渐成趋势。那么，该如何使用这一管理手段呢？实践中的做法已经有很多，但是，仅在操作层面上讨论问题，是永远都讨论不清楚的，它也不能带给我们多少有价值的指引，以及不能使我们具有超越它的创造性，因此，总是存在着回溯到原理层次上的需要。我们需要弄清楚股权激励的作用与机理——可以用功用替代对这个问题的讨论。股权激励本身不是目的，股权激励要实现的效果才是目的，须经由其目的来决定对这种手段的设计使用。我认为，股权激励的功用主要有三项：

1. 激励创造

股权激励的本质是所有权激励，即赋予员工对其工作结果的所有权。所有权激励，是最大可能的激励。不过对于生产性工作而言，并不是非得使用这种手段，因为有常规的绩效管理手段即可；但对创造性（包括创新和知识创造）工作而言，唯所有权激励才是有效的——创造，与人的主观密不可分，创造性工作是天然的自我所有权；相反，这种所有权机制如果缺失，将会抑制创造的产生。如果不能获得自己创造的成果的所有权，创造性活动顶多只会是表演式的，真正的创造不会产生。

股权激励，可用作企业对创造性工作的激励机制。它是自我所有权的一种实现方式，也是对员工的企业家精神的承认和激励，并有利于员工价值的完整发挥——作为一个能量体，每个人的价值贡献原本就可以有很多维度。站在激励创造的功用上看，股权激励应该是面向结果的，可采用股权奖励、内部知识产权等具体方式加以实现和实施。

2. 聚集人才

股权激励为个人的企业家精神和自我实现的需要的实现提供了一种另样的机会，为个人价值创造能力的发挥和对等实现提供了一种可能，必将对人才产生额外的吸引力。股权激励可作为企业聚集人才的手段，满足企业“募智”和“集智”的需要。站在聚集人才的功用上看，股权激励应该是面向人才的。实践中可采用期权、项目公司股权等具体方式进行兑现和操作。人才如果离开，股权激励应进行“结清”，并在股权上退出或转换成一般投资者。

3. 增益管理

股权激励改变了企业与个人的利益上的关系模式。这种利益关系的改变，将带来员工组织角色和心理角色的转变，从管理上的被动者变成管理上的主动者。所有者，是天然的自管理者（所有者缺位的企业，所有人都是机会主义者）。股权激励，就是要使企业成为一个属于所有员工的企业，而不仅是少数人的企业。股权激励有利于提高员工的合作性、自觉性和在主观上的投入——再完美的设计都比不过人的自觉，因为实践总是有无限种可能。自我管理替代组织监管，不仅可以降低管理成本，而且更具有效性和效率，可提高组织效能，以及削减整个系统的管理的复杂性。站在增益管理的功用上看，股权激励应该是面向职位的，实践中可采用如折价配股、分红权，以及与公司盈利挂钩的收入分配制度等方式进行操作。不能只注重股权激励的前两项功用，那样容易造成持股者群体和未持股者群体的二元结构问题，以及在管理上的主体意识的不同甚至对立。

实践运用上，三种功用可能是叠加的，而且最好是叠加的，这可以节省股权资源，或者说，将股权激励的作用发挥到最大。股权激励成为必须，根源是企业对人才、创造性工作和应对复杂性的需求的日益增长，是向创新型商业时代、复杂性商业时代和知识型经济时代发展的趋势使然。个人获得的股权激励的数量，也应是与该三类价值贡献相关。股权激励应该是动态性的（与人的价值贡献的动态性相匹配）、可变动的。

私有企业制度是社会层面的私有企业制度，股权激励是公司版的私有企业制度。股权激励就是将这种社会性（或说，市场性）机制转换为企业内部管理机制。股权激励，是所有权和收益权在价值创造者之间的匹配性设计，是对个人价值创造与价值实现的统一的一种实现方式；是企业所有权在创造者之间的转移和交接，以及代际之间流转的制度性设计；是对雇用制和委托代理模式的终结。股权激励问题，也是关于企业的所有者的设计问题。股权激励，还使“企业”回归集成系统和个人价值实现的管道与平台这一基本属性，并因此超越了个人的局限与边界。

股权激励，是对人的企业家精神的激励。企业家精神是企业的意识能量，是企业发展的源动力。当所有员工都倾力正向地参与进来的时候，一个企业系统的能量就大不一样了。股权激励，也是对“人”的问题的解决，并构成传统企业的创新发展、转型进化和竞争力提升等问题的基础性解决方案。

股权，有公司股权和内部所有权（其本身又有多元主体和多个层次）之分，还可以再区分为所有权、交易权、署名权、收益权等。应打开股权激励的设计空间，用实践中具体设计的丰富性匹配不同企业的现实与需要。同时，还要能解决诸如：股权资源的有限性问题、激励对象的机会主义问题、组织心理问题、与绩效管理手段的整合问题，以及个人价值贡献难以有效区分和清楚计算等问题。股权激励，远非员工持股那么简单。

走出传统绩效考评模式的困境

为了加强管理，许多企业都极力完善和细化现有考评指标体系，精心制订考评标准，形成整套的业绩评价表格，并定期组织各职能管理部门进行打分，但最后的结果还是各部门的得分都差不多，实际业绩状况并没有因此被“考”出来。

究其原因，是在解决有关考评问题时，企业往往只是在传统的框架下进行完善和强化，而忽视了该评价模式本身存在的固有缺陷：

1. 部分活动指标难有客观的标准参照

有些活动，虽然可以设计出评价指标，但无法设计科学的评价标准，如新产品开发，在时间维度上可以用“开发周期”指标进行评价，但是在量值标准的确定上却非常困难，是三个月合理，还是两年合理？实践中缺乏可参照的量化标准，因为这往往取决于科研人员的能力、努力程度，尤其是科研本身的不确定性等一些不易，甚至根本无法量度的因素。

目前随着设计、研发和管理等功能被企业界所强化，类似的活动在企业中逐渐增多、影响逐渐增强，传统业绩评价模式的整体适用性已相对下降。

2. 职能部门不能拥有对称的评价信息

一方面，参与考评的职能部门人员并不一定是业务活动的专业人员，对专业性较强活动的结果，如新开发产品的技术含量或功能等，缺乏进行评价所必需的知识准备；另一方面，很多信息的传递并不直接经过相应的职能管理部门，这就增加了职能部门获取全部正确评价信息的难度。在信息不对称的情况下，职能部门在打分时常常不得不凭“感觉”进行。

3. 职能部门缺乏客观评价的正向激励

职能管理部门或实际履行评价的个人，不仅不能直接从对其他部门的客观评价中获得收益，相反，有时还可能给自身带来负收益，如招致其他部门或人员的怨恨等。另外，由于评价主体可能还会在其他方面被别的部门评价，为了免遭其他部门的“报复”，也需要对其他部门“手下留情”，以期换取其他部门相应的“回报”。在这种负向激励的作用下，职能管理部门或实际进行打分的个人往往选择“就高不就低”的安全策略，尽量避免“得罪”其他部门。

4. 被考评部门的信息暴露行为缺乏有效约束

在尽可能的情况下，被考评部门总是倾向于隐瞒不良的业绩信息，或对信息进行所谓的“技术处理”，以造成事实上对自身有利的评价结果。在传统的业绩评价模式下，由于评价部门收集信息存在一定困难，且缺乏对相应信息进行证伪的激励，难以对被考评部门的这种机会主义行为造成约束，被考评部门暴露出的信息经常失真。

针对上述问题，建议采用下述思路和方法对传统考评工作进行改进：

（1）活动重组：首先对本企业的活动进行根本的价值思考，去除不必要或无价值的活动，其次对各类活动进行必要的合并或分拆，尽量使各个部门的活动相对独立和完整，以保证各主体活动整体有可衡量的结果。

（2）成本内化：通过相应的机制和制度的重新设计，尽量减少各主体活动，尤其是不易考评的活动的外部性，促使各主体更多的进行自我管理[①]，减少企业或部门层次的直接评价指标。

（3）关联评价：通过业务运行方式及相应机制的设计，构造出评价主体之间的利益关联，用利益关联主体之间的评价，代替职能管理部门对被管理部门的评价，通过利益约束保证评价信息的信度和评价活动的价值。

---

① 举个例子对这一点做进一步说明：在对外扩张的年代，英联邦政府为了减轻财政压力，将本岛犯人运送至殖民地之一的澳大利亚去服刑或永久流放。也是出于减少财政支出目的，起初有关部门雇用私人船只运送犯人，按照装船的人数付费，多运多赚钱。很快出现了弊端，运送途中犯人死亡率越来越高，最高时竟高达37%。这引起社会各界不满，指责内阁不尊重生命。为此，内阁官员们绞尽脑汁想尽办法，多次制定新规则，来降低罪犯在运输过程中的死亡率，其中包括派官员上船监督，限制装船人数等，但都收效甚微。最后，他们想到了一个办法，重新调整了运送规则；只调整了一点，将付款方式变换一下，由原来的按照上船人数付费，改变为根据澳大利亚接收到的下船人数支付运送费。也就是，船主只有将人活着送达澳大利亚，才能拿到运送费用。新政一出炉，效果立竿见影，犯人死亡率降到了1%左右。后来，船主为了提高生存率还在船上自费配备了医生。

企业管理，莫让信息化喧宾夺主

利用信息技术和互联网基础设施（包括衍生出来的“to B”的数字化基础设施，如“云”），为企业搭建新的经营和管理架构，是基本趋势。管理信息化，是这一趋势的构成。但紧跟潮流本身是远远不够的，因为还有实践的方案和方式问题。我们需要搞清楚信息化对企业管理而言的作用与机理，唯有如此才能避免盲目、盲从和落入误区，才能正确地利用这一新管理技术和手段，以及持续提升其应用价值。

1. 管理信息化，主要是运行管理的信息化

运行管理，即对各类任务与工作（包括管理性工作本身，管理本身也需要管理）、过程，及过程中的活动的管理。任务，可能是：订单、生产、采购、销售、项目、研发、设计、施工、运营、市场推广、运输、供应链建设、并购、航天发射、上市、竞标、实验、大修、赛事组织、债券发行、投资基金的设计与发行、系统开发、系统升级、展会组织、生产线建设、新店开设、招聘、培训、考评、财务核算、财税申报、清算、搬迁、公关，等等。

每级/个管理对象又有其管理内容（如质量、进度、成本、安全、人员、现场、例外、变更、协同、工作方法与流程、知识、合规性与经济性等）和管理方案。管理方案又包括管理行为（如自我管理、计划、组织、决策、指挥、沟通、协调、控制、激励与约束等）和管理规则（如管理权配置、管理流程、指标、标准、工具和规定等）。其中，很多项都可能需要再分解，如经济项的管理权就可能再分解为预算权、审核权、审批权和执行权等。

任何企业都不会只有一项任务，这些不同（类型）任务的运行管理体系，构成企业（集成度或高或低）的整体运行管理系统。运行管理过程纷繁复杂、事无巨细——任务的项目化（在制造业领域的同义词是“定制化”）趋势，更是加剧了这种情形。信息，是有效管理的基础。运行，是一类信息密集型活动。运行管理，非常依赖于（即时的）信息的支持——无论是自我管理还是组织监管，运行质量还是效率的提高，任务的执行还是对运行管理系统的分析与改进。运行管理系统越复杂，对信息支持系统的效能要求越高。

企业的运行管理，就像人的一日三餐，虽然并不高大上，但不可或缺。信息技术在企业运行管理领域的应用价值，以及信息化管理在运行管理领域的相对优势是显而易见的——对运行管理系统进行解构（见图 44），可以让我们更直观地看到这一点（同时，关于企业管理信息化的所有问题和答案，也都蕴含在这个解构图中）。企业管理信息化，主要是运行管理的信息化。

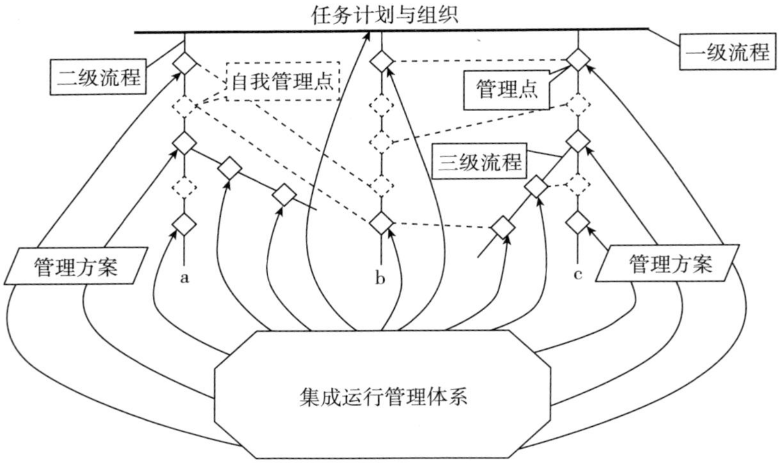

图 44　智栈对企业运行管理体系的解构

管理信息系统，是管理系统的基础性构成。运行管理信息系统效能的提升，自然会带来管理能力，进而带来运行效率和运行质量的提升。在传统的以人工方式为主的模式下，受制于信息能力，我们只能把运行管理系统简单化（如只能设置有限的管理点），管理延时化。复杂系统才是更高级系统，是系统进化的基本方向。一般地，复杂性与组织效能之间是一种悖论性关系：复杂性系统的效能更高，但又会带来系统的效率问题。管理信息化，使企业具有了操作复杂系统的能力，因此也可以向更复杂系统方向发展，包括管理点设置可以更细致，甚至时时在线管理。在管理精细化的同时，依然能提高效率（出现“摩尔定律”现象）。

2. 信息技术在运行管理上有广泛的应用价值

企业任务中的活动有三类：技术性活动、商务性活动和管理性活动。其中，技术性活动，是指科研、设计或生产等直接价值性活动。各类活动都可以用信息技术进行辅助。辅助技术性活动的信息技术手段，即所谓的工业软件，这类软件可以有成千上万种。如波音公司现在有 8500 种工业软件，仅 2005 年在 787 的研制上就用了 8000 种工业软件。每个行业、每个领域、每家企业、每个业务性活动和每位工程师都可能开发出自己的辅助性软件。工业软件与工业技术的发展相伴相生，是最具硬技术含量的一类软件。工业软件，是信息技术的一个应用领域和信息技术工具的一个大类，该领域将继续诞生数不清的各种软件和程序。辅助商务性活动的信息技术手段，即商务软件，如电子银行、电商平台和各类商务 APP 等。

辅助管理性活动的信息技术手段，即管理信息系统或管理软件，如（这里只是借用了这些名称，并非是指目前市场上的各类软件）项目管理、协同、共享、OA、绩效、APS、SCM、MRP、QMS、ERP、MES、CRM、电子签章、考勤、知识管理、人力资源管理、执行力管理、会议管理、差旅管理、流程管理、MI、报表管理、DRP、安全管理、经济管理、集成、财务和 BI 等。这类信息系统和软件也可能有成千上万种，有针对某一管理点的（类似于工业软件），有针对某个管理片段、流程、任务、行业、职能或目的的。

运行管理体系的完整构成包括：方法、组织、行为、规则和信息管道。管理信息化可从浅到深分为三个层次：①管道，如某个项目组成员在微信中建一个群，这个群就是该项目的纯信息管道；②管道＋组织和规则，即在管道的基础上，再进一步设定，某个信息发给谁和不发给谁，由谁审核和由谁审批等；③管道＋组织和规则＋行为（部分），即在管道和规则等设定的基础上，再将特定的管理行为（如审核、确认等）交由系统实现等。

管理信息化，是用信息技术加持管理活动。信息技术的优势在管道、算力、存储和算法。这些优势都可以在运行管理系统中加以应用，并提升管理能力，包括以下几点：

第一，可以突破时间和空间限制，构建一个无处不在、无时不在的信息管道和信息分发系统，使信息可以（以光速）到达需要触及的主体，反过来，也使管理可以无处不在、无时不在；可以扩大“连接”的广度和深度，并有效拓展组织的时空边界和范围，而且信息管道的疏通性更好；可以向操作主体即时推送任务信息，建立敏捷的生产流程，增强组织弹性；信息很容易就从一个团队流到另一个团队，一个城市到另一个城市，可以不再需要中间的管理层；可以将优化过的流程放到系统上，为执行者提供引导和活动的组织，如在星巴克公司，一旦一个新门店被确定，相关工作流程就会自动从屏幕上弹出，从而指导如何获得相关审批。

第二，可以利用算力，按任意主体、项目和节点进行即时结算；通过算法，同步生成各类报表，包括财务报表，避免费时费力的人工操作；可以对个人工作结果即时进行反馈，提高个人工作效率，以及激励与约束的精确性和实时性；有利于技术保密工作，因为系统会留下作案痕迹；有利于对过程进行追溯；有利于信息共享和工作协同；可以实现整个管理过程的透明化，而透明本身就可以解决许多问题。

第三，通过将组织与规则设计落实到系统之中，固化管理设计，并使得这些设计可以得到完整和准确的执行；可以避开人（人性、人情和能力等）的缺陷；用信息驱动管理流程和行为，让计划、组织、协调、指挥、控制都变得相对简单，并使管理者得到极大的解放和释放；可以时时呈现任务状态；可以深入并提升企业的微观管理，这是企业管理长期以来的一个空白领域；在工具作用和管道作用下，可以在一定程度上摆脱时空和人力的限制，使企业获得新的设计空间和设计自由度；使运行管理系统的设计被真正的产品化（而不再停留在方案上），并将有利于对其进行持续的工程化和优化、改进、迭代与升级等。

3. 定制与半 DIY 模式

没有两家企业的任务及任务管理方法、组织、行为、流程、规则和信息管道是完全相同的，大致相同的也极为少见；而且，它们也不应该被一致化，因为这种不同既是系统因素的差异客观存在所致，有时也是主观的需要（管理意图不同，进而管理设计不同）。企业管理信息化的需求和对象其实是各不相同的。管理信息化，是一个微观管理问题；企业在微观上，必定是千差万别：企业的所在行业不同、任务不同、管理方法不同、组织方式不同、行为理念不同、规则设计不同、人不同、发展阶段不同、管理重点和追求不同。同时，运行管理体系除了是一个技术性系统，还是一个社会性系统，当我们把它看作一个社会性系统时，一切就另当别论了。

信息化的直接对象是流程。流程，是对任务作业的工艺性解构与管理性重构（进而，流程再造应包括工艺改进和管理改进双重含义）。流程，表现为活动与活动之间的关系。由于工艺方法和管理方式的不同，不同企业的即便同一种任务的流程也总是存在（或多或少，或根本或细节上的）差异。很难用一个信息架构或产品满足不同企业（或企业不同阶段）的信息化管理需求。企业的管理信息化，适用定制模式（完全定制或部分定制），而不能是标准化的系统或产品的引进模式①。管理信息化，只是管理技术手段的变化，并不是管理目的和内容的改变。管理信息系统，要能成为企业系统的构成和组织部分，而不是一个另类的存在。像购置设备一样引入管理信息系统和软件的做法是完全不合逻辑的。目前只有企业财务软件较具通用性，那是因为《会计法》和通用会计准则对企业的财务管理进行了一致化。

所有的管理软件“产品”，都是以对企业运行管理模式的某种假设为前提。任何假设，都可能因偏离真实太远而归于错误；这种自带的前提，往往是误区和盲区。更进一步说，实践就是实践，实践是不能假设的。实践应基于事实和真相而不是假设②。换句话说，在知识创造时是可以进行假设的，以排除不相关的因素，但在知识应用时，是不能假设的，必须接受实践的真实本身，要把知识还原成一种知识准备。实践要求解的不是类似于经济学中的“局部均衡”，而是“一般均衡”；真实的世界是最高层次的因果关系系统，不应将实践置于任何（人为的）理论、学说和模型之下。ERP 之所以普遍失败，是因为其以假设为前提的实践路数。回归以认知为基础，回归自己的需要和目的本身，才能摆脱诸如此类的自我假设的陷阱。任何第三方开发的管理软件产品，都应该具有可定制性。也是

① 在我的印象中，那些曾高调引进 ERP 软件的企业都没有成功。

② 这也是基于假设的经济学，经常在实践面前失灵的一个原因。

因为管理与管理对象的这种不可分离的关系属性，“to B”的管理服务（包括信息化服务）产业的规模化开发是有额外的难度的。

考虑到运行的事无巨细、纷繁复杂和不同企业之间的千差万别，管理信息化建设其实是一个艰巨的任务，可能只适合专项定制模式，全功能的管理信息系统建设思路恐怕是一个误区。企业管理信息性问题的解决应该是以信息手段“组合”的方式完成的（进而，管理信息系统的“集成”也会成为未来的一种实践需要）。基于自我的定制而不是引入，应作为企业管理和信息化的一个原则，在具体操作上，可以是半 DIY 模式，即在外部主体的技术辅助和功能平台下的自我设计和自我开发的模式。随着管道基础设施（如云、微信等）和开发工具（如数据库、程序语言和工具包等）的发展与平台化，企业的定制也将变得更容易和可能。管理信息化在形式上也是多样的，如软件、网页、APP 等。

4. 企业管理，莫让信息化喧宾夺主

信息是共性需求。IT 和互联网，作为一个时代性的通用技术和基础设施，可以有广泛的应用，包括应用到企业系统的设计和构建之中。但是，在实践中，这种应用价值和意义被过分地夸大了——不仅是在管理信息化上，在企业数字化[①]上也是如此。这可能是由于一直以来，“to B”的信息化和数字化领域，都是一些 IT 类公司与人员在进行设计和鼓噪的原因，这类主体并不真正的懂企业和管理，只是简单地从信息技术的维度看问题。

夸大是一种误导，也是一种陷阱；如果不能被澄清，那么就是一个误区。事实上，从电报、电话到电子邮件、即时通信软件（MI）等，企业一直在利用电子与信息技术，这一次，不过是走向更深度的应用而已，并没有性质上的改变。管理信息化和信息技术，只是企业管理体系构建中的一个辅助性角色。企业管理，切莫让信息化喧宾夺主，包括不能让信息技术（思维）喧宾夺主，以下分为三点对此作进一步的说明。

第一，运行管理体系只是企业系统的一个局域，而且还不是最重要的。

① 企业数字化，包括产品数字化、运行数字化、管理数字化（或说，“管理信息化”）和工具数字化（如工业软件）。管理信息化，最好是建立在运行数字化的基础上，否则，将面临关于管理的基础信息的问题；换句话说，在信息化基础尚不具备的时候的管理信息化的突进，可能并非明智之举。

管理，主要是对企业这部商业机器的设计，需要思考和解决问题很多，如：与市场之间的关系问题、经营和竞争策略问题、提供什么产品以及以什么方式提供、提供哪些服务、竞争力是什么以及如何构建和提升创新力、企业系统的基本架构问题、创新问题、生产问题、人的问题、如何利用社会和商业生态资源、企业文化问题、业务模式和业务发展问题、市场问题、技术问题、平台建设问题、全球化及策略问题、转型问题和领导力问题，以及数不清的具体和细节问题。如果把企业比作一座冰山，运行管理体系只是企业系统的表层系统和行动系统，真正决定企业价值和方向的管理，是企业的上述那些底层设计——越是高端的企业，越是如此。

运行管理体系，只是企业系统中最常用的部分而已。管理是企业目的实现的手段，信息化只是其中的运行管理手段之一①。管理信息化终将是如激励理论中的保健性因素，而不是竞争性因素，正像我们现在用电脑办公已经不能为我们带来竞争优势一样。对管理信息化的过度关注和投入，等于是在犯战略性错误；企业从来都不应该首要把管理精力放在信息化上面，而应该是在某项设计需要 IT 手段加持的时候再将其提上日程。不否认信息技术在企业运行管理上的应用价值，以及在有复杂运行系统企业（如银行和物流企业等）中的应用价值，但运行管理远非企业管理的全部，而且往往还不是企业管理的至关重要的部分。

第二，人工模式，依然需要，而且越来越重要。

运行管理可简单区分为两种模式：人工模式和信息化模式。人工模式中包含智能，而信息化模式中则没有。一旦程序的大小变得可以与试图描述的系统相提并论，系统就不再是可编程的。分子生物学的研究早就证明，智能不可编程，换句话说，可编程的都不可能智能。以人的思维不可能编写出超越人的思维的程序。

技术的属性是机械性和确定性，否则，它就不成其为技术。通过编程可以处理复杂性，但必须是机械的复杂性，或者说，复杂的机械性。我们不可能利用技术的性能上没有的东西。管理信息化，利用的不是技术的智能性，而是技术的机械性，即既定的设计可以自动触发和执行（包括记录、存储、分发、计算和检索等）。所以，信息化在僵化的行业（或部门）做得更好些，因为其自身是僵化的。

---

① 对传统企业而言，管理信息化，是运行管理的转型升级，并不构成企业的转型升级。

信息化管理系统也有其缺陷，正如有人说的：其实流程设计是挺死板的，它只考虑了通常情况，但是现实是有太多例外；上了系统之后业务流程就变得无比精细，同时也就无比冗长了；感觉管理软件从根本上就说不通——妄图通过一个固定的规则，解决一个复杂变化的问题；流程越完善，其实人的能动性越差，去改变的能力就越差；意外的情况可能是没法穷尽的，但人总是有办法。遇到异常了怎么去解决？只有人具有这种能力。尤其是面对不确定性特别多的公司，如果把我们的成败或者对结果的可靠性都压在流程上，最后发现可能每个人都没有责任，导致走向失败；用软件去管人，本来就是一件不靠谱的事；等等。机器发展到今天为止，一是不具有创造力，二是不具有通用环境的适应能力。

理论上，不可能有任何一种技术本身是具有“智能”性的；智能系统，一定是集成了智能主体（即“人”）的系统，否则，顶多是一个自动化系统、一个机械性质的系统（无论其可以处理多少种可能性），任何意图摒弃人的智能化都是反智能化。信息化，可以理解为是信息性活动的机器化。把确定性的东西交给机器，不确定性的东西交由人工，是机器与人的组合的永恒模式。可以通过编程实现的部分信息系统有优势，不能用编程实现的部分人工模式有优势。管理信息化，有其理论边界，并且由于技术、成本比较和条件等问题的存在，实践边界应小于理论边界。管理信息化边界问题，其实是人与代码的效能比较问题。这与一直以来的人与机器的比较没有什么不同，区别仅在于这一次的“机器”是代码和程序，但试想，哪一类机器是没有其特质的呢？

而且，人脑本来就是一个信息系统，是一个信息输入—处理—输出系统，是一个进化了几百万年，并经多年学习增强了的信息系统，是一个目前为止最高级的智能系统，是一个个自带逻辑和算法（管理思维）的管理软件。将“人”置于何处，是管理信息化方案设计时必须正确回答的一个问题。大费周章的就是为了实现对更高级系统的替代的做法，是难以理解的。企业管理系统的过度技术化，同时又是一种反智能化。当然，随着信息技术的发展，信息工具的优势会相对扩大，从而可以对人工模式形成更多的替代，并在其可替代的地方深入研究下去，创造出新的价值。

单一的信息化管理思维将导致过度信息化。人的大脑，是削减复杂性的复杂器官（如以感觉和直觉等方式削减不必要可能性，直指结果）。过度信息化反而会增加系统的复杂性，系统更容易出错，也难以维护；更糟糕的是，这种对人的作用的不当排除，反而会导致管理智能水平的下降。过度信息化投资的结果是可想而知的：回报率低与管理失败。人工模式在某些场景上更具有效性和优势，不能无视人这一信息终端的信息性功能，以及人与人之间的组织关系这一信息管道。

正如桥水公司创始人瑞·达利欧在《原则》一书中所说：虽然计算机在很多方面比我们的大脑棒得多，但我们拥有的想象力、理解力和逻辑能力是它不具备的。人脑是一个超技术系统。就连信息系统中流动的数据，也只有经由人的解读，才能成为有某种特别含义的信息。原初信息，只是事物的表征。正因如此，我们的大脑与计算机的合作才是绝配。对企业而言，信息技术的应用价值应仅仅定位在辅助价值和工具价值，以及确定性部分的自动化上。

管理信息化，不应追求信息化模式对人工模式的全面替代，而是人工模式与信息化模式的融合，两种模式相互嵌入，重新融合成一个更复杂的和高级的体系。例如：任务的计划和组织（任务分配）由人工完成，执行管理由系统完成；执行过程中，管理行为是人工模式，其他行为是信息化模式；计划和组织又会有信息系统辅助；等等。那些第三方主体开发的管理软件，也可以经由这种设计提高其通用性，回归其技术性能本身。同时，两种系统都是被作为一种可使用的准备而存在着，就像人们使用电话、E－mail、微信、互联网一样，有需要就用，没需要就不用；可以不用或不该用时而强制使用，会成为一种额外的负担，会消耗组织能量。

企业的信息化管理成分并非比例越高越好，任何越过边界的行为都只会造成适得其反或无功而返的结果。随着信息技术的发展，可编程系统的边界会扩大，但这并不意味着不可编程系统变小，因为未知和不确定性领域也是发展的。管理信息化，不是由信息化模式完全替代人工模式，而是站在更高层次上的对两种模式的拓展、深化与集成。

信息化模式是对人工模式的局限性的解决（替代或支持），从电报、电话发明以来，这种解决就一直在进行。确定性（包括确定的复杂性）的运行管理，信息化模式是有效的和有优势的；但运行管理体系中并不都是确定性的。信息化管理系统或软件，只（能）是运行管理系统的部分或构成。人工模式依然需要，而且，随着企业面对的不确定性的增加，我们将比以往任何时候都更需要有“智能性”管理的存在，需要有“决策”功能、人工模式的存在。如果把企业管理看作完全的可编程系统，等于是在主观上不承认企业管理需要有能动性，等于是说企业运行是完全的机械式的①。

第三，管理信息化的前提和基础是管理设计。

这好像是不言自明的。管理信息化，是企业运行管理（部分）功能和体系的信息化，是企业运行管理的信息技术化和信息功能化。企业的运行管理体系是设计出来的，不是先天就存在的，而且每家企业的设计都不相同，没有通用的“图纸”。对管理信息化而言，管理体系设计是先导，IT 建设是施工。管理信息化建设的前提是要有施工图——即对运行体系的设计，否则我们甚至不知道自己在信息化什么、为什么要信息化，以及再将其如何重新合成为一个新的运行管理系统；企业在管理信息系统和软件开发过程中遇到的许多问题，其实都是在回过头来补系统的重新设计的课——对企业管理而言，怎么用 IT 技术才是问题的关键，这个“怎么用”的问题是系统设计问题，是管理性质的问题。信息化本身，并不解决管理的核心问题——企业设计问题。

就以最基础的信息收集为例，任何一个事物的信息都是无限的，如品质、时间、空间、地点、位置、形状、内容、硬度、性能、外表、洁净度、平滑度、温度、湿度、成本、价值、容量、材料及成分、结构、规格、重量、主体、速度、方向、动能、能耗、角度、过程、偏差、结果、关系、数量、大小、进度、属于哪个订单等。如果不知所用与何用，不知用于什么和如何使用，就无法确定应该收集哪些信息，以及用哪种形式表达信息；如果说“不管三七二十一”，对所有信息都进行采集，则实际上既不经济，更不可能。所以，管理方案的设计是信息化的前提，这种关系一点都不能颠倒。如果没有管理方案，真不知道建数据库、数据中心等有什么用，尤其是，根本不能知道如何去建。

而且，满足信息化需要的管理设计任务更重、要求更高，比如：①需要对系统进行重构。传统模式下，信息的组织与组织结构是一体的。管理信息化，必然伴随着对系统的重构。对系统的信息化解构和重构，考验着设计者的智慧，也将在很大程度上决定方案及信息系统的命运。②设计要求更为精细，粗略的和模糊的设计无法满足编程的需要。③设计任务量更大，因为管理点的增多，增加了系统的复杂性和流程的长度（管理点由任务过程上的一个点被变成一条管理线）。④需要有人工模式与信息化模式的集成设计。⑤需要有特殊问题的解决方案，包括如何让管理者和被管理者都愿意使用，以及如何让他们准确地输入数据（因为

① 只有一个纯粹的生产性系统，如标准化产品的生产工厂，才可能是这样。

出于管理的需要，人们总是会倾向于隐瞒信息）等。

从管理的角度看信息技术，还是从信息技术的角度看管理，这是一个问题，是一个基本问题。它们之间或许是一种交织的相互作用关系，但根本上，还是要从管理的角度看信息技术，因为仅就二者的关系而言，管理是目的，信息技术是手段。工业软件的根基是工业知识，商务软件的根基是商业知识，管理软件的根基是管理知识（也因此，做“to C”的不一定做得了“to B”）。信息化管理问题，归根到底，是管理问题，而不是 IT 问题。IT 维度的管理信息化思维，是错误的，比如，尽管由于信息管道的扁平化，使组织具有了扁平化的基础，但是，信息管道的扁平化并不意味着组织的同等的扁平化，因为组织的扁平化还有其他因素，如管理幅度等。

把企业的信息管理系统照某个模子进行模式化改造（许多管理信息化和软件服务商，包括 ERP 厂商等，都是这么做的），是颠倒了目的与手段的关系，实践上，一次都不会成功，只会令人头大。仅有代码技术是做不了管理信息化的，正如程序员做不了医生一样。